VOYAGES

DANS

LE NORD DE L'EUROPE

UN TOUR EN NORWÉGE

UNE PROMENADE DANS LA MER GLACIALE

(1871-1873)

PAR

JULES LECLERCQ

TOURS

ALFRED MAME ET FILS

ÉDITEURS

VOYAGES

DANS

LE NORD DE L'EUROPE

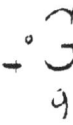

Jeune fille des environs de Bergen

Paysanne norwégienne en toilette de fête.

Dame de Karasjok en Laponie.

Lapon nomade en costume d'hiver.

VOYAGES

DANS

LE NORD DE L'EUROPE

UN TOUR EN NORWÉGE

UNE PROMENADE DANS LA MER GLACIALE

(1871-1873)

PAR

JULES LECLERCQ

> Les voyages dans les pays étrangers
> sont, dans la jeunesse, une partie de
> l'education, et une partie de l'expé-
> rience dans la vieillesse.
>
> BACON.

TOURS

ALFRED MAME ET FILS, ÉDITEURS

——

M DCCC LXXV

PREMIÈRE PARTIE

VOYAGE EN NORWÉGE

1871

VOYAGE EN NORWÉGE

1871

I

HAMBOURG

Le 23 août 1871, je partis pour Hambourg. Je m'ar-
rêtai une nuit à Cologne, où je retrouvai mes compagnons
de voyage qui m'y avaient précédé. Le lendemain, nous
poursuivîmes notre longue étape à travers l'Allemagne du
Nord. A mi-chemin, nous visitâmes entre deux trains la
vieille ville capitale du Hanovre. Cette ville est très-pauvre
en monuments. Les rues sont mal percées; les places
sont irrégulières; les églises sont nulles. Et cependant
cette ville, qui n'est pas belle, est certainement fort
curieuse à voir. La plupart des rues sont d'une ancien-

neté incontestable, et ont une physionomie moyen âge qui ferait pâmer d'aise les amateurs de bric-à-brac historique. L'ancien palais du roi, devenu la résidence de l'empereur d'Allemagne, réalise le type idéal de la caserne ou de l'hôpital; la richesse des appartements intérieurs rachète heureusement la pauvreté de l'extérieur de l'édifice.

De Hanovre à Hambourg, le pays est d'une monotonie désespérante : toujours des bruyères, toujours des sapins, pas un pouce de champs cultivés. Les landes des environs de Bordeaux donneraient une idée assez exacte de cette contrée déserte. Pour comble d'ennui, le temps était à la pluie et nous faisait paraître le pays plus triste encore, s'il est possible. Vers le soir, nous traversâmes l'Elbe en bateau à vapeur : c'est un fleuve très-respectable, aussi large que la Gironde. Un autre train nous prit sur la rive droite, et après quinze heures de wagon nous arrivâmes, assez tard dans la nuit, à Hambourg, par une pluie battante : tout cela à notre grande satisfaction.

Une grande lueur s'élevait sur la ville : elle provenait d'un incendie. Hambourg, comme Constantinople, est la ville des incendies. Il y a quelques années, elle fut à moitié consumée par un feu qui dura trois jours et trois nuits.

Hambourg est la première cité commerciale de l'Allemagne. Elle est située sur la rive droite de l'Elbe, à quelques lieues de son embouchure dans la mer du Nord. L'Alster, affluent de l'Elbe, la divise en deux parties bien distinctes : il y a la ville vieille et la ville neuve. La ville vieille sent le moyen âge, avec ses rues étroites, tortueuses, à toitures avancées, et rappelle assez fidèlement la physionomie pittoresque de certaines villes du Midi. D'autre part, les canaux qui sillonnent en tous sens cette partie de l'antique cité hanséatique lui donnent l'aspect original des villes hollandaises. Une fois qu'on s'est engouffré dans ce dédale inextricable de rues et de ruelles, l'illusion est complète : on a reculé de six siècles.

De l'autre côté de l'Alster, le contraste est parfait : autant la vieille ville est irrégulière, autant la nouvelle est symétrique, tirée au cordeau. Là se trouvent les somptueux quartiers avoisinant le Binnen-Alster, immense bassin carré formé par l'Alster dans l'intérieur de la ville, entouré d'hôtels aristocratiques, de jardins, de promenades. Ce lac, au beau milieu d'une ville, est un spectacle grandiose et unique en Europe. Nous nous sommes promenés là le soir : c'est alors surtout que le Binnen-Alster présente un coup d'œil féerique, lorsque la lune fait miroiter sur l'onde unie comme une glace sa longue traînée d'argent : on se croirait à Genève, au bord du Léman.

Hambourg, exclusivement vouée au commerce, eut bientôt satisfait notre curiosité de touristes. Le musée de peinture est pauvre : fort peu de bonnes toiles, beaucoup de mauvaises ; il est rare, d'ailleurs, que le culte des arts fleurisse à côté de celui de Mercure. Quand on a vu la bourse, qui occupe naturellement le premier rang parmi les monuments de Hambourg, le jardin zoologique, qui est sans contredit le plus beau du Nord, et le port où se serrent tous les vaisseaux du monde, il ne vous reste plus qu'à vous croiser les bras ou à monter sur l'impériale d'un des omnibus qui partent six fois par heure pour Altona.

Altona, l'ancienne capitale du Holstein, est devenue aujourd'hui comme le faubourg de Hambourg. Il n'y a pas longtemps, le drapeau danois séparait les deux villes ; mais alors déjà les relations de commerce les réunissaient forcément, et aujourd'hui elles ne diffèrent plus que de nom. Altona ne vaut guère la peine d'être décrite ; car il serait difficile d'imaginer une ville plus insignifiante. La belle promenade qui longe l'Elbe est la seule chose digne d'être notée.

Le steamer *Throndhjem,* en partance pour la Norwége, devait quitter le port de Hambourg le 25 août 1871, à minuit. Nous nous fîmes conduire à l'embarcadère à onze heures du soir. Le temps était calme, mais frais ; des milliers d'étoiles brillaient au firmament ; la lune semblait sourire à travers la forêt des mâts de vaisseaux : tout nous promettait une bonne traversée. Le *Throndhjem* est un de ces steamers qui chaque semaine partent de Hambourg, traversent la mer du Nord en côtoyant le Danemark, longent les côtes occidentales de la Norwége, doublent le cap Nord, qui est la pointe la plus septentrionale de l'Europe, et s'arrêtent enfin à Vadsöo, sur les confins de la Russie du Nord, après un trajet d'environ sept cents lieues. L'équipage du *Throndjhem* est norwégien ; le capitaine s'exprime assez bien en anglais, et l'un des officiers, qui a habité Toulouse, parle le français à ravir.

A l'heure dite, on leva l'ancre. Je m'attardai sur le pont à voir défiler devant nous les lumières d'Altona, qui s'étend sur la rive droite du fleuve. Au bout d'un quart d'heure, je commençai à geler, et je pris le sage parti de faire le plongeon dans ma cabine. En dépit d'une atmosphère étouffante et de l'incommodité d'un cadre

auquel je n'étais guère habitué, je dormis jusqu'au matin.
Lorsque je me réveillai, à sept heures, nous ne voguions
plus sur les eaux de l'Elbe : Cuxhaven était déjà loin
derrière nous, et la mer du Nord ouvrait devant nous
ses perspectives infinies.

Mes compagnons se réveillèrent malades, et se virent
obligés de garder leurs couchettes, en proie à ces angoisses poignantes et comiques tout à la fois que pro-
voquent chez les estomacs peu aguerris le roulis et le
tangage. Je dois dire, sans forfanterie, que je fus seul
en état de me lever. Je déjeunai de bon appétit, et montai sur le pont. La mer était fort houleuse ; le vent avait
sauté à l'est pendant la nuit, et ne nous présageait rien
de bon.

En ce moment nous étions en vue de l'île de Helgoland. Qu'on se figure un immense rocher de plus de
cent mètres de haut, de plus d'une lieue de long, qui
surgit subitement, brusquement du milieu de la mer,
du milieu des sables. D'un côté, ce rocher est taillé
à pic ; de l'autre, il descend en pente douce. On
dirait d'un monolithe monstrueux tombé du ciel au
milieu de l'Océan. Cette île étrange, habitée, dit-on,
par de vrais descendants des anciens Frisons, dont ils
ont conservé entièrement le langage et les coutumes,
appartient, depuis le traité de Kiel (1814), à l'Angleterre, qui ne lui demande pas d'impôts, et qui ne s'inquiète ni de sa constitution ni de son administration
intérieure. Cette possession est précieuse pour le gouvernement britannique, qui, établi ainsi non loin de
l'embouchure de l'Elbe et du Weser, observe de là l'Allemagne.

Nous restâmes en vue de Helgoland pendant plus de

trois heures. Bientôt le rocher colossal ne fut plus qu'un point infiniment petit, qui ne tarda pas à se fondre dans l'immense horizon; c'était la dernière terre qui s'offrît à nos regards : entre Helgoland et la Norwége, nous allions nous rassasier pendant deux jours du spectacle très-grandiose, mais très-peu varié, qu'on appelle « le ciel et l'eau ».

Le vent se mit à souffler avec plus de violence. Le mouvement du tangage se faisait sentir d'une façon toute particulière, et il y eut un moment où le pont offrit un spectacle des plus lamentables : tous les passagers, pris subitement de je ne sais quel horrible malaise, dont ils étaient tantôt les premiers à rire, disparurent un à un comme par enchantement dans l'intérieur du navire. Jamais de la vie je n'avais assisté à un pareil exercice d'estomacs. Un vieux monsieur à barbe grise, qui avait une ressemblance frappante avec le roi de Prusse, était bien résolu à ne pas subir les atteintes du mal de mer; il s'était muni de pilules dont l'effet devait être souverain; en dépit de sa pharmacie, il disparut un des premiers et ne reparut qu'un des derniers.

Je finis par rester tout seul sur le pont; mais, le roulis et la pluie aidant, je dus bientôt me résoudre à aller rejoindre moi-même tous ces infortunés, maudissant la science moderne, qui s'occupe avec tant de sollicitude du moyen de guérir les verrues qui poussent sur le nez des gens, et qui n'a pas encore cherché sérieusement un remède efficace contre le mal de mer.

Mes souffrances ne furent heureusement pas de longue durée. Un petit verre de kummel de Throndhjem, souvent répété, et quelques tranches de saucisson de Bergen me rendirent la santé, et, au soir, je fus en état de remonter sur le pont. Toute la nuit, le nord brilla d'une vive clarté qui faisait contraste avec l'obscurité profonde qui régnait vers le sud. Je relate le fait sans pouvoir l'expliquer. Il est permis de supposer que cette clarté provenait d'une aurore boréale invisible à cause des nuages.

Le lendemain, nous fûmes assaillis par une véritable tempête, qui dura plus de vingt-quatre heures. Connaissant trop bien les misères de la cabine lorsque la mer est grosse, je m'enveloppai le mieux possible dans mon manteau et ma couverture, et m'installai sur le pont, au pied du grand mât. Vers dix heures du matin, le ciel devint tout noir. On ne voyait plus qu'un étroit horizon éclairé par la phosphorescence d'une mer agitée. Les nuages, fort bas, passaient auprès de nous avec une rapidité vertigineuse. La pluie fouettait, une pluie glacée. Les lames tombaient à bord à chaque instant. Le roulis était si violent, qu'à chaque secousse les chaînes des haubans plongeaient de plusieurs pieds dans la mer. Vers le soir, la tourmente devint plus furieuse encore; la mer s'enfla prodigieusement : pendant toute la nuit, les flots s'élevèrent comme des montagnes et vinrent fondre sur le tillac. Je dus me réfugier dans la salle commune, où régnait une confusion impossible à décrire. Les passagers de tous âges, des deux sexes, gisaient pêle-mêle sur les divans, abattus, anéantis, plus morts que vifs, dans un oubli complet des règles les plus élémentaires des convenances. La plupart s'étaient fait lier par les matelots pour se préserver des chocs et des contusions. La vaisselle, les bouteilles, les verres, tout était remué, secoué, brisé.

Parfois de sinistres craquements se faisaient entendre, comme si la charpente du navire se fût disjointe.

Cette nuit-là fut longue. Dès qu'il fit jour, je remontai sur le pont : j'étais fatigué de veiller, j'avais besoin de respirer et de marcher. Je marchai, en effet, m'appuyant aux mâts, me soutenant aux cordages, m'accoudant aux sabords; mais, dans un moment où j'avais lâché prise, un grand coup de mer vint se ruer sur le navire : je fus violemment renversé et lancé au loin par le choc. Je me relevai tout meurtri et ruisselant d'eau salée, et n'eus plus la prétention de croire qu'on acquiert le pied marin en un jour. La tempête se calma vers le milieu du jour, et la troisième nuit nous permit de récupérer nos forces par un sommeil paisible et réparateur.

Le 28, à cinq heures du matin, j'étais sur le pont, attendant le lever du soleil. Le globe de feu se montra bientôt, superbe et majestueux, derrière des roches basses et grisâtres qui sortaient du sein des eaux comme des écueils. La mer était calme : plus de lames, plus de roulis. Nous voguions sur les eaux paisibles d'un *fjord* (golfe) de la Norwége. Quelle douce surprise, après cinquante-deux heures de navigation sur une mer orageuse!

Au bout d'une heure, nous étions à l'ancre dans la rade de Christiansand, cinq jours à peine après avoir quitté notre pays. Puissance merveilleuse de la vapeur! autrefois, un voyage en Norwége était considéré comme une entreprise aussi téméraire qu'un voyage en Chine; aujourd'hui, fi donc! c'est une promenade.

II

CHRISTIANSAND

J'éprouve toujours une émotion profonde lorsque je mets le pied pour la première fois sur une terre étrangère. Je n'ai jamais ressenti cette émotion aussi vivement que lorsque j'ai débarqué en Norwége. Cette terre que j'avais devant les yeux, c'était la terre scandinave, la terre d'où sont venus mes ancêtres, le berceau des peuples d'Occident. Depuis longtemps je me sentais attiré par ces pays du Nord, appelés à régénérer un jour la vieille Europe. La Norwége, c'était pour moi la satisfaction d'un désir déjà ancien, que venait de réveiller un récent voyage en Écosse. Ces deux contrées, perdues aux extrémités de l'Europe, ont plus d'un point de contact.

Comme nous nous disposions à descendre sur les quais, messieurs les agents de la douane vinrent accomplir les formalités d'usage. Ces aimables messieurs

s'en rapportèrent à nos déclarations, et ne voulurent
pas même nous permettre d'ouvrir nos malles. L'un
d'eux, qui s'exprimait en anglais, nous annonça une
bien triste nouvelle : deux bateaux de pêche venaient
de sombrer avec leur équipage, en vue du port, pendant l'affreuse tempête de la veille; toute la ville, assemblée au port, avait vu périr ces malheureux, sans
que personne pût leur porter secours. Ce ne furent pas
les seuls sinistres. Nous sûmes par la suite que dix-
huit bâtiments ont sombré dans le Skager-Rak pendant la nuit fatale du 27. Je frémis en pensant aux dangers que nous avions courus, et auxquels nous n'avions
échappé que grâce à la présence d'esprit du capitaine
et de ses officiers.

Après l'accomplissement des formalités de la douane,
nous avions le droit de nous répandre sur les trottoirs
de Christiansand. Je brûlais d'impatience de faire la
connaissance d'une ville de Norwége. Au premier pas,
nous entrions de plain-pied dans la couleur locale :
Christiansand est déjà une ville entièrement norwégienne, et qui ne ressemble pas plus aux cités du continent que Pékin ou Dehli ne ressemblent à Paris. D'abord
la pierre et la brique sont rigoureusement bannies dans
les constructions : on ne rencontre ici que des maisons
en bois, et ceci n'a rien que de très-naturel dans un
pays où le bois se donne et ne se vend pas[1]. Les habitations n'ont jamais plus d'un étage et conservent toutes
la même hauteur : leurs façades bariolées de toutes les
couleurs de l'arc-en-ciel ne laissent pas que de produire

---

[1] En Norwége, les particuliers peuvent prendre du bois à discrétion dans
les forêts de l'État.

un effet très-pittoresque. Les rues macadamisées, construites dans le goût moderne, sont tirées au cordeau
et se croisent à angle droit. La stricte propreté hollandaise y règne partout. Les habitants ont l'air beaucoup
moins norwégien que leur ville : les bourgeois, coiffés
du chapeau que l'on sait et vêtus de redingotes et de
pantalons à la dernière mode de Paris, nous ont un
peu gâté le paysage. Hélas! le pittoresque costume norwégien qu'on voit encore dans les peintures de Tidemand est donc aussi passé de mode, comme le costume
écossais et le costume andalou! La poésie s'en va! les
nationalités disparaissent! Pour ma part, je gémis de
voir l'uniformité la plus désespérante envahir les contrées les plus reculées sous prétexte de civilisation. Ceci
est plus sérieux que l'on ne serait tenté de le croire.
Le jour où, au nom de cette sotte civilisation, les peuples
en seront arrivés au point de ne pouvoir plus se distinguer les uns des autres, ni par les mœurs, ni par le
langage, ni par les coutumes, ni par les lois et les formes
de gouvernement, le principal charme du voyage sera
détruit, et il suffira d'étudier son pays pour connaître
l'univers.

Christiansand est une ville toute moderne, qui n'a
guère que deux siècles d'existence; elle fut fondée par
un Christian quelconque, frappé sans doute des avantages que pouvait présenter cette position au point de
vue maritime et commercial. Sa population s'élève à
dix mille âmes : notons que c'est la quatrième ville de
la Norwége, qu'elle est le siége d'un évêque et d'un
gouverneur de province (amtmand), et qu'enfin elle fait
un commerce très-considérable de morue. Les gour-
mets seront peut-être satisfaits d'apprendre encore que

les homards, dont les Anglais font une si prodigieuse consommation, viennent également de Christiansand.

Christiansand n'est pas riche en monuments : après la cathédrale, on a tout vu. Et qu'on ne pense pas qu'il s'agisse d'une somptueuse église gothique : la cathédrale est tout uniment un vieil édifice très-lourd, très-insignifiant, et n'a d'autre mérite que celui d'être construit en pierre (une église en pierre est chose fort rare en Norwége). Rien de bizarre comme l'intérieur de ce temple luthérien; le long des murs sont disposées des espèces de cases qui ressemblent assez bien à des loges de théâtre : de cette manière, les fidèles qui s'ennuient pendant l'office ou le sermon peuvent tirer la fenêtre de leur loge et s'endormir comme s'ils étaient chez eux. Il faut avouer que c'est pousser un peu loin l'amour du confortable.

Au milieu de la place qui fait face à la cathédrale, nous avons remarqué un pin gigantesque, qui compte pour le moins six siècles d'existence; cet arbre est l'objet de la vénération des habitants, et a l'insigne honneur de figurer dans les armes de la ville.

A défaut de monuments, ce que j'aime surtout à Christiansand, c'est sa situation même : la ville est délicieusement assise entre la mer et les montagnes, au fond d'une baie appelée *Topdals fjord*. Cette baie est bordée de rochers à pic dont les formes âpres et abruptes font contraste avec l'aspect plus riant des montagnes environnantes. Du côté de la mer ces rochers se rapprochent tellement, que la baie est à peine assez large en cet endroit pour livrer passage aux vaisseaux.

Le port de Christiansand est un des plus sûrs de la Norwége, et assez vaste pour contenir toutes les marines de l'Europe. Le gouvernement norwégien y a établi un chantier de construction pour la marine. L'entrée du port est défendue par une petite forteresse munie de vieilles tours d'une construction plus que . naïve ; cette forteresse, si respectable qu'elle puisse paraître aux yeux des indigènes, ne rendrait, je gage, que de piètres services en temps de guerre.

Au sommet d'un sombre rocher à pic qui domine le port, nous avons remarqué un vieil édifice du plus triste aspect : c'est un lazaret réservé au traitement de la lèpre, maladie horrible qui règne encore aujourd'hui en Norwége.

Quand nous eûmes passé en revue toutes les curiosités de Christiansand, l'un de nous émit la proposition d'aller dîner : personne ne se fit prier, car notre appétit s'était singulièrement aiguisé depuis que nous nous trouvions sur la terre ferme. Nous entrâmes dans une maison en bois de bonne apparence, qui portait le titre d'*hôtel Scandinavia*, et nous y fîmes un délicieux repas. La table était couverte de plats de viande froide ; on nous en apporta aussi de la chaude ; froide et chaude nous parurent excellentes. Il y avait du poisson en quantité, des volailles en abondance, des homards frais surtout à profusion, et de la glace autant qu'on en pouvait désirer. Celui d'entre nous qui avait émis la proposition de dîner ne pouvait s'empêcher d'exprimer sa légitime satisfaction ; il appréciait hautement l'avantage de pouvoir manger à une table fixe, exempte de ces mouvements d'oscillations auxquels sont sujettes les tables des navires. Au dessert, il fit une intéressante dissertation sur l'art culinaire, et, avec un rare talent, soutint la thèse que la cuisine norwégienne, pour autant qu'il avait

pu en juger par ce premier aperçu, ne le cède en rien
à la cuisine anglaise, et possède même des qualités in-
trinsèques et extrinsèques qui feraient pâmer d'aise les
plus friands gastronomes. Il conclut en disant que ses
sympathies étaient acquises d'avance au peuple norwégien. Nous nous rangeâmes tous à l'opinion déjà expri-
mée, avec cette réserve toutefois que la cuisine de Christiansand pouvait fort bien n'être pas encore la véritable
cuisine norwégienne. En voyage, j'attache une grande
importance à la cuisine; car je suis intimement persuadé
qu'un esprit observateur peut tirer des inductions phi-
losophiques sur le caractère et les mœurs d'un peuple
en observant ce qu'il mange et quelle est sa conduite à
table. Sous ce rapport, on distinguera facilement un
Norwégien d'un Espagnol, un Chinois d'un Allemand.
Le Norwégien est aussi grand mangeur que l'Espagnol
est sobre. L'Allemand dévore avec plus d'avidité que le
Chinois, bien que le premier fasse usage de fourchettes
et le second de petits bâtons. Dis-moi comment tu
manges, et je te dirai qui tu es.

Il va sans dire que nous n'achevâmes point notre
premier dîner norwégien sans porter un toast à la Scandinavie, à la *Gamle Norge*[1], comme disent les Norwégiens.

[1] Vieille Norwége.

III

LES FJORDS

Après quelques heures passées à Christiansand, nous nous rembarquâmes sur *le Throndhjem*, qui reprit sa route le long des côtes de la Norwége.

Je ne me rappelle pas d'avoir fait de plus agréable voyage que cette traversée au milieu des îles, des *sunds* et des fjords. Pendant les huit jours que nous passâmes à bord du *Throndhjem* à partir de Christiansand, notre navigation fut favorisée par un temps magnifique : le soleil nous prodiguait ses plus chauds rayons, le ciel était toujours bleu, et peu s'en fallait qu'il ne fît plus beau en Norwége qu'en Italie. Pendant le jour, je m'installais sur le pont, et jouissais tout à la fois d'un doux *far niente* et du spectacle toujours attrayant du paysage ; le soir, je contemplais le coucher du soleil et le lever de la lune ; la nuit, je gagnais à regret ma cahute, et dormais mieux sur ma dure couchette que sur les lits les plus moelleux. Une seule chose m'attristait, c'était la perspective de voir finir bientôt cette délicieuse vie de bord, cette vie d'extase et de paresse qu'on mène ici loin des passions du monde, loin des rumeurs de la cité. N'étaient les dangers auxquels ils sont continuellement exposés, les marins seraient, à mon avis, les hommes les plus heureux de la terre. *O felices sua si bona norint !*

Je m'étais lié à bord avec le capitaine en second, M. B. Il parlait français aussi correctement que peut le faire un Norwégien, et nous servait à la fois d'interprète et de cicerone. J'aimais beaucoup à entendre le récit de ses aventures de marin. Bien jeune encore, il avait déjà parcouru tout l'univers; natif de Christiania, il avait quitté à quinze ans son pays natal pour courir la fortune des mers, et ses lointaines pérégrinations n'avaient fait que fortifier en lui la passion des voyages. Chez les peuples du Nord, l'humeur voyageuse coule dans les veines avec le sang. Les Norwégiens surtout, qui sont nés marins, sont des voyageurs infatigables : il n'est pas un Norwégien quelque peu aisé qui n'ait visité au moins deux des cinq parties du monde.

Des fjords, des fjords, rien que des fjords, voilà ce que nous avons vu sur les côtes occidentales de la Norwége. Il faut avoir vu la Norwége pour se former une juste idée d'un fjord. Dire que *fjord* est un mot norwégien qui signifie golfe, ce serait une explication bien vague. Il y a, en effet, des golfes dans tous les pays maritimes; mais je crois que la Norwége est le seul pays au monde qui ait des fjords. Je me trompe : les côtes de la Calédonie ont des fjords, si l'on peut donner ce nom à ces longs bras de mer que les Écossais désignent sous le nom de *frith*[1], et qui sont, en effet, l'image en miniature des fjords de la Norwége. J'ai déjà dit que l'Écosse et la Norwége ont plus d'un point de contact.

Les fjords ne sont pas de véritables golfes, mais plutôt des lacs marins d'une grande étendue, resserrés entre les parois des montagnes. Ils pénètrent très-avant dans les terres, et communiquent avec l'Océan au moyen de canaux naturels que l'on appelle *sunds.* D'ordinaire, ces lacs sont littéralement encaissés entre deux murailles de granit qui conservent presque partout la même hauteur au-dessus du niveau de la mer.

Le long des côtes occidentales de la Norwége, les fjords sont innombrables : du cap Naze au cap Nord, les côtes en sont criblées, si je puis ainsi parler. Je renonce à comprendre comment les pilotes parviennent à s'orienter au milieu de cet immense dédale d'îles, de récifs, de bras de mer et de passages de toutes sortes. Au reste, sans les fjords la navigation serait bien plus difficile, à cause des rochers escarpés qui bordent presque toute la côte : ils sont à la Norwége ce que les canaux des villes de Hollande sont à leurs habitants. Chaque fjord en Norwége est une route naturelle vers la mer : et ces canaux pénètrent si avant dans les terres, qu'ils vont mourir parfois à plus de trois journées de marche des côtes au travers desquelles ils se sont fait jour : le *Sognefjord* a plus de trente lieues de longueur.

De tous ceux qui ont parlé des fjords, M. Adalbert de Beaumont a peut-être le mieux expliqué leur ori-

---

[1] On saisit facilement la parenté des mots *frith* et *fjord*.

gine. « Qu'on se figure, dit-il, cinq cents lieues de montagnes encombrées de neige pendant huit mois, puis un soleil qui, apparaissant tout à coup, ne quitte plus l'horizon ni jour ni nuit; un soleil brûlant et continuel luttant avec les glaces d'un hiver sans fin. De ce combat, on comprend quels grands spectacles doivent naître. Alors les fleuves suspendus reprennent leur violence; ils brisent, renversent, emportent tout, et forment ces chutes gigantesques dont aucun pays du monde ne saurait donner idée. Ces gouffres et ces ravins profonds, où maintenant le regard se perd, l'eau les comble alors; ces rochers, que les forces si puissantes de la mécanique ne feraient pas mouvoir, l'eau les roule comme des grains de sable; et ces vastes abîmes qu'on croirait entr'ouverts par une convulsion du globe, c'est l'eau qui les a creusés, l'eau plus puissante que la poudre et l'acier, parce que sa force c'est la constance, et la constance, c'est le temps qui vient à bout de tout!

« Ainsi déchirées jusque dans leurs entrailles par ce ravage intérieur, par ces fleuves qui, partis des cimes glacées, se dirigent tous parallèlement vers la mer, les Alpes scandinaves donnent alors accès aux vagues d'un océan furieux qui les minent en sens contraire.

« On voit donc d'un côté la mer frappant sans relâche son adversaire inerte et s'avançant victorieuse; de l'autre, les cascades, produit des immenses accumulations de neige de l'hiver, qui s'élancent des sommets, se réunissent et se grossissent sur les plateaux, forment les torrents qui creusent les vallées, les entraînent à leur suite et vont rejoindre, chargés de dépouilles, cet océan qui les attire... C'est ainsi que ces deux ennemis, luttant pour la même cause, se rejoignent bientôt, puis envahissent tous les endroits plats, remplacent les vallées et donnent naissance à ces longs cânaux, à ces corridors étroits, à ces rues tortueuses qui font de ce pays un pays sans pareil.

« Ce sont ces canaux, creusés jusqu'au cœur des plus hautes montagnes, ayant pour origine et pour cause les cascades et la mer, qui prennent le nom de fjord. »

Je ne connais pas de paysages plus grandioses et plus austères tout à la fois que les fjords de la Norwége. Qu'on s'imagine l'aspect surprenant et incomparable de ces innombrables bras de mer, qui dessinent mille laby-rinthes entre d'énormes étages de rochers presque nus et de couleur de cendre. L'œil n'aperçoit à l'horizon que de pâles glaciers, des montagnes stériles, des som-mets neigeux où ne s'élèvent que l'aigle, le faucon et la mouette. Au milieu de ces lacs déserts, la nature a semé des îles sans nombre qui présentent les aspects les plus étranges que puisse créer l'imagination. Toutes ces îles sont incultes et inhabitées; leurs montagnes abruptes, dont les sommets se hérissent en pointes aiguës, sont encore vierges du pas de l'homme : là, pas un ruisseau ne murmure, pas une feuille d'arbre ne tremble, pas un oiseau ne chante : c'est l'éternelle stérilité du désert et le terrible silence du tombeau. Le cœur frissonne à la vue de semblables tableaux, une indéfinissable mélan-colie passe des yeux à l'âme, et l'on comprend cette pensée du poëte anglais :

O solitude! where are the charms
That sages have seen in thy face?

Better dwell in the midst of alarms
Than live in this horrible place [1]

Je ne décrirai point toutes les beautés de la route. Je me borne à signaler les points les plus remarquables.

Le 28, nous doublâmes le cap Lindesnaes. On pourrait l'appeler le cap Sud, car c'est la pointe la plus méridionale de la Norwége. De ce point au cap Nord on compte plus de six cents lieues, bien entendu en ligne droite; car, en suivant toutes les échancrures de la côte, toutes les sinuosités des fjords, on a calculé que la distance entre ces deux points est celle de Paris au Japon.

Le cap Lindesnaes est un énorme rocher à pic de plus de cinq cents pieds de hauteur, contre lequel viennent se briser en mugissant les vagues écumantes de la mer du Nord. Au sommet de la falaise s'élève un phare qui interdit aux marins l'approche de ces côtes dangereuses. Le cap Lindesnaes regarde le Skager-Rak, large canal qui sépare la Norwége du Danemark. Les oiseaux de mer planent par milliers au-dessus de ce roc fantastique, et jettent au plus haut des airs leurs cris rauques et sinistres. La nuit venue, le phare s'allume et attire de loin les pauvres oiseaux; d'un vol rapide ils s'élancent contre les fenêtres de la lanterne, se brisent les ailes et tombent morts au pied de la falaise.

A l'heure où le soleil dorait les montagnes de ses derniers feux, nous pénétrâmes dans les sombres galeries du Flekkefjord : c'est un grand lac solitaire étroitement

---

[1] O solitude! où sont les charmes que les sages trouvent en toi? Mieux vaudrait errer dans un monde de tristesses que de vivre dans ces lieux horribles.

encaissé dans un amphithéâtre de rochers d'une sauvagerie indescriptible. Le fjord rampe et se tord entre
les masses gigantesques qui le surplombent. L'eau, dans
sa transparence glauque, réfléchit la fine colonne des
pins qui se mirent sur ses bords. A chaque détour, un
nouveau tableau s'offre au regard fasciné, et derrière
l'énorme falaise qui semble vouloir fermer le fjord,
s'ouvre un autre lac, plus sombre, plus solitaire. Et le
soleil couchant allumait son feu de Bengale sur ce tableau splendide dont nul peintre ne rendrait la magie.
Nous restions silencieux; car, devant les grandes choses
de la nature, le silence est la plus grande et la plus
éloquente des admirations.

Le 29, au matin, nous fîmes escale à Stavanger.
Voilà une ville vraiment norwégienne, et que je recom-
mande beaucoup aux amateurs de cités bossues et irrégulières : il serait impossible d'imaginer un dédale plus
embrouillé de rues et de ruelles, tortueuses, étroites,
attaquant de front les accidents de terrain, grimpant
sur les collines abruptes, coupant les vallées dans un
amalgame impossible. Stavanger est à la Norwége ce
que Tolède est à l'Espagne. Les deux villes ont la même
antiquité et sont bâties de la même façon, en amphithéâtre, sur sept collines, à cette seule différence près
que Tolède est bâtie en pierres et en pisé, que Stavanger est tout entière construite en bois. Stavanger est
une des villes les plus populeuses de la Norwége : elle
compte douze mille âmes. Toute cette population s'enrichit par la pêche au hareng. Les habitations qui avoisinent le port ont deux façades : l'une, destinée au
commerce, fait face à la mer ; l'autre, destinée à la vie
de famille, donne sur la rue. Stavanger possède une belle

église en pierre, datant du XIII⁰ siècle : elle est d'un
gothique très-pur, et offre un curieux spécimen de l'architecture du moyen âge en Norwége. On travaillait à
sa restauration, et les échafaudages qui encombraient
la porte nous empêchèrent de pénétrer dans l'intérieur.

Il y a encore à Stavanger une moderne église en bois
construite sur une montagne qui domine toute la ville :
la tour est surmontée d'un belvédère où se tient un
veilleur de nuit qui a pour mission de crier les heures
et de signaler les incendies. Rien n'est si commun que
les incendies en Norwége : à Stavanger, ils sont endé-
miques. Chaque maison paie tribut au feu; mais tout
est assuré, et les compagnies anglaises indemnisent les
victimes en argent comptant, denrée rare en Norwége.

De Stavanger à Bergen, les côtes sont protégées contre
les vagues de l'Océan par une ceinture non interrompue
de grandes îles montagneuses, immense archipel désert, inhabité, où jamais pilote ne s'est aventuré. Abrités
par cette jetée naturelle, nous naviguions sur une mer
aussi calme qu'un lac.

Les environs immédiats de Stavanger offrent peu d'intérêt : ces myriades de roches moutonnées, d'écueils à
fleur d'eau, étonnent l'imagination au premier aspect;
puis on s'y fait, et l'on finit par trouver monotone cette
désespérante uniformité.

Vers le milieu du jour, la scène changea de caractère.
Nous venions de nous lever de table, et nous fûmes fort
surpris, en remontant sur le pont, de nous voir entourés
de montagnes prodigieusement hautes, dont les sommets
étaient couverts de neige. De magnifiques glaciers scintillaient à l'horizon. Le coup d'œil présentait une grande
variété d'aspects : la verdure et les bois de sapins des

collines du premier plan contrastaient avec la sublime désolation des montagnes de l'arrière-plan. Nous étions à l'entrée du *Hardangerfjord,* qui pénètre à plus de vingt-cinq lieues dans l'intérieur de la Norwége. C'est là que vient mourir dans l'Océan la grande chaîne des Alpes scandinaves, dont les sommets aigus, tailladés en scie, semblent vouloir percer le ciel.

Entre le Hardangerfjord et le *Bjornefjord,* le pays est extraordinairement beau. Les fjords coupent à angle droit les vallées et les montagnes. Les montagnes élèvent à plus de deux mille pieds leurs têtes sourcilleuses. Les gorges et les vallées sont transformées en lacs et en bras de mer. Les forêts qui recouvrent les pentes ont une incomparable puissance de végétation, grâce à la douceur du climat de la Norwége méridionale.

Qui n'a vu le lac des Quatre Cantons? Qu'on lui donne une étendue vingt fois plus considérable, et l'on aura le Bjornefjord. La Norwége, c'est la Suisse en grand. Ici les lignes du paysage ont je ne sais quelles formes grandioses et sublimes que je n'ai vues nulle part. La nature est plus grande, plus sévère, plus terrible. Nul pays n'a subi d'aussi épouvantables convulsions.

La scène prend un caractère moins sauvage à mesure qu'on approche de Bergen. Chaque détour du fjord nous ménage une nouvelle surprise. Tantôt de vertes collines descendent en pente douce jusqu'au bord de l'eau; tantôt des rocs tout nus, de cinq cents pieds de haut, s'élancent verticalement comme des murailles : de nombreuses cascades glissent le long de ces énormes parois.

Vers le soir, Bergen nous apparut de loin, avec ses brillants toits rouges, au fond d'un large golfe dominé par de hautes montagnes à pic d'une majesté indescriptible; le site est superbe, peut-être unique au monde.

A huit heures du soir, nous entrions dans la rade de Bergen, encombrée de vaisseaux de toutes les nations. La soirée était charmante. Le vent restait immobile et semblait endormi. La lune, qui montait lentement dans l'espace, au milieu d'un fluide d'or, produisait un effet magique : on eût dit un globe de feu qui errait sur les cimes des montagnes.

IV

BERGEN

Le lendemain, notre premier soin fut de nous diriger
vers une des montagnes abruptes qui ont donné leur
nom à la ville de Bergen [1]. Nous nous mîmes en devoir
de l'escalader; mais, au bout d'une heure d'ascension,
les nuages épais qui n'avaient cessé d'envelopper la montagne depuis le matin, ne nous permirent point de nous
élever jusqu'au sommet. Nous dûmes nous arrêter à mi-
côte. De là déjà nous découvrions une vue superbe. Toute
la ville de Bergen, bizarre assemblage de constructions
de bois, s'étalait à nos pieds, s'avançant en promontoire
au milieu de la nappe tranquille et miroitante du fjord
qui la baigne. La ville est située au fond d'une étroite
vallée dominée partout par de hautes montagnes à pic,
dont les cimes arides et pelées forment un heureux con-

---

[1] *Bergen* signifie *montagnes.*

traste avec les pentes inférieures, verdoyantes et boisées. Selon l'expression d'un voyageur[1], Bergen est une
cité hollandaise entourée de montagnes suisses. En fouil-
lant dans mes souvenirs de touriste, j'ai cru, en effet,
reconnaître une certaine ressemblance entre ce site et
la vallée de Coire, dans le canton des Grisons. Rien de
pittoresque comme la physionomie de Bergen vue d'en
haut : la ville, irrégulière comme Stavanger, se cram-
ponne aux flancs des montagnes et semble vouloir leur
disputer le terrain ; les maisons s'étagent les unes au-
dessus des autres comme des ruches : elles s'écrasent,
se pressent, s'enchevêtrent en réseaux inextricables, et
si par hasard un incendie éclate sur un point, tout le
pâté de maisons ne fait qu'un feu de paille. En 1855,
un immense incendie dévora ainsi la moitié de la ville,
et depuis cette époque il n'est plus permis de bâtir en
bois dans un certain rayon. Par précaution contre les
incendies, les habitants de Bergen ont eu l'ingénieuse
idée d'orner à perpétuité la porte de leur maison d'un
grand tonneau plein d'eau.

Du haut de notre observatoire, nous distinguions tous
les monuments de l'antique cité hanséatique. Sur la
place publique s'élève la bourse, un des rares édifices
en pierres de l'endroit. Bergen, qui, avant la réforme,
comptait trente-deux églises, n'en possède plus aujour-
d'hui que cinq : toutes sont au plus insignifiantes. On
construit actuellement une église catholique. A l'entrée
du port, sur une éminence, se trouve un château fort
qui sert à la défense de la ville : il est petit, bâti en
briques et paraît peu important. Ce château, qui date

---

[1] M. de Saint-Blaise.

d'Olaf Kyrre, le fondateur de la cité, fut autrefois la résidence des rois de Norwége, qui firent de Bergen leur capitale. Un seul monument fait tache dans le daysage : c'est l'hôpital des lépreux. Rien n'est plus commun que la lèpre sur les côtes occidentales de la Norwége : de Christiansand à Throndhjem, on compte cinq hôpitaux destinés au traitement de cette horrible maladie. Ce genre de lèpre, connu sous le nom d'*elephantiasis*, est incurable et héréditaire.

Bergen, habituée aux ravages des incendies et de la lèpre, est encore sujette à un autre fléau : les hautes montagnes qui l'environnent attirent et arrêtent les nuages, ce qui occasionne des pluies presque continuelles. Si beau qu'il fasse, les habitants ne sortent jamais sans un parapluie. Un proverbe dit que Bergen est le pot de chambre de la Norwége : heureusement ce proverbe ne s'est point justifié durant notre séjour. Les montagnes de Bergen ont encore cet inconvénient de rendre son accès très-difficile du côté de la terre : pendant longtemps toutes les ressources de l'art ont été impuissantes à y créer une route carrossable; à peine pouvait-on les franchir à cheval. Bergen ne pouvait ainsi communiquer autrement que par mer avec Christiania et les autres villes de la Norwége. Dans ces dernières années, on a construit à grands frais une route accessible aux carrioles. Il est même question aujourd'hui d'établir un chemin de fer qui reliera Bergen à la capitale; mais cette entreprise demande des capitaux considérables, qu'on n'a pu trouver jusqu'ici.

La population actuelle de Bergen est de quarante mille âmes. Throndhjem, sa rivale, n'en a que vingt mille. Son port est large, profond et commode : au besoin, il y aurait moyen de construire un second port au sud de la ville, et de réunir à la mer un petit lac intérieur qui pourrait à lui seul contenir plus de vaisseaux que n'en contient le port actuel. Lorsque la ville sera reliée à Christiania par un chemin de fer, elle sera nécessairement appelée à faire un commerce considérable de transit entre l'Angleterre, la Suède et la Russie. Dans un avenir plus ou moins éloigné, sa population peut atteindre le chiffre de cent mille âmes. Par sa position unique, au sud de la Norwége, Bergen est appelée à devenir la métropole commerciale de la Scandinavie : déjà elle commence à éclipser Throndhjem, bien que cette dernière ville ait récemment obtenu la concession de deux chemins de fer importants qui la relieront avec la Suède et avec Christiania. Throndhjem, d'ailleurs, reléguée presque à l'extrême nord, à peu près sous la même latitude que l'Islande, est trop éloignée des grandes voies de communication pour ne pas être fatalement condamnée à un état stationnaire. L'antique capitale où l'on couronnait les rois de Norwége ne se réveillera probablement plus de la léthargie où nous l'avons vue.

Au retour de notre excursion à la montagne, nous fîmes une visite au musée, qui est installé dans un bel édifice moderne situé sur une côte à quelque distance de la ville. Le musée est riche en antiquités du Nord : nous y avons vu une grande quantité d'urnes funéraires, d'armes, d'instruments remontant aux époques les plus reculées de l'antiquité scandinave. La plupart de ces objets ont été trouvés en Norwége, dans les environs de Bergen, de Vossevangen et de Throndhjem. Il y a là aussi quelques inscriptions runiques parfaitement conservées, et une superbe collection de monnaies norwégiennes, dont les plus anciennes remontent au x⁰ siècle. Le cabinet d'histoire naturelle contient de curieux spécimens d'animaux, d'oiseaux, de poissons propres à la Norwége. Nous y avons remarqué une superbe baleine qui échoua, il y a quelques années, dans la rade de Bergen : ce géant des mers polaires trône au milieu d'une population d'ours de toutes tailles, de daims rouges, de rennes, d'élans, de loups, de gloutons, de lynx, qui presque tous ont été pris dans les environs de Bergen.

Le musée lapon captiva particulièrement notre attention : il présente un excellent aperçu ethnographique de ce petit peuple si intéressant que nous devions visiter plus tard. On y voit des traîneaux, des berceaux, des barques laponnes, des modèles de huttes, des ustensiles de toutes espèces, des costumes d'hommes et de femmes. Ce costume se compose d'un bonnet en forme de mitre et d'une tunique en peau de renne, poil en dehors, qui recouvre des vêtements d'étoffe. La tunique est large et ample, et s'étend depuis le cou jusque au-dessous des genoux : elle se fixe autour du corps au moyen d'une ceinture de cuir. Des jambières qui descendent jusqu'à la cheville complètent le costume; elles ont à peu près la forme de guêtres, mais avec cette différence qu'elles n'ont point de boutons sur les côtés : la jambe y passe comme dans des pantalons; elles se fixent par le haut au moyen d'une corde qui les resserre, et les chaussures en recouvrent l'extrémité inférieure. Les souliers sont des espèces de sacs en peau de renne, d'une seule pièce : ils s'attachent à la jambe au moyen d'un long bandeau qui fait plusieurs fois le tour de la

cheville, et empêche le contact de la neige. Ces chaussures sont bourrées de foin à l'intérieur. Les gants de
laine qui recouvrent les mains sont doublés d'une seconde paire de gants à poils de renne, également
bourrés d'herbe sèche. Les femmes portent à peu près
les mêmes habillements; la coiffure seule diffère de celle
des hommes : leur bonnet ressemble, pour la forme, à
un casque de dragon. Nul autre vêtement ne pourrait
suppléer à ce costume admirablement approprié au climat de la Laponie, et qui permet de braver impunément
les froids les plus intenses.

Il y a à Bergen une galerie de tableaux qui mérite une
visite. Dans ces derniers temps, la Norvége a produit
une pléiade de peintres à la tête desquels il faut citer
le célèbre Tidemand, connu dans toute l'Europe par ses
intérieurs norvégiens et ses scènes de mœurs champêtres. Ensuite vient Nordenberg, qui est de la même
école. La Norvége offre surtout un champ fécond aux
paysagistes, et ils sont nombreux. Dahl excelle à peindre
les bouleaux; Fr. Boë peint les aurores boréales et le
soleil de minuit; Gude fait d'admirables marines; Baade
peint les effets de lune; Eckersberg excelle dans l'étude
des fjords.

Après avoir passé plus de deux heures dans les mu-
sées, nous parcourûmes en flânant les principales rues
de Bergen, observant les habitants et leurs costumes,
passant en revue les boutiques, tout ce qui, en un mot,
pouvait intéresser des touristes avides de couleur locale.
La *Strandgade* est la Cannebière de l'endroit. C'est la
rue la plus animée de la ville : là sont les joailliers,
les libraires, les photographes, les marchands de fourrures. Presque toutes les boutiques sont remplies de

vieux pots en argent, de toutes formes et de toutes
tailles, qui feraient pâmer d'aise les amateurs de bric-
à-brac et d'antiquailles : nous en avons vu de si étran-
gement baroques, qu'il nous eût été absolument impossible d'en deviner l'usage. Les touristes anglais achètent,
à des prix fabuleux, ces pots d'argent, d'une antiquité
souvent contestable; mais les Anglais sont confiants ici
comme à Waterloo.

Bergen est un vaste labyrinthe de rues étroites, angu-
leuses, inégales. La plupart des maisons sont construites
en bois et peintes en blanc, et tournent vers la voie publique leur pignon façonné. Une particularité qui nous
a frappés, c'est que cette ville populeuse n'a pas un café,
pas un cabaret, pas un lieu de réunion. Il y a bien un
théâtre, — la ville natale de Holberg ne pouvait s'en
dispenser; — mais on y joue très-rarement. Les Norwégiens passent leurs soirées chez eux, en famille, et
ne s'en portent pas plus mal. Il n'y a à Bergen d'autre
lieu de réunion que la bourse, et une société de lecture
appelée l'Athenæum, où l'on trouve les journaux illustrés
de France et d'Angleterre.

Les rues de Bergen sont assez bien pavées, mais fort
mal éclairées le soir. Ici comme en Espagne, des veilleurs
de nuit font leur ronde, armés d'une espèce de massue
formidable qui a reçu le nom d'*étoile du matin*. C'est
une boule de cuivre de la grosseur d'une orange, hérissée de pointes de fer et fixée à une hampe de trois à
quatre pieds de longueur. On raconte encore aujour-
d'hui que le marquis de Waterford, qui était venu il
y a quelques années passer l'été à Bergen pour manger
du homard, arrosa un jour sa mayonnaise d'abondantes
libations de *porto* et de *sherry*. Puis il se mit en devoir

de comparer le gin de l'hôtel Scandinavi et celui de l'hôtel du Nord. Ce projet ne fut pas sitôt conçu, qu'il se mit en route pour le mettre à exécution : c'était par une belle nuit de juillet. Après de nombreux zigzags, il alla cogner enfin à la porte de l'*amtmand* ou gouverneur, et comme il s'obstinait à cogner malgré l'avertissement pacifique des gardiens, force dut rester à la loi, et le marquis de Waterford fut presque tué par une *étoile* qui lui tomba sur la tête aussi inopinément que ces étoiles filantes que les savants désignent sous le nom d'aérolithes.

Le 31 août, le port de Bergen reçut la visite d'une frégate française, *le Kersaint*. L'arrivée d'un navire de guerre dans une ville d'ordinaire si pacifique avait pris les proportions d'un événement. Nous sautâmes dans une nacelle, dans le but d'aller présenter nos hommages au *Kersaint*. Ce navire est de construction toute récente. Il est muni d'une magnifique pièce de gros calibre, qui peut lancer des projectiles à deux lieues de distance : cet engin de guerre n'a eu jusqu'ici d'autre usage que de lancer des boulets contre les montagnes de glace de l'Islande. *Le Kersaint*, en effet, venait directement de l'Islande, où il avait séjourné pendant plus de trois mois pour la protection de la pêche de la morue. Nous visitâmes le bâtiment dans ses moindres détails, sans oublier la machine à vapeur, sur laquelle l'ingénieur attaché à la frégate nous donna les plus minutieuses explications; ce qui prouve que *le Kersaint* est un excellent marcheur; c'est qu'il n'avait employé que six jours à venir d'Islande : de Reikiavik à Bergen, le trajet est de plus de cinq cents lieues! Un des médecins du bord nous donna d'intéressants détails sur ce curieux pays

d'Islande, terre volcanique s'il en fut, où le feu et le
froid, la lave et la glace se livrent une lutte éternelle.
Les trois cents hommes de l'équipage avaient vaillamment supporté les rigueurs du climat; pas un seul n'a-
vait succombé aux maladies si fréquentes en ces parages.
Ils parcouraient à tour de rôle l'intérieur de l'île et se
livraient au plaisir de la chasse.

Pendant que nous nous entretenions avec le médecin,
nous fûmes témoins d'un incident très-intéressant : un
général norwégien, en grande tenue, accompagné d'un
aide de camp, pareillement en grande tenue, vint faire
une visite officielle au commandant. Le général se donnait l'air sérieux et important qui convient à un homme
de son rang : un chapeau-claque surmonté d'un plumet
rouge et vert couronnait sa grave personne. Son aide de
camp se tenait modestement derrière lui d'une manière
terriblement gauche. Sur un ordre du commandant, douze
matelots saisirent leurs chassepots et rendirent à ces
messieurs les honneurs militaires. Le général, qui ne
connaissait pas un traître mot de français, non plus que
son aide de camp, fit rapidement le tour de la frégate,
et, après force saluades, se retira fort satisfait.

Nous suivîmes l'exemple du général et débarquâmes
au pied d'une montagne très-élevée, dont nous entre-
prîmes l'ascension, accompagnés d'un Anglais dont nous
avions fait connaissance à bord du *Throndhjem*. Un petit
sentier en zigzags nous conduisit presque à mi-côte : là
l'escalade devint plus difficile. Plus de trace de sentier :
un sol humide et mouvant dans lequel nos pieds s'en-
fonçaient comme dans la vase, tel fut le chemin que
nous suivîmes pendant plus de deux heures. Puis nous
dûmes nous frayer une route à travers des buis, des

bruyères, des amas de pierres qui déchiraient les semelles de nos chaussures. Le soleil dardait sur nos têtes ses rayons les plus ardents, et la chaleur était si bienfaisante, que, n'eût été l'aspect tout particulier de la contrée, nous nous serions crus volontiers sous le ciel de la Méditerranée. Après trois heures d'ascension, nous arrivâmes enfin au sommet de la montagne. Ah! quel spectacle!

Voici, en quatre mots, le vaste tableau que nous avions sous les yeux. A l'ouest, au bout de l'horizon, l'Océan infini dessinait une immense ligne d'azur miroitant au soleil. Un réseau de fjords de plus de vingt lieues de largeur sépare l'Océan de la Norwége : d'un coup d'œil, nous pouvions saisir la disposition de cet immense archipel qui court le long des côtes de la péninsule scandinave. Au sud, à quelques lieues de distance, nous apercevions les montagnes colossales du Hardangerfjord et les glaciers du Folgefond; à l'avant-plan, un bras du fjord de Bergen et quelques montagnes d'une teinte grisâtre, couvertes à leur base de cultures et de pâturages. A l'est, les cimes vaporeuses des Alpes scandinaves dessinaient sur le ciel bleu leurs arêtes tranchantes et dentelées; de ce côté, dans le fond des vallées, brillaient comme des miroirs quelques lacs épars bordés de verts pâturages. Au nord enfin, la vue était ·bornée par des rochers grisâtres dont les parois plongent à pic dans des abîmes d'une effroyable profondeur. Mais ce qui attirait surtout nos regards, c'était cette baie sans pareille, sillonnée de mille voiles blanches, au bord de laquelle est posée la riante Bergen, à laquelle je donnerais volontiers le nom de Naples du Nord. Ce ciel bleu sans nuage, cet immense horizon borné d'un côté par la mer infinie, de l'autre par un

superbe rideau de montagnes couronnées de neiges éternelles, tout cela formait un tableau ravissant au regard
et doux à l'âme, empreint d'un calme auguste et d'une
grandeur imposante.

Notre Anglais, que ce spectacle touchait médiocre-
ment, fut le premier à proposer la descente. D'accord
avec mes compagnons, j'étais d'avis de varier la route
du retour; mais John, n'écoutant que la voix de l'estomac, ne partageait point notre sentiment : le dîner qui
l'attendait à l'hôtel Scandinavi lui souriait beaucoup plus
que la perspective de devoir courir par monts et par
vaux à travers des montagnes qui nous étaient absolument inconnues. On transigea en tirant à la courte
paille, et, à la grande joie du sage et flegmatique John,
le sort lui donna complétement raison. Nous retournâmes
donc à Bergen par le chemin que nous venions de suivre,
et en moins de deux heures nous arrivâmes sans en-
combre à l'hôtel Scandinavi, où nous fîmes un de ces
repas qu'on apprécie tant après les fatigues d'une excursion. Chacun de nous en particulier fit honneur au poisson aux pommes, au gigot aux pommes et à l'omelette
sucrée, encore aux pommes, qui composaient le menu de
notre dîner. La soupe brilla par son absence. Les Norwégiens ont appris à se passer de ce préliminaire indispensable chez nous. Parfois pourtant on voit figurer à la
table d'hôte je ne sais quel mélange horrible de bière
et de lait fort apprécié par les indigènes. A propos de
bière, je dois dire que nulle part ailleurs je n'en ai bu
de meilleure qu'en Norwége : elle est légère, fortifiante,
agréable et désaltère mieux que tous les breuvages que
j'ai jamais goûtés.

A sept heures du soir, nous fîmes une visite au cime-

tière qui se trouve à l'extrémité de la ville. Rien de plus
calme et de plus recueilli que ce séjour de la mort. Au
sortir du cimetière, nous suivîmes une belle avenue
plantée de frênes, qui est la promenade favorite des bourgeois de Bergen. Nous arrivâmes ainsi, en côtoyant un
petit lac qui reflétait les dernières lueurs du soleil couchant, dans un petit vallon solitaire, d'une sauvagerie
étrange, où le bruit lointain d'une cascade troublait seul
le silence recueilli du soir; des montagnes à pic d'une
hauteur prodigieuse semblaient vouloir y marquer les
limites du monde. Ce tableau avait je ne sais quoi de
splendide et de vague, qui éblouissait et faisait rêver
tout ensemble. L'œil remontait de la vallée qui s'em-
plissait d'ombre et de mystère aux sommets qui ruisse-
laient de lumière dans le ciel pourpré. C'était une de
ces scènes qui vont à l'âme et y laissent un souvenir
ineffaçable.

Nous rentrâmes à Bergen à dix heures du soir, au
moment où la lune se levait comme une déesse entre
deux montagnes noires, environnée d'un limbe de vapeurs flottantes.

V

AALESUND

Après une escale de deux jours, *le Throndhjem* se remit en route le 31 août, à minuit. Nous quittâmes Bergen sans voir le *Sognefjord* et le *Hardangerfjord*. C'est un crime, car ces deux fjords sont les plus beaux de la Norwége, et il est enjoint à quiconque va à Bergen de faire une excursion au Sogne et au Hardanger. Mais notre temps était limité, et les correspondances des bateaux à vapeur sont si mal organisées, qu'une excursion à l'un de ces fjords nous eût demandé plus de huit jours. Toutefois je me promis bien de revenir un jour à Bergen pour visiter en détail cette partie si intéressante de la Norwége. Deux ans plus tard, j'eus l'occasion de satisfaire mon désir.

Le Throndhjem, en quittant la rade de Bergen, à minuit, s'engagea à la faveur d'un superbe clair de lune dans un étroit canal formé de deux murailles rocheuses que la

nature a façonnées avec la régularité et la précision d'un
géomètre. Ce canal a nom l'*Alverstrom*. Il se prolonge
en ligne droite, comme une chaussée, sur une étendue
de plus de dix lieues, et en maints endroits est à peine
assez large pour donner passage à deux navires. Parfois il se rétrécit à tel point qu'on pourrait presque
toucher du doigt les deux rives. A chaque instant, sur
un signe du capitaine, le machiniste ralentissait la
marche du vaisseau pour faciliter la manœuvre du pilote.

Quand je m'éveillai, à six heures du matin, nous
étions encore dans l'Alverstrom. Plus loin, nous pénétrâmes dans un dédale inextricable d'îles, et c'était miracle que *le Throndhjem* ne se brisât point contre les
mille écueils à fleur d'eau et les rochers submergés qui
faisaient rebondir la vague en écume blanche.

Rien n'est plus dangereux que la navigation dans ces
parages. Il faut de longues années d'expérience pour
oser s'aventurer dans ce redoutable archipel de récifs,
qui enveloppe les côtes de la Norwége comme d'une
ceinture de granit. Du reste, on rencontre de distance
en distance, le long de ces côtes, des villages presque
entièrement peuplés de pilotes. Ces pilotes, dont les
connaissances se bornent à telle ou telle partie des côtes,
n'emploient ni boussole ni compas pour diriger la marche
des vaisseaux : ils naviguent à l'œil, et se basent sur des
points reconnaissables du rivage, des îles ou des écueils.
De grands cercles blancs, visibles pendant la nuit, sont
peints sur les rochers pour prévenir les collisions. Les
navires n'ont pas à lutter avec la tempête, qui ne sévit
jamais avec beaucoup de violence dans ces fjords protégés contre les flots de l'Océan par une série non inter-

rompue de rochers granitiques. Mais ce qui est surtout
à redouter, c'est que le brouillard ne cache au pilote
ses points de repère : la direction du vaisseau est abandonnée alors à tous les caprices du hasard, et il n'y a
d'autre ressource en ce cas que de gagner la haute
mer, si elle est proche.

Bientôt nous vîmes s'ouvrir devant nous un large
fleuve qui allait en se rétrécissant entre deux rangées
de roches moutonnées; dans un immense éloignement,
nous apercevions de hautes montagnes dont les sommets
d'argent scintillaient sous le baiser du soleil du matin. Ce
fleuve n'était autre que l'entrée du Sognefjord, qui s'enfonce à plus de quarante lieues dans les terres. Cette
bande de montagnes pareilles à des nuages, dont elles
ne différaient que par l'immobilité, c'étaient les rives du
Sognefjord, ornées d'un diadème de glaces éternelles.
Les voir et passer, quel raffinement nouveau du supplice
de Tantale !

A partir de ce point, la navigation devint intéressante au delà de toute expression. Plus on avance vers
le nord, plus le paysage gagne en majesté et en sauvagerie. Cette partie de la Norwége offre certainement
les plus grands spectacles que l'on puisse demander à
notre vieille terre d'Europe; le peintre y trouverait mille
motifs de sublime horreur dont l'imagination la plus
féconde ne pourrait même soupçonner l'existence. C'est
ici qu'il faut chanter l'hymne aimé des Norwégiens :

« Qu'elle est magnifique, ma patrie, la vieille Norwége entourée par la mer ! Voyez ces fières forteresses
de rochers qui bravent à jamais la dent du temps.
Sépulcres des premiers âges, elles restent seules au
milieu des tempêtes du globe, comme les héros aux

cuirasses bleues, les fronts couverts de casques d'argent.

« Sur les rochers de la Norwége, le dieu Thor a voulu placer son trône. Ces combattants, dont les fronts touchent aux nues, plaisent à son courage héroïque. Quand il roule son char dans les nuages, il entend redire sa louange aux rochers; la voix de ses combattants répète au Nord le nom de son ancien héros. »

Oui, les voilà bien, ces lieux qui ont inspiré la sombre et grande poésie des légendes scandinaves! Les mots se traînent loin de la réalité. Voilà pourquoi je signale sans décrire.

Voici d'abord le *Froisoen*. Qu'on s'imagine un immense lac marin presque circulaire, environné partout de gigantesques rochers à pic, noirs et nus, qui s'élancent d'un seul jet jusqu'aux effroyables régions du vertige. C'est une de ces vues qui frappent sans charmer et qui font presque peur. Formes, teintes, étendue, tous les caractères du paysage s'écartent ici du type ordinaire des créations de la nature. Ce lac est grand comme une mer : son cadre est immense; et pourtant l'œil cherche en vain une issue : partout le roc noir, partout la mer infranchissable, partout la stérilité, l'horreur et la désolation! Tout ce grandiose est accablant d'austérité et de tristesse; l'homme, accoutumé à une nature plus douce et plus bienveillante, se sent saisi d'une indéfinissable mélancolie en face de cette sauvage sublimité.

Plus loin, nous aperçûmes au milieu de la mer une montagne énorme appelée *Kiankloften*, coupée en deux du sommet jusqu'à la base. La brèche, profonde de mille pieds, rappelle par sa forme la fameuse Brèche de Roland, dans les Pyrénées. Un étroit lambeau du ciel bleu apparaît à travers la blessure béante.

L'admiration grandit encore à la vue du superbe rocher de *Hornelen*, qui se dresse, colossal et menaçant, à l'extrémité de l'île de Bermanger. Droit comme la flèche de Strasbourg, immense comme les pyramides d'Égypte, ce roc, taillé d'une pièce, élève sa crête pointue qui surplombe jusqu'à la hauteur épouvantable de quatre mille pieds au-dessus de la mer, dont le flux mine sa puissante base. Nos matelots, suivant une ancienne coutume, saluèrent d'un coup de canon le formidable monument, dont le front séculaire brave les foudres et les tempêtes; et quand sa grande paroi nous renvoya la détonation comme un roulement d'orage, tout l'équipage poussa un long hourra en l'honneur du vieux colosse scandinave. Et j'ai compris alors pourquoi le Norwégien, dans son orgueil national, met son pays bien au-dessus des sites les plus vantés des Alpes.

Le bruit de la décharge d'artillerie fit lever des légions innombrables de mouettes, d'eiders, de cormorans; cette gent ailée s'envola au plus haut des airs en poussant mille cris sauvages, et tournoya longtemps autour des pitons du Hornelen. Le pont du navire s'était peuplé subitement de tous les passagers de l'intérieur. Qui ne bougea point, ce fut un impassible Anglais, qui allait au cap Nord, et dont nous avions fait la connaissance à Hambourg : sans s'émouvoir de ce remue-ménage inusité, il continua à savourer silencieusement les délices de la cabine, qu'il n'avait pas quittée depuis la veille au soir. Je m'arrachai un instant aux magnificences du paysage, et courus lui annoncer que nous étions en face du Hornelen. « Le Hornelen ? —

Le plus grand rocher du monde! quatre mille pieds de hauteur. — Bah!» fit l'Anglais, avec son calme imperturbable. Cette réponse renversante me mit à bout d'arguments. Je remontai sur le pont, seul s'entend, et le « bah! » de mon Anglais y fut accueilli par un éclat de rire homérique, auquel prit part un perroquet en cage. Le *Throndhjem* poursuivit sa route, la crête du Hornelen disparut à l'horizon, et l'original enfant d'Albion resta plongé au fond du navire. Je comprends les touristes qui se dérangent de cinq cents lieues pour contempler une merveille; mais, pour Dieu! je n'ai jamais compris les touristes qui passent devant une des huit merveilles du monde sans se donner la peine de la regarder.

Vers trois heures, le steamer quitta les fjords et prit le large. L'Océan était houleux. Les brouillards, qui s'étaient levés subitement, nous dérobaient la vue des côtes. Parfois le voile de vapeurs se déchirait, et nous apercevions les sommets aigus des montagnes sortant des nuages comme d'énormes écueils; parfois aussi brillaient dans les cieux les crêtes étincelantes de neiges et de glaces de la longue chaîne des Alpes scandinaves; puis, quand l'échappée s'était refermée, quand le brouillard avait de nouveau étendu son voile uniforme sur la terre, sur la mér et sur les montagnes, il me semblait que j'avais eu comme la vision d'un monde inconnu.

Nous voguâmes en pleine mer pendant plus de trois heures, et, vers le soir, nous entrâmes dans le fjord d'Aalesund, où nous fîmes escale.

Aalesund (on prononce Olesound) est une toute petite ville posée dans un site fort pittoresque. Bien qu'elle soit de fondation récente, cette ville fait avec l'Espagne et l'Italie un commerce considérable de morue. Le port est admirablement abrité par les milliers d'îlots qui lui font une jetée naturelle. Dans la distance, on aperçoit les cimes grandioses du Langfjeld. A travers le voile de brouillards qui rampaient dans les régions inférieures, nous ne pouvions distinguer les bases de ces montagnes ; mais leurs sommets neigeux, qui se baignaient dans une pure et limpide atmosphère, échancraient le ciel bleu comme d'immenses phares lumineux.

Toutes les villes des côtes occidentales de la Norwége se ressemblent plus ou moins, et il serait difficile d'en varier les descriptions. Qui en a vu une les a vues toutes. Je me borne à signaler cette particularité qu'Aalesund est bâtie sur des rochers qui ne produisent pas un brin d'herbe. Les richards de l'endroit peuvent seuls se passer la fantaisie de semer un peu de gazon sur de la terre transportée à grands frais.

Le souvenir d'Aalesund restera particulièrement cher à ma mémoire ; car ce nom me rappellera toujours celui de M. L. R. Nul n'ignore que les Norwégiens sont le peuple le plus aimable et le plus hospitalier de l'Europe : recevoir un étranger est pour eux le plus grand bonheur qui puisse leur arriver. M. L. R. est Norwégien ; il parle français et connaît la France, qu'il a visitée il y a dix ans ; le hasard avait voulu qu'il se rencontrât avec nous à bord du *Throndhjem :* c'est assez dire que nous eûmes bientôt fait connaissance. En arrivant à Aalesund, il s'était empressé de se mettre à notre disposition pour nous montrer les curiosités de l'endroit. Il nous conduisit d'abord dans un charmant petit cottage dont la façade donne sur la mer : c'était sa maison. Après nous en avoir fait les honneurs, il voulut absolument nous me-

ner chez son excellent ami M. A. M. On nous présenta
à la dame de la maison, qui nous introduisit dans une
petite pièce décorée avec un goût exquis : des guir-
landes de lierre naturel couraient le long des murs de
bois et donnaient à l'appartement une gaieté toute pastorale. Les meubles étaient élégants et simples, et de
coquettes broderies, ouvrage de la dame, attiraient nos
regards. Il va sans dire que dans une maison de bois
les cheminées de marbre brillaient par leur absence :
cet ornement est absolument inconnu en Norwége ; on
se sert, comme en Allemagne et en Suède, de poêles
gigantesques placés dans un coin de la chambre. Une
charmante jeune fille, dont les longs cheveux blonds,
soyeux et fins, coulaient en ondes épaisses le long de
ses joues rosées qui dénotaient dix-huit ans, nous servit,
avec beaucoup de grâce, des grogs chauds. Après les
grogs vinrent les cigares, puis le punch ; le tout accompagné d'une foule de toasts, de speechs, de compli-
ments à la norwégienne, qui se succédaient avec une
effrayante continuité. M. M. faisait les discours en norwégien, et M. L. nous traduisait chaque phrase en français. On voit d'ici notre embarras, quand il s'agissait
de répondre. Ces braves gens parlaient, péroraient avec
autant d'effusion que s'ils avaient vu en nous des amis
de vieille date. Jamais je n'ai vu témoigner tant de sollicitude à des inconnus. Quand nous eûmes vidé le verre
de punch, M. M. alla discrètement tirer de sa cave
son meilleur vin de Bordeaux, pendant que la jeune
fille, assise au piano, nous chanta d'une voix timide
les chants de Norwége. La bouteille de vin servit de
prétexte à une nouvelle série de toasts : on but à la
Norwége, on but à notre pays... Nous dûmes nous ar-

racher cependant à ces démonstrations si cordiales. Nous nous fîmes de touchants adieux en échangeant nos portraits et nos cartes, et à neuf heures du soir le steamer impitoyable nous emporta loin d'Aalesund.

VI

MOLDE

La nuit du 1er au 2 septembre fut la dernière que nous passâmes à bord du *Throndhjem*. Nous avions résolu de descendre à Molde. Il était une heure du matin quand le steamer toucha à cette localité. Ce fut avec une sorte de serrement de cœur que nous fîmes nos adieux au capitaine, aux officiers, à tous ces braves gens qui nous avaient séduits par leurs soins diligents et leurs politesses aimables. Il est toujours pénible de devoir se quitter au moment où l'on commence à se connaître.

Débarquer à Molde n'est pas chose bien aisée : le port n'étant pas assez profond pour recevoir les gros navires, *le Throndhjem* dut jeter l'ancre à une distance considérable du lieu de débarquement. Nous attendîmes avec patience, vertu très-nécessaire en voyage, qu'une chaloupe voulût bien venir nous recueillir et nous déposer sur les quais ; nous fîmes force signaux, criant, hurlant, gesticulant, et, après trois quarts d'heure de cet exercice forcé, nous pûmes enfin nous installer dans la nacelle tant désirée. Cette promenade en nacelle sur un fjord de la Norwége, sous le 63e degré de latitude nord, à une heure de la nuit, n'avait, je vous jure, rien de très-récréatif. L'obscurité était complète, et une température sibérienne avait succédé comme par enchantement à la chaleur de Sénégambie qui régnait la veille. Nous grelottions et nous claquions des dents sous nos couvertures. Nous éclations tour à tour en lamentations. L'un regrettait son pays, sa maison, son lit ; l'autre jurait ses grands dieux qu'il ne s'exposerait plus à se faire geler le nez et les oreilles en plein été.

Le monotone clapotement de la rame qui battait la mer phosphorescente interrompait seul notre concert de plaintes au milieu du silence de la nuit.

Au bout d'un quart d'heure, la barque s'arrêta. Nous dûmes payer au rameur deux *marks* par tête pour l'avoir obligé à se lever la nuit. Nous toquâmes à la porte d'une auberge, où l'on nous fit faire le pied de grue pendant un quart d'heure. Nous tempêtions à qui mieux mieux ; enfin une *pige* nous ouvrit discrètement la porte, et nous introduisit dans de grandes chambres d'un style tout à fait norwégien. Là nous éclatâmes tour à tour en transports de joie, à la vue de bons lits bien moelleux, aux draps bien blancs. Je laisse à penser si nous leur fîmes honneur, nous qui n'avions plus eu le bonheur de dormir dans un lit depuis Hambourg !

A notre réveil, il pleuvait à verse. Que faire à Molde, lorsqu'il pleut ? Rester à l'auberge. Nous passâmes toute la journée du 2 septembre à considérer le mouvement

des nuages : ce jour-là, nous vîmes le ciel du Nord sous
son pire aspect. Aucune montagne n'était visible. Ce séjour forcé dans un hôtel en bois me fit revenir en mémoire les longues heures que je passai, il y a quelques
années, à Grindelwald, au fond d'une vallée des Alpes,
dans cet autre hôtel en bois, qui a nom *hôtel du Glacier*,
et où j'ai vu pleuvoir sans discontinuer pendant trois
jours entiers. Hélas ! tout n'est pas rose en voyage. Le
lendemain, le ciel se rasséréna, et nous pûmes faire
d'intéressantes excursions dans les environs.

Le site de Molde est un des plus beaux que l'on puisse
rêver. Cette petite ville, peuplée d'environ douze cents
âmes, est située à deux ou trois lieues de la mer, sur la
pointe d'un promontoire baigné par un des plus riants
fjords de la Norwége; au nord. s'élèvent de superbes
coteaux chargés de forêts de sapins. En sorte que Molde
ne forme qu'une longue rue resserrée entre la mer et
les montagnes. Dans les environs s'éparpillent de coquettes villas, habitées par des négociants enrichis. Vers
le sud, l'horizon est borné par des Alpes neigeuses qui
forment les derniers anneaux de la grande chaîne du
Dovrefjeld. Je ne connais pas de plus grand spectacle
que ces entassements pharaoniens de pics, de pinacles,
de cimes pointues qui, se dessinant en tours, en clochetons, en pyramides, s'élancent vers le ciel comme
autant de doigts levés indiquant l'infini. Les cimes surgissent innombrables, colossales; les plus hautes se
perdent dans les nuages, et on les prendrait de loin
pour des cités suspendues ou des châteaux aériens.
Entre toutes apparaît la sombre corne du Romsdalshorn, qui domine comme une reine tout ce peuple de
montagnes, de même que le Mont-Perdu dans les

Pyrénées, la Jung Frau dans l'Oberland bernois. Le panorama de Molde m'a rappelé involontairement les célèbres panoramas de Pau et de Berne. Mais l'Aare et le gave de Pau ne rivaliseront jamais avec le magnifique fjord de Molde, avec ses eaux aux reflets d'émeraude, et ses îlots verdoyants, et ses rochers agrestes, et tout cet ensemble enchanteur qui fait de ce petit coin de la Norwége un délicieux Eden. Lamartine, qui disait du panorama de Pau : « Voilà la plus belle vue de la terre, » n'avait sans doute pas vu Molde.

Le 3 septembre était un dimanche. Mes compagnons se reposèrent à l'hôtel, et je fis une promenade sur les coteaux, à travers les forêts de sapins, sans suivre aucun chemin tracé. Je rencontrai de superbes cascades, et je vis passer devant moi toute une troupe de rennes sauvages. J'étais tout seul, et, quoique à une demi-lieue de Molde, je me serais cru à mille lieues de toute habitation humaine. Je me reposai au sommet de la montagne, et je serais resté là des heures entières à contempler cette grandiose nature alpestre. Cette puissante et mâle poésie des montagnes retrempe et dilate le cœur.

Il y a à Molde, à quelque distance de la ville, au bord de la jolie route qui longe le fjord et mène vers la mer, une grande construction en bois. Nous nous informâmes de la destination de cet édifice, et l'on nous répondit que c'était un lazaret affecté au traitement de la lèpre. Curieux de voir des lépreux, nous nous adressâmes au docteur Sand, le directeur actuel de l'hôpital. Ce médecin parlait français : il avait soigné les blessés en France pendant la guerre. Avec cette obligeance inhérente au caractère norwégien, il nous montra l'hôpital dans ses moindres détails. Nous pénétrâmes d'abord dans la cour : il y avait

là quelques malades qui se traînaient péniblement sur
le sol au moyen des mains et des genoux, et qui ne parurent pas s'apercevoir de notre présence; presque tous
étaient privés de leurs doigts, de leur nez et de leurs
yeux; leur visage était couvert d'ulcères. Nous fûmes
ensuite introduits dans une vaste salle où se trouvaient
réunis une cinquantaine de malades du sexe masculin.
Il faut avoir vu de ses propres yeux ces malheureux, dont
toutes les parties du corps sont en proie aux plus atroces
souffrances, pour se faire une idée des horreurs de cette
épouvantable maladie qu'on appelle la lèpre. Parmi ces
pauvres suppliciés, il en est dont le corps tout entier
n'est qu'une plaie affreuse : les chairs, les os tombent
en putréfaction et exhalent une odeur insupportable...

Le docteur Sand, qui a fait une étude spéciale de la
lèpre, nous donna d'intéressants détails sur cette cruelle
maladie, malheureusement si fréquente sur les côtes
occidentales de la Norwége. La lèpre est héréditaire;
mais elle n'est nullement contagieuse : ce qui le prouve,
c'est qu'il n'existe pas d'exemple qu'elle se soit commu-
niquée aux personnes qui desservent l'hospice de Molde.
Le docteur Sand a vu des ménages où l'un des époux
était attaqué de ce mal, tandis que l'autre n'en éprouvait
aucune atteinte, sans user de la moindre précaution. Il
est vrai qu'elle attaque souvent tous les membres d'une
même famille; mais, indépendamment du caractère héréditaire de la maladie, ces funestes accidents proviennent de ce que ces individus se nourrissent tous des
mêmes aliments. J'interrogeai le docteur Sand sur les
causes de la lèpre : en général, cette maladie est le ré-
sultat du froid et de l'humidité, à laquelle les habitants
des côtes sont continuellement exposés par leur état de

pêcheurs. Il paraît également prouvé que la lèpre est engendrée par l'usage trop fréquent des poissons gras que les habitants pauvres mangent le plus souvent sans pain. Cette triste maladie est réputée incurable : c'est pourquoi on ne se donne pas la moindre peine d'administrer des remèdes à ceux qui en sont atteints ; on les regarde comme des êtres que l'humanité prescrit d'entretenir jusqu'à ce qu'une mort désirée les enlève à leurs souffrances.

L'hôpital de Molde contient actuellement cent trente-cinq malades, qui sont logés, chauffés et nourris gratuitement par le gouvernement. Nous y avons vu des enfants de six à sept ans et des vieillards de soixante-dix ans : plusieurs malades y sont soignés depuis trente, quarante et même cinquante ans ; car la lèpre, bien qu'incurable, arrête parfois ses ravages ; il en est d'autres qui succombent à la maladie au bout de quelques jours. On compte en Norwége cinq hôpitaux affectés au traitement des lépreux : outre celui de Molde, il y en a deux à Bergen, un à Throndhjem et un à Christiansand. La lèpre ne règne que sur les côtes : dans l'intérieur du pays, elle est inconnue.

VII

CHRISTIANSUND

Après quatre jours passés à Molde, nous nous embarquâmes le 4 septembre, à six heures du soir, sur *le Olaf-Kyrre*, véritable coquille de noix qui fait le service entre Christiania et Throndhjem. *Le Olaf-Kyrre*, dénué de tout comfort, nous faisait sincèrement regretter le *Throndhjem* et son équipage, que nous avions pris en affection. Après une heure de navigation dans le charmant fjord de Molde, nous tînmes la pleine mer pendant trois heures. Il ventait horriblement, et les grosses vagues de l'Océan secouaient sans pitié notre frêle bâtiment, au grand détriment des estomacs délicats. Vers sept heures du soir, on servit à souper dans la salle commune : du saumon, des harengs, des sardines, de la langue fumée, du *smörrebröd* (pain noir beurré), et je ne sais quel abominable fromage couleur café au lait; voilà le menu invariable d'un souper norwégien. Le souper, comme le déjeuner, comme le dîner, est toujours précédé et suivi d'un verre d'*aquavit* (eau-de-vie). Total : six verres d'eau-de-vie par jour, sans compter ceux qu'on prend entre les repas.

A dix heures du soir, la salle à manger se transforma en dortoir : les divans devinrent des lits, et au-dessus des lits on suspendit des hamacs au moyen de lanières de cuir. A six heures précises, tous les dormeurs de la salle commune sortirent de leurs cages; nous eûmes la plus grande peine à retrouver nos bottes au milieu du désordre inexprimable qui régnait dans notre dortoir : nous avions été ballottés par les flots, au grand détriment des bagages, qui avaient carambolé pendant toute la nuit, comme des billes de billard, sur la terrible pente du plancher.

Quand je montai sur le pont, nous entrions dans la rade de Christiansund. Christiansund est une fort curieuse petite ville, qui n'a guère qu'un siècle et demi d'existence. Elle fut fondée par le roi de Danemark Christian VI, qui lui donna son nom. Elle doit toute sa prospérité au commerce de *stock-fish* qu'elle fait avec l'Espagne et l'Italie. Imaginez-vous une sorte de Venise pittoresque et irrégulière, située en partie sur une langue de terre et en partie sur trois petites îles rocheuses qui forment un golfe assez étendu et presque circulaire. Comme nous venions de la mer, je n'aperçus d'abord aucune trace d'habitations, et ce ne fut que lorsque nous eûmes dépassé l'étroit canal qui forme l'entrée du port, que la ville nous apparut à l'improviste comme une décoration de théâtre au lever du rideau : c'était un charmant coup d'œil que toutes ces maisons de bois peintes en rouge d'ocre, et s'étageant en amphithéâtre sur les rochers qui s'élèvent tout autour du golfe. Les îles sur lesquelles s'éparpillent les rues de Christiansund sont tellement irrégulières, montueuses et escarpées, qu'il serait absolument impossible d'y trouver deux maisons bâties au même niveau.

Les Christiansundois, de même que les Vénitiens, n'ont jamais vu la roue d'une voiture ni même la queue d'un cheval : ils se transportent d'un quartier à l'autre de la ville dans de lourdes barques qui ne rappellent en aucune façon les légères gondoles de Venise.

La situation de Christiansund s'oppose à toute agriculture : là où la ville n'est pas baignée par la mer s'élèvent des rochers hauts et arides, qui fournissent à peine la nourriture de quelques troupeaux. Le port, en revanche, est superbe : les trois îles et la terre ferme forment un havre qui pourrait contenir les plus grandes flottes. Les vaisseaux y trouvent partout un bon mouillage, et peuvent approcher de tous les quartiers de la ville.

J'ai dit que la pêche au stock-fish forme le principal objet de commerce de Christiansund. Je dois ajouter, pour être complet, que Christiansund fait aussi un commerce de bois de sapin; mais il est peu considérable, parce que les environs de la ville sont absolument dénués de forêts : les planches qu'elle exporte proviennent de quelques scieries qui sont dans le voisinage; elles sont inférieures à celles que l'on tire de Christiania, et vont presque toutes en Irlande.

Après une escale de trois heures, *le Olaf-Kyrre* leva l'ancre et poursuivit sa route vers le Nord. Nous remarquâmes, parmi les nouveaux passagers montés sur le steamer à Christiansund, un vieillard à cheveux blancs*, nous attirâmes également son attention, et, s'apercevant que nous parlions français, il vint à nous, et nous adressa la parole dans notre langue. Il nous dit qu'il était Suédois, et nous raconta qu'il avait été au Spitzberg, il y a trente ans, sur la corvette *la Recherche*. « *La Recherche?* fis-je vivement. Vous avez donc accompagné M. Marmier? — Oui ; le connaissez-vous? demanda naïvement le Suédois. — Je connais, du moins, ses œuvres, que tout le monde a lues, et en particulier son livre où il raconte son expédition au Spitzberg. — Vit-il encore? reprit le Suédois. — Grâce à Dieu, il vit à Paris, où il se repose de ses longs voyages. — Ah! que je voudrais le revoir avant de mourir! » s'écria mon interlocuteur. Et je vis une larme couler le long des joues ridées du brave vieillard, attendri par ce lointain souvenir qui lui rappelait les plus beaux temps de sa jeunesse.

La mer présentait toujours le même aspect. Nous naviguions au milieu de rochers incultes et sauvages, couverts de neige à leur sommet. A de rares intervalles, nous apercevions dans l'anse d'une île ou au pied d'un roc l'humble cabane d'une famille de pêcheurs, isolée et perdue au milieu de ces immenses solitudes : ces pauvres gens, qui passent toute leur existence sur l'Océan, n'ont jamais vu les moissons des champs, et le poisson de mer constitue leur unique nourriture.

Nous rencontrions souvent des bateaux à voiles, chargés de poissons, qui venaient du Nordland et se rendaient à Bergen. Ces bateaux sont singulièrement construits; ils sont exhaussés, de chaque côté, de huit à dix planches, afin de contenir un chargement plus considérable. Tous ces *jœgts* étaient chargés à couler bas, et

la brise apportait jusqu'à nous l'odeur du poisson séché
entassé par montagnes.

Il serait difficile de donner une idée de l'immense
quantité de poissons qui vivent le long de ces côtes. Ils
vont par troupes immenses entre les golfes, dans les
baies, entre les écueils et les rochers. C'est la pêche qui
peuple ces roches froides et stériles; non-seulement elle
sert à la nourriture des habitants, mais elle est encore
pour eux un objet de commerce, et elle enrichit tout le
pays. Le requin, et même la baleine, se trouvent dans
ces parages. Nous y avons vu beaucoup de maquereaux
et de marsouins se livrant à leurs fantasques ébats devant la proue de notre navire.

Les oiseaux de mer sont aussi fort nombreux dans ces
parages : ils rasent de l'aile, en gémissant, les écueils
et les rochers. C'est ici que vit l'eider, cet oiseau qui
donne ce duvet précieux connu sous le nom d'*édredon.*
Les habitants eux-mêmes, dit-on, préparent son nid;
mais, en récompense, ils s'approprient le duvet qu'ils
y trouvent et que la mère s'est arraché pour échauffer
ses œufs et ses petits. On prétend qu'un seul homme,
surtout si son habitation est sur un rocher éloigné de
la terre, peut amasser en un an depuis cinquante jusqu'à cent livres de duvet, dont chaque livre se paie environ dix rixdales (14 à 15 francs). Le gouvernement
norwégien prend un grand soin pour la conservation
de ces oiseaux; une loi punit d'une forte amende quiconque en tue un.

Nous voguions avec rapidité à travers les rochers qui
s'élevaient de toutes parts hors de la mer. Le nombre
de ces rochers est vraiment immense : jetés comme par
la main du hasard dans le sein des eaux, ils sont grou-

pés sans ordre et ne suivent aucune direction fixe. L'aspect de ces roches est monotone et leur surface stérile ; on n'y voit ni arbres ni buissons ; à peine le temps a-t-il permis à quelques graminées de prendre racine dans les petites vallées abritées par des collines contre l'âpre vent du nord. Cependant ils ne sont pas aussi déserts qu'on est tenté de le croire au premier coup d'œil ; la moindre verdure qui s'y fait remarquer y attire un habitant ; rien n'égale la pauvreté de ces insulaires, pour qui la pêche est le seul moyen de subsistance : pour avoir un verre d'eau fraîche ou un peu de terre végétale, ils doivent passer la mer. Leur vie n'est qu'une lutte continuelle contre les éléments. Et cependant ces hommes ne se plaignent pas de leur sort : ils aiment, ils adorent leurs tristes rochers ; c'est leur patrie : ils la trouvent belle et ne voudraient point vivre ailleurs. J'ai toujours pensé que le bonheur est une chose essentiellement relative. Ces hommes n'ont-ils pas la liberté, le bien le plus précieux de tous ? La richesse est-elle donc indispensable pour faire des heureux ?

VIII

THRONDHJEM

Nous arrivâmes à Throndhjem le 5 septembre. Cette antique métropole du Nord est située vers le 63° parallèle, sous la même latitude que l'Islande, et beaucoup plus près du pôle que Tobolsk, la capitale de la Sibérie. Et pourtant, à considérer ces belles collines verdoyantes qui entourent la ville comme une ceinture d'émeraude, à contempler ce beau ciel bleu, aussi limpide, aussi pur que dans nos plus beaux jours d'été, on a peine à se persuader qu'on est ici à si peu de distance du cercle polaire et de la zone glaciale.

Throndhjem ou *Drontheim,* si l'on préfère adopter la prononciation des Allemands, qui tronquent tous les noms, est une des plus anciennes villes de la Scandinavie. Elle fut fondée vers la fin du Xe siècle, par le roi Olaf Trygveson, sur l'emplacement d'une autre ville qui avait nom Nidaros, et dont les antiques sagas font très-

souvent mention. Parmi tous les rois de Norwége, il n'en
est peut-être point qui ait eu des aventures plus roma-
nesques que le roi Olaf Trygveson. A peine eut-il vu le
jour, qu'un usurpateur, le jarl Hakon, voulut lui enlever
la vie : sa mère le sauva en prenant la fuite; des pirates
les attaquèrent, séparèrent la mère et l'enfant, et les trai-
tèrent en esclaves. Jeune encore, il fut découvert et ra-
cheté par un parent; il se distingua, devint roi de la
mer ou chef de pirates, épousa une princesse irlan-
daise, embrassa le christianisme, et finalement parvint,
à force de combats, à monter en l'an 991 sur le trône
conquis par son aïeul Harald Harfager. Il devint alors
un zélé missionnaire du christianisme. En 998, il rasa
le célèbre temple élevé à Throndhjem en l'honneur de
Thor et Odin, et détruisit les statues de ces dieux. Ce
temple se trouvait à peu de distance des remparts : l'é-
glise de Hlades fut construite sur son emplacement.
Canut le Grand envahit un jour les États d'Olaf et se
fit proclamer roi. Olaf s'enfuit en Suède et revint à la
tête d'une armée. Il se battit vaillamment à la tête de ses
troupes; mais Canut resta victorieux, et Olaf fut tué
dans une bataille célèbre qu'il livra dans les plaines de
Stiklestad, en 1030. Après sa mort, il fut canonisé, et
aujourd'hui encore son nom est en grande vénération.
Son corps fut enseveli dans la cathédrale de Throndhjem, et des pèlerins de toutes les contrées du monde,
des souverains même, vinrent honorer de leurs présents
la magnifique châsse du glorieux saint Olaf. Cette châsse
était en argent massif, et pesait, dit-on, 7,000 onces :
elle était enrichie d'or et de pierreries précieuses. En
1557 survint la réforme : le Danemark envoya un navire chercher la châsse d'argent; mais le navire, atta-

qué en route par des pirates, échoua sur la côte avec son précieux trésor.

Throndhjem joua un grand rôle dans l'histoire de Norwége : elle fut longtemps la résidence des rois et le siége du gouvernement; ce fut lors de la réunion de la Norwége et du Danemark que Christiania lui ravit son titre de capitale. Mais Throndhjem, bien que déchue de son ancienne splendeur, a conservé l'antique privilége du couronnement des rois.

Throndhjem, quoique peuplée à peine de vingt mille âmes, est une ville immense; les rues, tirées au cordeau, sont larges comme nos boulevards : à leur extrémité on rencontre toujours une fontaine. Les maisons, toutes construites en bois, sont complétement dénuées d'ornements; mais dans leur simplicité elles ont un grand air de propreté et de comfort. A cause de leur largeur, les rues paraissent désertes, et plus d'une fois nous nous sommes demandé si la ville était plongée dans le sommeil : le silence n'est pas plus profond à minuit. J'ai été fort surpris de ne rencontrer à Throndhjem aucun souvenir de sa grandeur passée : tout est moderne, et la fastidieuse ligne droite inventée par notre siècle y règne partout. Est-ce là l'antique capitale du Loclin d'Ossian, qu'illustrèrent tant de fois les anciens Vikings ? Hormis la cathédrale et la forteresse de Munkholm, il n'est pas un seul vestige qui rappelle au voyageur toute cette gloire évanouie. Le mystère s'explique quand on songe que des incendies détruisent régulièrement tous les dix ans une bonne partie de la ville : tous les vieux quartiers ont fini par disparaître, et, grâce au feu, Throndhjem s'est insensiblement modernisée.

Le seul monument en pierres qu'il y ait à Throndhjem, c'est son admirable cathédrale du XIIᵉ siècle, qui est un chef-d'œuvre d'architecture gothique. Cette église, considérée comme la plus belle du Nord, fut plus d'une fois la proie des flammes, et aujourd'hui elle n'est véritablement plus qu'une ruine. On peut juger par ce qu'il en reste de la vaste étendue qu'avait autrefois son enceinte, et aussi du goût et de la richesse des décorations dont elle était ornée. La grande flèche, qu'on pouvait distinguer de la mer comme un phare, s'élevait, dit-on, à deux cent vingt pieds. Un orage la renversa vers la fin du XVIIᵉ siècle, et sa place est marquée aujourd'hui par une grosse tour carrée, massive, pareille à un clocher de village. La partie de l'église la moins dégradée est le chœur : c'est un chef-d'œuvre de délicatesse et de légèreté, qui rappelle par ses charmants détails l'architecture dentelée des églises d'Espagne. Le chœur est octogone, surmonté d'un dôme de construction moderne. Le maître-autel est entouré de légers piliers et d'arcades ogivales qui s'étendent jusqu'à la voûte. Sur l'autel figure une belle copie de la statue du Sauveur de Thorwaldsen, dont nous avons vu l'original dans l'église Notre-Dame, à Copenhague. On travaille activement à la restauration de cette curieuse église; mais je doute qu'on puisse jamais lui restituer la splendeur qu'elle eut à l'époque où la Norwége était catholique. On nous a montré dans la sacristie, entre autres objets curieux, un siége très-vieux, très-naïf et très-vermoulu, sur lequel s'asseyaient les rois de Norwége pendant la cérémonie du couronnement.

Voici quelques détails historiques sur la cathédrale de Throndhjem, empruntés à l'excellent ouvrage de M. Ferguson. Entre les années 1016 et 1030, saint Olaf

bâtit une église à l'endroit où se trouve aujourd'hui l'é-
glise Saint-Clément. Il fut enseveli un peu au sud de
son église, là où se trouve maintenant le maître-autel.
De l'année 1036 à l'année 1047, Magnus le Bon éleva une
petite chapelle en bois sur la tombe de saint Olaf; quelque temps après, Harald Hardraade bâtit, à l'est de cette
chapelle, une église en pierre dédiée à Notre-Dame. Ce
groupe de trois chapelles subsista pendant la période
troublée qui suivit leur construction. En 1160, l'archevêque Eystein commença le grand transsept ouest de la
chapelle de Notre-Dame, et l'acheva probablement en
1183. Lui-même, ou son successeur, rebâtit l'église Saint-
Clément telle qu'elle est aujourd'hui, probablement à la
même date. Pendant les soixante à soixante-dix années
qui suivirent, toute la partie orientale de la cathédrale
fut reconstruite; la chapelle qui renfermait la châsse de
saint Olaf fut réunie à l'église Notre-Dame. En 1248,
l'archevêque Sigurd commença la nef : on ignore si elle
fut jamais achevée. En 1328, l'église fut ravagée par le
feu : ce fut probablement après cet accident que fut reconstruite la rangée de colonnes intérieures dans la partie circulaire[1].

En sortant de la cathédrale, nous nous dirigeâmes vers
la gare, dans le but de voir le chemin de fer de Throndhjem à Stören. Idée saugrenue que d'aller voir un chemin
de fer! dira-t-on. N'en voit-on pas tous les jours? Un
instant : on n'a pas tous les jours l'occasion de voir un
chemin de fer qui a le mérite rare d'être le railway le
plus septentrional qu'il y ait au monde, de voir fonction-
ner des locomotives au delà du 63° degré de latitude

---

[1] *Ferguson's illustrated Handbook of Architecture*, page 931.

nord. Ce chemin de fer, il est vrai, n'a guère que douze lieues de longueur; mais dans quelques années il aura plus de cent vingt lieues, car le Storthing norwégien vient d'en décréter le prolongement jusqu'à Lillehammer, petite ville située à l'extrémité nord du lac Mjosen. Ce chemin de fer sera pour la Norwége d'une importance capitale : il servira de lien au Nord et au Sud, que séparaient autrefois tant d'obstacles. Par le Mjosen il réunira Throndhjem à Christiania, et ouvrira de prompts débouchés au commerce du Nord.

Throndhjem possède peu de monuments : cette ville mérite plutôt un coup d'œil sur l'ensemble qu'une étude des détails. Les habitants, qui n'ont pas vu autre chose, parlent avec admiration de ce qu'ils appellent « le palais du roi ». C'est, paraît-il, le plus grand édifice en bois que l'on connaisse. C'est le seul mérite que je lui trouve; car son architecture ressemble, à s'y méprendre, à celle d'une caserne. Charles XV [1] n'y est venu qu'une seule fois, lorsque, de par la constitution, il fut couronné roi de Norwége dans la cathédrale de Throndhjem.

Si Throndhjem est pauvre en monuments, en revanche son site est des plus heureux. La ville est située au bord d'un beau golfe encadré de vertes collines, au bord d'un large fleuve appelé Nidar, d'où elle tire son ancien nom de *Nidaros* (bouche du Nidar). Sous cette latitude élevée, la verdure est encore belle; mais déjà les arbres sont rares, clair-semés : la végétation n'a plus cette vigueur des latitudes plus méridionales, et l'on sent qu'on touche ici aux limites de la zone tempérée, et

1 En 1871, Charles XV régnait encore en Suède.

qu'au delà de ces limites commence le désert aride et sombre des régions polaires.

A un quart de lieue de la ville, nous avons rencontré un café-concert, appelé le *Hjorten,* où se rend la bourgeoisie pour entendre de la mauvaise musique : c'est le vaux-hall de Throndhjem. On y mange, on y boit, on s'y promène, et nous avons largement usé de ces trois priviléges. Il paraît qu'on y tire aussi des feux d'artifice : les Norwégiens sont même très-passionnés pour ce genre de spectacle. Nous étions loin de nous douter que nous étions l'objet de toutes les conversations. Chacun se disait tout bas à l'oreille : « Voyez-vous ces messieurs qui mangent des beefsteaks ? Ils parlent français ! » Entendre parler français à Throndhjem semble bien plus extraordinaire que d'entendre parler chinois à Paris. Ces braves bourgeois voulurent nous fêter à leur façon. L'orchestre, composé de quatre soldats, entonna *la Marseillaise* avec un entrain indescriptible ; — je dois avouer pourtant qu'il nous fallut beaucoup de bonne volonté pour y reconnaître le chant de Rouget de Lisle. — A la fin du massacre, on députa vers nous un ambassadeur, qui nous insinua, en très-bon français, mille amabilités, et nous tint compagnie jusqu'à la fin du concert.

Throndhjem a son monument historique : c'est la forteresse de *Munkholm.* Munkholm est une petite île située au milieu du golfe de Throndhjem, à une portée de fusil du rivage. Lorsque Canut le Grand prit possession du trône de Norwége, en l'an 1028, il fonda dans cette île un couvent de bénédictins. D'où le nom qu'on lui donne encore aujourd'hui : *munk,* moine ; *holm,* île. Quand vint la réforme, les religieux durent quitter leurs cellules, et le couvent devint une forteresse en même temps qu'une prison d'État. L'infortuné Schumacker, qui devint plus tard comte de Griffenfeld et premier ministre du roi de Danemark Christian V, y passa dix-huit années de captivité (de 1680 à 1698). Ce fut un grand homme que Griffenfeld. Fils d'un marchand de vin, il sut gagner la faveur du roi, et devint son conseiller intime. Sa renommée était si grande dans toute l'Europe, que Louis XIV disait un jour au ministre de Danemark Meierkrone : « Je ne saurais m'empêcher de vous témoigner l'estime infinie que j'ai pour le mérite du chancelier de la couronne de Danemark. Il est sans doute l'un des plus grands ministres du monde. » Cet enfant du peuple, devenu ministre tout-puissant, était haï des nobles. C'est ce qui causa sa perte. Un jour, par ordre du roi, il fut arrêté, accusé du crime de lèse-majesté, et condamné à la peine capitale. Le 5 juin 1676, Griffenfeld marchait au supplice; déjà il posait la tête sur le billot, lorsqu'un émissaire fendit la foule, et, élevant en l'air un pli cacheté du sceau royal, s'écria : « Grâce à Schumacker! » Christian V commua la sentence de mort en une prison perpétuelle. Plus tard, le roi déplora la perte de cet homme d'État, qui fut le Richelieu du Danemark. « Hélas! disait-il souvent, que n'ai-je encore Griffenfeld! il comprenait mieux à lui seul les affaires de Danemark que tout mon conseil d'État réuni. » Un jour, le roi partit tout exprès de Copenhague pour aller visiter le pauvre prisonnier à Munkholm; mais le comte, ayant été prévenu, se cacha derrière la porte, et le roi dut retourner désappointé. Enfermé dans la sombre forteresse de Munkholm, Schumacker appela à son aide la religion et la poésie; il traduisit les psaumes de David, et écrivit sur les murs de son cachot des sentences dont

quelques-unes nous ont été conservées. En voici une,
que M. Marmier a traduite en vers français :

> Sur les ondes du golfe on voit de loin surgir
> Le rocher de Munkholm que la mer bat sans cesse;
> Mais la mer qui mugit ne le fait pas fléchir,
> Et le flot fatigué se retire et s'affaisse.
>
> Que l'aspect de ce roc nous apprenne à souffrir
> Les rigueurs du destin, les orages du monde.
> Je regarde ces murs d'où je ne puis sortir;
> J'entends autour de moi la vengeance qui gronde.
>
> Mais votre nom, grand Dieu ! sera notre rempart.
> Si vous nous protégez, si, partout où nous sommes,
> Vos anges sur nos pas étendent leur regard,
> Que nous fait le pouvoir et la haine des hommes?

IX

LE ROMSDAL

Le lecteur nous a suivis jusqu'ici dans notre voyage de circumnavigation le long des côtes de la péninsule scandinave, depuis Christiansand jusqu'à Throndhjem. Il va nous suivre maintenant dans l'intérieur des terres, dans les gorges et les vallées, sur les montagnes, sur les fleuves, sur les lacs. Après avoir côtoyé la Norwége sur mer, nous allons traverser la Norwége sur terre, de Molde jusqu'à Christiania, trajet de près de deux cents lieues. Adieu les fjords, les îles, les sunds, les écueils! adieu la douce et facile vie de bord!

Au retour de notre excursion à Throndhjem, nous nous retrouvions à Molde, le 7 septembre, à midi. Nous n'eûmes que le temps de passer du steamer *Olaf-Kyrre* au steamer *Alpha*, un petit bateau-mouche qui va deux fois par semaine de Molde à Veblungsnaes. Le trajet, qui se fait en quatre heures, est des plus agréables. Un beau

et chaud soleil éclairait la magnifique chaîne des montagnes, et les glaciers scintillaient comme de l'acier poli.
Molde eut bientôt disparu à nos yeux, et le bateau s'en-
fonça dans les mille sinuosités du fjord. Quels ravissants
paysages! Quelle grande nature! Des montagnes à pic
d'une hauteur prodigieuse se succédaient les unes aux
autres comme une armée de géants; souvent le lac semblait vouloir se fermer; mais, au détour du fjord, un
nouveau site s'offrait à nos yeux surpris. C'étaient de
continuels changements à vue. Le lac des Quatre-Cantons,
en Suisse, tant vanté, ne donnerait qu'une bien petite
idée de cette grandiose nature. Un sentiment de tristesse
me serrait le cœur pendant que nous voguions, trop
rapidement, hélas! sur ce beau fjord de Veblungsnaes :
il y a là des tons, des formes, des ondulations, des escarpements, des lignes dont aucun art ne peut donner
l'idée; il y a là une mine inépuisable pour le peintre. Eh
bien! on ignore cette sublime Norwége, et cet incomparable fjord de Veblungsnaes est presque aussi inconnu
que les lacs glacés de la Laponie ou de l'Islande!

Il était près de six heures du soir quand nous débarquâmes à Veblungsnaes, délicieux petit village placé
comme un nid au bout de ce fjord et à l'entrée de la
vallée du Romsdal, et dominé par des montagnes comme
on n'en voit nulle part. Notre premier soin fut d'aller à
la recherche d'un véhicule quelconque qui pût nous
transporter à Lillehammer, nous et nos bagages. Qu'on
ne se figure point qu'il existe en Norwége des voitures
publiques : celui qui veut voyager dans l'intérieur du
pays est obligé d'acheter ou de louer une *karriole* (je
respecte l'orthographe norwégienne en écrivant ce mot
avec un *k*). Mais ce n'est pas tout, dira-t-on, que d'avoir

une voiture : il faut encore des chevaux. Ceci est le moindre souci du voyageur : en effet, la loi du pays impose aux paysans la charge de fournir, moyennant indemnité, leurs propres chevaux à quiconque les requiert. Le long des routes sont établis des relais ou stations ; il y a deux espèces de relais : les relais fixes, ou *faststation,* et les relais non fixes, ou *tilsigetsestation* (relai de commande). Les relais fixes, qui sont placés sur presque toutes les grandes routes, sont toujours pourvus d'un certain nombre de chevaux, et il est rare que le voyageur y éprouve un retard bien considérable. La distance d'un relai à l'autre varie d'un à deux milles. — Le mille norwégien, qui ne doit pas être confondu avec le mille anglais, vaut environ douze kilomètres ou trois lieues de France. — On voit que l'organisation des postes en Norwége diffère essentiellement de celle des autres pays.

Nous eûmes la chance de trouver à Veblungsnaes une excellente voiture, arrivée depuis quelques jours de Lillehammer. Le conducteur, qui tenait peu à refaire à vide un trajet de cent cinquante lieues, attendait à Veblungsnaes que le Ciel voulût bien lui envoyer un ou plusieurs voyageurs. Nous lui demandâmes son prix? « Trente *species* [1]. — Va pour trente species! » Et nous décidâmes de partir le lendemain, à sept heures du matin.

Le contrat conclu, nous soupâmes d'une queue de saumon dans l'unique auberge de Veblungsnaes. Le soir, je montai avec mes compagnons sur la colline voisine, d'où la vue plane sur toutes les montagnes d'alentour : à nos pieds s'étendait, comme une immense glace polie, le fjord encaissé dans un magnifique amphithéâtre de

[1] Environ 175 francs.

rochers; des montagnes vaporeuses, à demi voilées par la brume, formaient le fond du tableau : on eût dit d'une décoration de théâtre. Les lueurs du soleil couchant éclairaient cette scène, et les sommets neigeux resplendissaient comme de gigantesques flambeaux; le dernier rayon de lumière s'arrêta sur la cime glacée du Romsdalshorn, puis, comme un oiseau de flamme, s'envola dans les profondeurs du ciel. Un calme absolu régnait sur cette immense enceinte; parfois, à travers le silence sublime qui pesait sur la contrée, la brise nous apportait le mugissement indistinct d'une cataracte. Pas une voile ne sillonnait la nappe tranquille du fjord; mais un aigle planait sur le lac. Ah! quel spectacle! l'âme seule peut en comprendre toute la poésie, en savourer le charme, en conserver le souvenir. Oui, il y a des retraites sauvages dont le silence, le calme, la beauté grande et sévère recueillent l'esprit dans une religieuse émotion, et lui parlent doucement de Celui qui créa les mondes. Nous rêvions. Mais il y avait quelqu'un derrière nous, dont nous ne soupçonnions nullement la présence, et qui ne rêvait pas. « Cela n'est pas vilain, » murmura-t-il. A ce mot, nous reconnûmes notre Anglais de Bergen. L'original nous avait devancés à Veblungsnaes, où il se livrait depuis plusieurs jours aux plaisirs variés de la pêche à la ligne. Il appartenait à cette catégorie de touristes dont l'idéal ne va pas au delà d'un hameçon. *De gustibus non disputandum.*

Le 8 septembre, à six heures du matin, nous étions sur pied. Nous fîmes un consciencieux déjeuner pour affronter l'air vif de la montagne; nous mîmes dans notre voiture quelques bouteilles de vin, des conserves et du pain, et à sept heures nos chevaux partaient au grand

trot sur la route poudreuse qui devait nous conduire à
Christiania. Ces chevaux norwégiens ont d'excellentes
qualités. On les dresse d'une façon toute particulière : ils
n'obéissent qu'à la parole ; jamais leur maître ne les ru-
doie, jamais il ne fait usage du fouet. Le cheval norwégien, petit et court, a quelque ressemblance avec le cheval écossais ; généralement il est de couleur café au
lait, et porte sur le dos une raie noire comme l'isa-
belle. La coutume du pays est de lui raser la crinière,
qu'il porte courte et hérissée comme celle du zèbre.
Son regard est doux et intelligent. Souvent il fait halte
le long du chemin pour boire au ruisseau. Il s'arrête
court au son du *tprrrou* qui exciterait ses frères du continent ; veut-on le lancer au grand trot, on se sert du
son « oh! », qui modère si bien la fougue de nos cour-
siers. N'ayant pas encore l'habitude de cette langue de
cheval qui repose sur des principes si opposés aux
nôtres, nous confondions parfois les expressions en
usage : de là des incidents plus ou moins plaisants. Un
coup de vent emporta le chapeau de mon compagnon ;
celui-ci, de crier bien fort : « Oh! oh! » et les chevaux
de courir de plus belle. Un « tprrrou » court et sec,
parti des lèvres du postillon, mit fin aux infortunes de
mon compagnon.

Nous avions à peine quitté Veblungsnaes que nous
vîmes se dresser à notre gauche la masse colossale du
Romsdalshorn (corne de Romsdal). Cette montagne, qui
passe pour une des plus hautes de la Norwége, simule,
à s'y méprendre, la forme d'une corne recourbée, et c'est
là ce qui lui a valu son nom. Longtemps elle passa pour
inaccessible ; il y a quelques années, un obscur forgeron
eut l'insigne honneur de fouler pour la première fois sa

cime indomptée : ce hardi chevalier de l'enclume et du
marteau édifia au sommet de la montagne une pyramide
de pierres que le temps a respectée : elle est parfaitement
visible d'en bas. Johansen, notre conducteur, nous fit
remarquer, au pied de la corne colossale, une profonde
crevasse appelée *Olafs-Kaarde,* « l'épée de saint Olaf ».
S'il faut en croire la tradition, ce saint roi, vénéré aujourd'hui comme le patron de la Norwége, aurait d'un
coup d'épée fait jaillir l'eau du rocher, comme le fit
Moïse lorsque le peuple d'Israël mourait de soif.

J'aime cette légende : comme toutes les légendes, elle
ajoute encore à la poésie des lieux.

Le Romsdalshorn est placé à l'ontrée de la vallée du
Romsdal. Le Romsdal est la plus belle vallée que je
connaisse : c'est le Simplon de la Norwége. J'admire ces
montagnes aux majestueux contours, aux flancs hardis
et fiers ; j'admire ces grandes parois taillées à pic, mouil-
lées par les cataractes, et ces larges gradins couverts d'un
éblouissant manteau de neige, et ces cimes altières dont'
les pointes taillées en aiguilles regardent le soleil et crè-
vent les nuages qui passent. Il y a là pour le peintre un
vaste champ à explorer.

En maints endroits, le fond de la vallée ne présente
qu'un amas de blocs de granit, qui, par suite de quelque
commotion terrestre, ont roulé comme des flots de pierres
du sommet des montagnes. Ces gigantesques débris gisent immobiles le long de la route, et nous regardent
passer comme d'imperceptibles pygmées : un moment
je me suis cru transporté au milieu du célèbre *Chaos de
Gavarnie.* Les parois de la gorge présentent tous les caractères de la ruine : ces pyramides, ces tours, ces obé-
lisques, ces contre-forts n'attendent qu'un nouveau trem-

blement pour s'abîmer entièrement. La vie s'est éloignée pour toujours de ces lieux de désolation : l'œil n'aperçoit qu'un océan de pierres. Pas un brin d'herbe, pas un pouce de terre végétale! Rien qu'un lichen pierreux; rien que le bruit du vent et le sourd mugissement des torrents!

Mais quand on sort de ces ruines, la végétation reparaît superbe et luxuriante : les flancs des montagnes se couvrent de riches forêts de sapins, de mélèzes, de bouleaux : dans ces forêts vivent l'ours brun, l'élan, le daim rouge et le renne sauvage. Vers le soir, on les voit souvent descendre au fond de la vallée et venir boire au torrent de la Rauma, qui roule dans un large lit ses eaux d'émeraude. La Rauma, qui donne son nom à la vallée, reçoit des milliers de cataractes flottant comme de longs panaches blancs des cimes glacées jusqu'au fond de la vallée. L'une des plus belles cascades du Romsdal se trouve entre Ormen et Stueflaatten, à trente pas de la route; nous sommes descendus de voiture pour aller la contempler de près : cette masse d'écume se précipite entre deux rochers, avec toute la majesté d'une force invincible, dans un gouffre de plus de cinquante mètres de profondeur. L'abîme est traversé par quelques troncs de sapins, d'où nous avons admiré en tremblant cette scène effrayante et grandiose. Le *Slettefoss* (c'est le nom de cette cascade) surpasse en beauté la plupart des cascades trop vantées de la Suisse.

Plus loin, nous rencontrâmes la cascade de *Vermedalsfoss*, qui tombe comme un tonnerre du sommet d'un rocher à pic de plus de deux mille pieds de haut. Tout cela est très-sauvage et très-beau; mais j'ai la conviction qu'un album pourrait seul raconter cette pittoresque et

agreste Norwége : voilà pourquoi je renonce à faire de
longues descriptions.

Le pays que nous traversions est, pour ainsi dire, inhabité : la culture est presque nulle, et c'est à peine si
de loin en loin nous rencontrions quelque habitation
isolée. De village, il n'en est point ici : les relais ne sont
pas des groupes de maisons, mais de simples fermes
habitées par une seule famille. Dans le langage du pays,
ces fermes s'appellent des *gaards* (on prononce gôr). Tous
ces gaards sont construits d'après un modèle uniforme,
et qui en a vu un les a vus tous. Le gaard norwégien se
compose sempiternellement d'une grande habitation en
bois et de quatre ou cinq corps de logis : la maison principale est réservée aux voyageurs et à la famille du *landmark,* chef de la petite colonie : les domestiques ont une
habitation séparée; les autres constructions servent d'é-
curies, de granges, de celliers, etc. Tous ces bâtiments,
dont l'ensemble présente un coup d'œil vraiment pittoresque, sont construits avec des troncs de sapins à peine
équarris, posés l'un sur l'autre et calfeutrés avec de la
mousse. Le toit est recouvert de gazons qui reposent sur
de l'écorce de bouleau : là où les prairies font défaut, les
chèvres paissent sur ces pâturages suspendues. L'intérieur
du gaard est d'une extrême simplicité : les pièces sont
vastes, propres et spacieuses. Une grande table au milieu
de la salle, une vieille armoire à naïfs ornements, un
énorme poêle, une antique pendule à contre-poids, quelques grossières gravures parmi lesquelles les portraits de
la famille royale occupent toujours la place d'honneur : tel
est l'ameublement ordinaire de ces maisons patriarcales.
On ne se donne pas la peine de tapisser les murailles, qui
présentent à l'intérieur le même aspect qu'au dehors.

Le premier jour de voyage, nous nous arrêtâmes à Holseth. *Good accommodation.* Les jours suivants, nous parcourûmes des distances plus considérables. Nos étapes quotidiennes étaient, en moyenne, de trente lieues. Nous voyagions du matin au soir, pendant treize à quatorze heures, en relayant six ou sept fois par jour. A chaque relai, on nous donnait des chevaux frais : nous faisions ainsi rarement plus de trois lieues avec les mêmes chevaux. Parfois nous éprouvions des pertes de temps assez considérables, lorsqu'il fallait aller chercher les chevaux dans les pâturages. Lorsque les retards sont de ·plus d'une heure, le voyageur a le droit d'écrire une plainte sur le *dagbog*, registre officiel qu'on trouve à chaque station.

Ces petits chevaux norwégiens, vifs et vigoureux, sont d'excellents trotteurs : ils sont infatigables, gravissent au grand trot les côtes les plus roides, et descendent les pentes les plus effroyables avec la rapidité de la flèche : aussi, c'est bien étonnant que l'on ne verse pas vingt fois par jour. J'ai lu, je ne sais où, que parmi les divinités de la mythologie scandinave, il en est une qui préside à la colique. Cette divinité a le métier dur dans un pays où les routes ont pour système invariable d'attaquer de front tous les mouvements de terrain, et de ne se détourner jamais, si roides que soient les pentes, en vertu du principe fort en honneur chez les ingénieurs norwégiens, que la ligne droite est le plus court chemin : parfois les descentes sont si rapides, qu'on vole, plutôt qu'on ne roule, sur un sol dont les mille aspérités font sauter le pauvre véhicule comme une balle élastique : on est cahoté, secoué, ballotté dans tous les sens; c'est alors qu'intervient la méchante déesse : on devine le rôle qu'elle fait jouer aux infortunés voyageurs. Ce n'est qu'à la longue qu'on s'accoutume à ces horribles cahots, de même que sur mer on finit par triompher du roulis. *Consuetudo altera natura.*

Le Romsdal change de caractère au delà de Stueflaatten; naguère c'était une gorge étroite et sombre, resserrée entre deux murs de rochers perpendiculaires : la montagne était véritablement sciée en deux, et le soleil pénétrait à peine à son zénith dans cette noire fissure de granit; mais, quand on a dépassé Stueflaatten, on entre dans une belle et large vallée, pleine d'air et de lumière, bornée des deux côtés par des montagnes en pente douce, couvertes, pour ainsi dire, jusqu'à leur sommet de superbes forêts de sapins. Le fond de la vallée est marécageux : c'est toujours la même stérilité, la même sauvagerie; nulle culture, nulle habitation humaine, nulle trace de civilisation : c'est ainsi que je me représente les steppes de la Russie. Nous voyageâmes une journée entière sans rencontrer un être vivant. Nous étions au centre de la Norwége, et, qu'on ne l'oublie point, au cœur de l'été. Et si la Norwége est si triste, si déserte en cette saison, quel doit donc être l'aspect de ce pays en hiver, quand la neige a tombé pendant des semaines entières; quand une immense nappe blanche s'étend sur les plaines, les montagnes, les forêts; quand toute la Norwége n'est plus qu'un vaste linceul déroulant d'horizon en horizon ses perspectives infinies!

En Norwége, l'hiver est long: il dure neuf mois. C'est alors la saison des voyages en traîneau : le Norwégien, à cause de la rapidité de ce moyen de transport, voyage de préférence en hiver; la route alors est perdue sous la neige; mais de grands tas de pierres, surmontés d'une perche, et disposés le long de la route, servent au voyageur de points de repère. Nous avons remarqué aussi, posées sur le bord de la route de distance en distance, des charrues de neige que notre postillon appelait *snee-plog* : ce sont des espèces de triangles formés de trois poutres de bois, qui servent à tracer dans la neige la route des traîneaux.

Après deux fortes journées de voyage, nous arrivâmes, vers le soir, à *Dombaas*, dernière station du Romsdal, située à l'embranchement des routes de Throndhjem, de Molde et de Christiania, station télégraphique. Dombaas est un gaard considérable et riche, qui sert de point de ralliement aux rares voyageurs qui vont à Jerkind pour entreprendre l'ascension du *Sneehattan*[1]. Cette montagne, qui a été considérée pendant longtemps comme une des plus hautes de la Norwége, est un ancien volcan.

---

[1] Sneehattan signifie chapeau de neige.

X

LE GUDBRANDSDAL

Le Romsdal se ferme à Dombaas. Au delà de Dombaas s'ouvre le *Gudbrandsdal*. Cette nouvelle vallée, qui devait nous conduire jusqu'aux rives du lac Mjosen, a plus de cinquante lieues de longueur. Comme l'a observé M. Ampère, c'est l'étendue des lieux qui distingue surtout la Norwége des autres pays de montagnes; par exemple, la Suisse. En Suisse, on passe sans cesse d'une vallée à une autre vallée, d'un canton à un autre canton. En Norwége, au contraire, les vallées sont des provinces, les torrents sont des fleuves, les lacs de petites mers.

Le Gudbrandsdal est moins sauvage, moins désert et moins grandiose que le Romsdal : c'est la zone pastorale succédant à la zone sauvage. Les rochers arides et désolés ont fait place aux pentes herbeuses, aux forêts de sapins et de bouleaux qui abondent en ces parages. Le sapin et le bouleau atteignent ici des proportions

beaucoup plus grandes que dans nos climats. Çà et là
sur les pentes se montrent quelques maigres cultures
qui annoncent déjà la Norwége méridionale. Insensiblement la vallée se peuple de petits groupes de maisons,
auxquels je n'oserais donner le nom de villages, et qui
apparaissent de distance en distance sur le penchant des
montagnes. Le fond de la vallée, malsain et marécageux
par suite des débordements périodiques de la Rauma,
est complétement inhabité, comme la vallée du Rhône
en Suisse.

Nous arrivâmes le 9, à huit heures du soir, à *Brœnd-
haugen,* où nous avions résolu de passer la nuit. L'air
vif nous avait aiguisé l'appétit, et nous appréciâmes selon
son mérite le souper essentiellement norwégien qui nous
fut servi par la paysanne du *gaard.* Le renne sauvage est
décidément la nourriture du pays. On ne fait point usage
d'autre viande dans tout le Romsdal et une grande partie
du Gudbrandsdal : le bœuf et le mouton y sont introu-
vables. La viande de renne, dont on médit d'abord, finit
par plaire au palais : le renne a une chair tendre et noire
d'un goût sauvageon très-prononcé ; bien préparée, c'est
une venaison qui n'est pas à dédaigner. Cette viande est
ici d'un bon marché inouï : on nous a dit à Holseth
qu'elle se paie six skillings la livre (trente centimes). On
nous servait invariablement, en guise de dessert, deux
espèces de fruits absolument inconnus chez nous : l'un,
appelé *moltebeer,* est jaune et offre l'aspect de la fram-
boise, quoique le goût en diffère complétement ; on mange
ordinairement ces baies comme des légumes, en les ap-
prêtant avec du sucre ; ou bien encore on en mêle le jus
avec du lait, et on en fait différents mets qui ne peuvent
qu'être sains dans un pays où les végétaux sont extrê-

mement rares. L'autre fruit, appelé *tytebeer* (l'*y* se prononce comme un *u*), est une espèce de groseille rouge d'un goût aigrelet fort agréable au palais : ce fruit n'a pas de pepins, et on le mange surtout sous forme de compote. On se sert aussi du jus de ces baies indigènes pour faire du punch. Le pain que l'on mange dans toute cette contrée est une espèce de galette faite de farine de seigle, mêlée parfois d'écorce d'arbre. Ce pain, qu'on appelle *flatbrod*, est plat, mince comme une feuille de papier; cuit dur, sec et croquant. On en cuit de grandes quantités à la fois, et on peut le conserver pendant plusieurs années, en ayant soin de le mettre à l'abri de la poussière. Dans certaines auberges, on trouve parfois du pain noir analogue à notre pain de seigle; le pain blanc est introuvable.

Nous soupâmes à Brændhaugen, en compagnie de deux Norwégiens qui voyageaient en carriole et se rendaient à Throndhjem. Ces messieurs, ignorant notre nationalité, nous adressèrent la parole successivement en norwégien, en suédois, en allemand, en anglais et en français : ils parlaient un français très-pur, comme de vrais gentlemen. Ce n'était pas le premier exemple qui nous confirmait dans l'opinion que les hommes du Nord possèdent au plus haut degré le don des langues : nous avons pu remarquer tous les jours qu'il n'est pas un Norwégien de bonne famille qui ne parle les principales langues de l'Europe. Pour eux, d'ailleurs, il y a nécessité; car les langues scandinaves sont de toutes les langues européennes les moins répandues dans l'univers.

Nous fûmes fort bien traités à Brændhaugen. On nous fit payer la somme fabuleusement modique de 1 species

3 marks 12 skillings [1], — soit 9 fr. 70 cent., — pour trois logements, trois déjeuners et trois soupers! En général, du reste, on vit à très-bon compte dans l'intérieur de la Norwége. Les chemins de fer n'ont pas encore apporté ici la funeste contagion qui a gâté les autres pays. Puisse le paysan norwégien ignorer encore longtemps cette passion du lucre qui a envahi nos villes et nos campagnes! Puisse-t-il goûter encore longtemps les charmes de cette vie patriarcale!

Les habitants de l'intérieur sont bons et prévenants pour les voyageurs : les aubergistes sont exempts de cette rapacité si commune dans les montagnes de la Suisse. L'étranger n'est pas considéré ici comme un oiseau qu'il faut plumer; le Norwégien se fait une idée plus haute de l'hospitalité : il la regarde comme un devoir, et non comme un moyen de lucre. Chaque fois que nous acquittions le *regning* (la note), l'hôte ou l'hôtesse nous serrait la main à chacun de nous, en disant : *Tack, tack, herre, tack, tack!* « Merci, Monsieur, merci! » J'aime l'énergie de cette formule de remercîment qu'il faut avoir entendu prononcer par ces hommes du Nord; quoique moins doux à l'oreille que le *merci* français ou le *gracias* espagnol, le *tack* des Norwégiens n'est certes pas moins sincère.

Une propreté modèle règne dans toutes les auberges de Gudbrandsdal. Comme bien l'on pense, il ne faut pas s'attendre à trouver du luxe dans ces primitives maisons de sapins; mais l'absence d'opulence n'est point la

---

[1] Le species ou specie-dollar norwégien vaut 5 marks, et le mark vaut 24 skillings. Le species équivaut à 5 fr. 70 cent. de notre monnaie; le mark équivaut à 1 fr. 14 cent.; le skilling, qui est de beaucoup moindre importance que le schelling anglais, vaut environ un sou français.

pauvreté : le souci et la misère n'habitent guère ces vallées. Quoique la terre soit peu fertile en Norwége, il y en a tant pour si peu d'hommes! Et la vie coûte si peu! La terre, le bois de construction, le chauffage se donnent presque gratis. C'est aux étrangers qu'on réserve la plus belle chambre de la maison : on y monte par un escalier aussi roide qu'une échelle. Cette chambre contient deux ou trois lits, très-larges et très-longs : il faut cela pour l'homme du Nord, de large et haute stature. Le lit norwégien se compose uniquement de deux édredons : l'un sert de couche, l'autre de couverture; les draps de lit sont souvent absents. Les grandes inventions modernes n'ont pas encore pénétré dans ces vallées primitives : le pétrole, par exemple, est encore ignoré; on se sert de modestes chandelles. Les filles des auberges portent encore l'antique costume national; elles sont toutes très-polies, et presque toujours très-jolies : on trouve dans leurs traits je ne sais quel cachet de distinction particulier à la beauté du Nord. Il en est à qui la langue anglaise est quelque peu familière : lorsque nous leur adressions la parole dans cette langue, nous étions presque toujours compris. Rien là de bien extraordinaire en Norwége, où l'instruction est obligatoire comme en Suède et en Danemark. Il va sans dire que ce n'est pas là un fait général; en maintes circonstances, force nous fut de nous débrouiller à l'aide du dictionnaire franco-norwégien, qui ne nous protégeait qu'à demi contre certains quiproquos plus ou moins burlesques. On nous apportait parfois un tire-botte quand nous demandions de l'eau, ou des allumettes quand nous voulions de l'encre; mais, à part ces petites méprises fort excusables, nous nous faisions comprendre à merveille, grâce à l'intelligence remarquable des Norwégiens.

Nous quittâmes la station de Brændhaugen un dimanche, à neuf heures du matin. A notre départ, le ciel était couvert de nuages inquiétants; mais heureusement nos appréhensions ne furent pas de longue durée : vers le milieu de la journée, le soleil resplendit de tout son éclat comme les jours précédents.

La partie du Gudbrandsdal comprise entre Brændhaugen et Bakkejordet offre des sites d'une grande variété d'aspect. On pénètre d'abord dans une délicieuse petite gorge, pleine d'ombre et de fraîcheur, au fond de laquelle mugit, en se brisant contre les rochers qui encombrent son lit, un impétueux torrent dont les eaux verdâtres scintillent comme une émeraude liquide. Le génie ancien aurait placé dans ce site sans pareil le séjour des naïades. Au bout d'une heure, le paysage se métamorphose complétement : on entre dans une large et belle vallée, toute parsemée de rustiques habitations, coupée de cultures et d'arbres verts; il y a là toute une existence idyllaire qui m'a rappelé involontairement la célèbre vallée d'Argelès dans les Pyrénées. C'est au milieu de ce site enchanteur que se trouve placée l'importante station de Moen, qui possède une église : c'était la quatrième église que nous rencontrions sur un parcours de plus de soixante lieues.

Les églises du Gudbrandsdal, comme toutes celles de la Norwége, sont construites de troncs de sapins recouverts parfois de grandes dalles en ardoises; elles sont surmontées d'un clocher peint en rouge ou en vert. Celle de Moen se compose d'une nef avec deux ailes en forme de croix. C'était l'heure de l'office : nous pénétrâmes dans le temple au moment du sermon. L'église regorgeait de monde ; les hommes étaient séparés des femmes. Un vieux pasteur, vêtu d'un costume bizarre, prêchait sur un ton langoureux et larmoyant, baissant la tête après chaque période pour jeter les yeux sur son discours écrit posé devant lui. L'autel, où brillaient toutes les couleurs de l'arc-en-ciel, était orné de figures naïvement sculptées, représentant les scènes de la Passion. L'édifice remonte probablement à l'époque du catholicisme, à en juger par le caractère des ornements. Tous les regards étaient braqués sur nous : nous attirions beaucoup plus l'attention de ces braves gens que le sermon du vieux pasteur. La plupart des paysans portaient une veste en vadmel gris, des culottes courtes en peau brodée, et de longs bas en laine. Selon la mode norvégienne, presque tous portaient à la ceinture un couteau à manche sculpté. Les femmes étaient parées de bijoux en filigrane et de ceintures d'argent. Après le sermon, il y eut un repos de dix minutes, et les assistants se répandirent dans le cimetière pour prier sur les tombes de leurs parents et de leurs amis. Puis les chants recommencèrent, et nous nous esquivâmes pour visiter une belle cascade située à une portée de fusil de l'église : elle tombe comme une masse, par deux bonds formidables, entre deux murs de granit, et disparaît dans un affreux gouffre d'où s'échappe un éternel grondement de tonnerre à travers un humide nuage d'écume. Nous avons contemplé ce spectacle sous tous les aspects, d'en haut et d'en bas, et sommes rentrés en voiture mouillés de la tête aux pieds par la fumée de la cataracte.

Nous nous arrêtâmes, à deux heures, au gaard de Stork-levstad, pour y déjeuner d'une mauvaise omelette au lard accompagnée de confitures aux framboises étendues sur le flatbrod : tout cela nous coûta un species.

Entre Storklevstad et la station suivante, nous rencontrâmes à Kringelen le monument d'une victoire remportée par les Norwégiens sur un corps écossais commandé par le colonel Sinclair. C'était en 1612. Gustave-Adolphe de Suède était en guerre avec le Danemark, qui, à cette époque, étendait sa domination sur toute la Norwége. Gustave-Adolphe envoya recruter des troupes en Écosse. Les Écossais débarquèrent à Throndhjem ; un autre corps, fort de neuf cents hommes, pénétra en Norwége par le Romsdal, sous la conduite de Sinclair. Ils gagnèrent le Gudbrandsdal, et mirent la contrée à feu et à sang. Trois cents paysans leur dressèrent une embuscade à Kringelen ; ils réunirent, sur la montagne qui domine la vallée, des quartiers de roc, des troncs d'arbres, qu'ils disposèrent de manière à pouvoir les précipiter au bas de la montagne. Quand les Écossais, en colonne serrée, pénétrèrent dans la vallée qui est fort étroite en cet endroit, une formidable avalanche s'abattit sur leurs têtes et les écrasa comme des mouches. Ce fut un horrible carnage. Les malheureux Écossais furent broyés ou noyés dans la rivière qui coule au bas de la montagne. Ceux qui faisaient encore mine de survivre furent impitoyablement expédiés par les paysans. Cette fois, ce fut le Loclin qui vainquit Inisfaïl. Cette lugubre histoire me rappelle le massacre des miquelets espagnols qui moururent de la même façon, dans une gorge des Pyrénées. Une croix de pierre indique la place où eut lieu l'événement : on y a gravé une inscription malheureusement un peu trop prétentieuse.

Au sortir de cette funèbre solitude, la vallée s'élargit,

les montagnes s'abaissent, les, pentes s'adoucissent et
verdoient au soleil. Nous ne sommes plus dans ces immenses régions stériles et dépeuplées qui rappellent les
déserts des contrées boréales. Les villages et les cultures
s'étagent gracieusement sur les flancs des montagnes.
Nous sommes déjà dans la Norwége méridionale, et l'o-
pulence qui règne dans la vallée annonce le voisinage
de Christiania. Je m'en réjouis; car on se lasse bientôt
de cette nature austère et farouche. La Rauma, si étroite
hier encore, est devenue un large fleuve, qui promène
majestueusement ses eaux d'un vert d'émeraude au milieu
d'une plaine superbe. La végétation des pins devient plus
vigoureuse; les mélèzes étendent leurs belles branches
le long de la route, et forment contraste avec le feuillage
vert-pâle des bouleaux. La route est large et bien entre-
tenue, et nous n'éprouvons plus les terribles cahots qui
nous ont tant remué les entrailles les jours précédents.

Après avoir passé la nuit à Bakkejordet, nous nous
remîmes en route le 11 septembre, à huit heures du
matin, toujours favorisés par un temps magnifique. Ce
jour-là, nous eûmes 28 degrés Réaumur : conçoit-on
après cela que le nom seul de la Norwége donne froid
dans le dos à ceux qui n'y ont jamais été?

La partie du Gudbrandsdal comprise entre Bakkejordet et Lillehammer est vraiment ravissante : une nature douce, souriante, a succédé à la nature fière et
morose du Nord; l'œil aime à se reposer sur ces montagnes onduleuses comme les vagues de l'Océan, et
couvertes jusqu'au faîte de sapins et de mélèzes; sur
leurs flancs s'éparpillent gracieusement une infinité de
blanches maisons de bois, que l'on prendrait de loin
pour de coquettes villas; de belles cultures disséminées

sur les pentes complètent cet harmonieux paysage. Le brûlant soleil du Nord prodigue des flots de lumière, qui donnent à ce tableau tout élyséen un éclat incomparable. La Logen, prenant tour à tour l'aspect d'un fleuve, d'un torrent ou d'un lac, roule à nos pieds ses eaux neigeuses. A chaque instant le paysage change d'aspect : il semble que la nature ait voulu ici se complaire à se présenter sous mille formes diverses, mais toujours également enchanteresses.

Ce que je ne pouvais me lasser d'admirer, c'étaient les magnifiques forêts de pins et de mélèzes. Ces forêts constituent la principale richesse du pays. Chaque habitant en possède en propre une portion d'une certaine étendue, et en jouit à son gré. Le commerce qui se fait ici en bois est très-important : il doit sa grande activité à la rivière, sur laquelle le bois est flotté et envoyé dans les différentes localités qui sont situées sur ses bords. Ce commerce n'a pour objet que les arbres qui sont propres à faire des planches; le bois de charpente et de chauffage n'est pas de débit; et c'est pour cela que les habitants n'en font aucun cas, et qu'ils en laissent périr beaucoup, dont on pourrait faire un meilleur usage. Les pins et les sapins destinés au sciage sont d'abord écorcés; après quoi on attend, avant de les couper, qu'ils soient entièrement secs.

La vallée du Gudbrandsdal, resserrée entre des montagnes fort élevées, n'est guère propre à la culture des grains. Aussi les récoltes ne suffisent-elles pas à la consommation, et les habitants sont obligés de tirer leurs blés de Suède et des provinces méridionales. Le climat n'est pas non plus favorable à la culture des grains : si l'hiver est précoce, le blé ne parvient pas à sa maturité;

si, au contraire, l'été est trop chaud et trop sec, comme
cela arrive souvent, les grains sont brûlés du soleil, dont
les rayons, concentrés entre les rochers, rendent bientôt
la chaleur excessive et trop forte pour un terrain peu profond. La rivière, grossie par la fonte des neiges, déborde
souvent au printemps, inonde une grande partie de
la vallée, et détruit ou retarde les semailles ; ou bien
des pluies continuelles, qui sont très-fréquentes vers
l'automne, empêchent la récolte et privent, en peu de
jours, le cultivateur du prix de ses longs et pénibles
travaux.

Chose surprenante, nous n'avons pas rencontré un seul
troupeau dans tout le Gudbrandsdal. J'ai interrogé à ce
sujet les deux Norwégiens que nous avons rencontrés à
Brændhaugen, et voici ce que j'ai pu apprendre. Pendant l'été, les troupeaux ne sont pas nourris aux environs des gaards ; on les envoie paître dans des lieux
de pâturages appelés *sæters,* situés parfois à dix ou
quinze lieues de la ferme. Comme ces sæters sont épars
et très-souvent éloignés des habitations, les paysans y
construisent des étables où logent indistinctement les
hommes et les animaux. Dès que les neiges commencent
à fondre, on y envoie les vaches et les chèvres sous la
conduite d'une *pastoure,* destinée à les garder, à les
traire et à préparer le beurre et le fromage. Ces pauvres
filles, qui ont chacune environ seize à vingt vaches
à conduire, ne voient, durant leur séjour dans ces
lieux déserts, d'autres humains que la femme du paysan
qui vient tous les huit jours leur apporter du pain, et
emporter le beurre et le fromage qu'elles ont pré-
parés.

Après un voyage en voiture de plus de cent cinquante

lieues, nous atteignîmes enfin la dernière station, Lille-hammer, le 11 septembre, à midi, et descendîmes à l'hôtel de Mme *Ormsrud.*

Après nous être un peu restaurés, nous nous répandîmes sur les pavés de la ville. Lillehammer est une ville, qu'on ne s'y trompe pas, une ville qui compte déjà plus de quinze cents âmes, et qui deviendra un jour une des premières cités du monde, s'il faut en croire les heureux indigènes. Ne rions pas : Lillehammer peut encore reconquérir son ancienne splendeur. C'était autrefois une ville considérable et florissante. A l'époque où la Norwége était catholique, Lillehammer était le siége d'un évêché; elle avait une cathédrale et un monastère, fondés par Nicolas Breakspear, originaire de l'Angleterre, qui fut d'abord légat du pape en Norwége, puis cardinal, et enfin pape lui-même, sous le nom d'Adrien IV. Lillehammer fut brûlée par les Suédois au XVIIe siècle; mais peu à peu elle se releva de ses cendres. Aujourd'hui c'est une jolie petite ville très-agréablement située à l'extrémité septentrionale du lac Mjosen, à l'endroit où la rivière Logen entre dans ce lac. Cette situation ouvre au commerce de Lillehammer des débouchés faciles : par le Mjosen, elle communique avec Christiania; par le Gudbrandsdal, elle communique avec Throndhjem et le Nord. Entre autres particularités, nous avons vu à Lillehammer des trottoirs fort singuliers : ils sont formés de bouteilles bordelaises mises en terre de manière à présenter leur fond au piéton. Il faut avouer que les Norwégiens ont un génie particulièrement inventif. A Lillehammer, chaque maison est décorée d'une enseigne en caractères gothiques. Sur dix enseignes huit portent le nom de *Petersen :* il faut croire que les indigènes sont

tous plus ou moins parents. *Niels* et *Johansen* sont aussi
des noms très-répandus en Norwége.

Au bout de la rue unique dont se compose Lillehammer, on traverse un pont en bois, on passe devant des
scieries mécaniques, et on prend à droite un sentier
grimpant qui conduit à des cascades, situées à trois
quarts de lieue de la ville. Le soleil dardait en plein sur
la montagne, ce qui ne nous facilitait l'ascension en
aucune façon. Je ne me serais jamais figuré qu'on pût
griller en Norwége en plein mois de septembre : ni en
Espagne ni en Italie je n'ai souffert d'une chaleur aussi
intense. Dans l'intérieur de la Norwége, où l'influence
de la mer ne se fait point sentir, la chaleur de l'été est
aussi excessive que le froid de l'hiver : dans certaines
localités, il n'est pas rare de voir le thermomètre monter en été jusqu'à + 42°, et descendre en hiver jusqu'à
— 35° centigrades. En revanche, les côtes, et surtout les
côtes occidentales et septentrionales, jouissent d'un climat beaucoup plus doux qu'aucun autre pays situé à
pareille distance de l'équateur. Nul n'ignore qu'il faut
attribuer ce fait au voisinage du *gulf-stream*, ce courant maritime qui amène les eaux tièdes du golfe du
Mexique, et suit la ligne des côtes de la Norwége avant
d'aller se perdre dans l'océan Arctique. C'est grâce au
gulf-stream que la moyenne de la température en hiver
est la même au cap Nord qu'à Christiania; c'est grâce
au gulf-stream que dans la mer scandinave la glace ne
se forme que sous le 80° latitude, tandis qu'au cap Nord,
sous une latitude de 70° 11', la mer ne gèle jamais, même
à l'extrémité des fjords qui s'enfoncent le plus profondément dans les terres.

Après une heure et demie d'ascension, nous fûmes

en présence des chutes. Je dis *des* chutes, car il y en a
au moins dix. Ici la plume est impuissante, et le pinceau
seul a le droit de parler : c'est, en effet, le plus beau
tableau qui puisse jamais inspirer un peintre paysagiste.
Ceux qui ont vu le Giessbach, en Suisse, avoueront qu'il
est impossible de décrire cette merveilleuse succession
de chutes, qui bondissent tantôt en larges nappes, tantôt
en masse compacte au milieu des forêts de sapins. Eh
bien, le Giessbach n'est encore qu'une miniature des
chutes de Lillehammer : qui oserait comparer la vue du
petit lac de Brienz au panorama mille fois plus beau,
mille fois plus étendu du superbe lac Mjosen et de la
majestueuse vallée du Gudbrandsdal? Nous sommes
restés deux heures entières à contempler sous tous les
aspects cette vue peut-être unique au monde. Quel regret nous éprouvions de ne pouvoir emporter d'un pareil tableau qu'un souvenir mental!

Au retour de notre excursion, nous nous sommes
rendus à l'extrémité de la ville : là nous avons contemplé du haut d'une éminence le lac Mjosen au coucher
du soleil. Voilà de ces souvenirs qu'on aime à conserver religieusement! Quand je songe à la Norwége, je
me la représente souvent sous l'aspect où je la vis ce
soir-là.

Le 12 septembre, nous quittâmes de bonne heure
notre primitif hôtel de Lillehammer ; une voiture anté-
diluvienne, qu'on pouvait prendre, avec un peu de bonne
volonté, pour un omnibus, nous conduisit à l'embarcadère. Nous prîmes possession du pont du *Kong-Oscar*,
qui traverse tous les jours le Mjosen dans toute sa longueur. A huit heures, le steamer lança son sifflet d'adieu,
et la vapeur nous emporta sur les eaux profondes et

sombres du Mjosen. J'allai me camper à l'avant du bateau pour mieux embrasser du regard les splendeurs qui nous attendaient.

Le lac Mjosen est un des plus grands et des plus beaux lacs de la Norwége : il a plus de vingt-cinq lieues de long, mais nulle part il n'a une largeur telle qu'on ne puisse en découvrir les deux rives : on dirait d'un grand fleuve débordé. Ce lac est sujet à de violentes tempêtes et à des crues soudaines ; lors du grand tremblement de terre de Lisbonne, il y eut une crue de plus de vingt pieds, qui ne dura que quelques instants : les eaux enflées furent si agitées, qu'une chaloupe fut lancée sur le rivage. Plus récemment, en 1860, pendant la désastreuse inondation qui sévit en Norwége, les eaux montèrent à une hauteur beaucoup plus considérable.

Les eaux du Mjosen ne gèlent que fort rarement, même au cœur de l'hiver, par les froids les plus rigoureux. Le lac Léman, au contraire, situé à cinq cents lieues sud du Mjosen, gèle, on le sait, presque tous les hivers. On attribue ce fait bizarre à la profondeur du Mjosen. Récemment, on s'est livré à des expériences de sondage sur le Mjosen : en certains endroits, on a trouvé deux cent quarante-huit brasses ; mais le centre du lac, qui n'a jamais été sondé, doit avoir une profondeur beaucoup plus considérable. Le Mjosen a une altitude de quatre cents pieds au-dessus du niveau de la mer. On peut donc présumer, avec raison, que le fond du Mjosen descend jusqu'à huit cents pieds environ *au-dessous du fond* de la mer du Nord. A quelle cause faut-il attribuer cette profonde fissure creusée dans les entrailles de la terre sur une étendue de plus de vingt-cinq lieues ? Est-ce l'action du feu ? Est-ce l'action des glaciers ?

Laissons aux géologues le soin de résoudre cette question.

Le Mjosen est alimenté par plusieurs rivières. Ce lac est de la plus grande importance pour le commerce : il facilite la communication de l'intérieur avec les côtes. On y fait flotter les arbres destinés au sciage jusqu'à Minna, où des marchands de Christiania, propriétaires des scieries, viennent les acheter.

Le Kong-Oscar a franchi l'embouchure de la *Logen,* et navigue en pleines eaux du lac. Si je voulais faire une comparaison, je dirais que le lac Mjosen ressemble au lac de Côme : même douceur, même pureté dans les lignes du paysage. L'aspect général est plus charmant que grandiose; les montagnes sont peu élevées et ont des pentes douces qui ondulent : ces pentes sont couvertes de superbes forêts de pins, de frênes, de bouleaux. Le long des rives, des maisons de bois peintes des plus vives couleurs se mirent dans les eaux vertes du lac. Quelques cultures sont disséminées sur le penchant des monts. Devant nous, la nappe limpide et calme du lac fuit entre les deux rives. Ce paysage charme par sa douceur exquise : rien de brusque, rien de heurté dans les montagnes qui servent de cadre à ce miroir resplendissant; je le répète, c'est la nature calme, tranquille et souriante de l'Italie septentrionale.

Le ciel seul nuisait quelque peu à l'aspect du paysage. Le soleil, qui à six heures du matin était venu discrètement nous avertir qu'il était temps de quitter notre molle couchette, changea bientôt de tactique : vers neuf heures, nous vîmes s'amonceler de gros nuages, qui pendant toute la journée rampèrent à mi-côte des montagnes : ainsi nous ne pouvions distinguer que les régions inférieures. Nous grelottions sur le pont : chacun s'enveloppait jusqu'au nez dans des paletots et des couvertures. La veille nous fondions. Voilà la Norwége!

A deux heures et demie, *le Kong-Oscar* nous déposait à Eidsvold, petit village situé à l'extrémité sud du Mjosen. Nous eûmes le temps de jeter un coup d'œil sur la localité, qui se compose d'une vingtaine de maisons éparses perchées sur une montagne. Un beau chemin en pente douce, ombragé par des arbres séculaires, nous conduisit à l'église, dont la tour se distingue de fort loin quand on navigue sur le lac Mjosen. Cette église est bâtie en pierres et entourée d'un cimetière où l'on a planté des arbres de toute espèce. Les tombes sont en pierre grisâtre, ornées d'élégantes arabesques et couvertes d'inscriptions qui se terminent par des maximes tirées de la Bible.

Eidsvold est célèbre dans l'histoire de la Norwége : c'est là que fut élaborée la constitution (*grundlov*) en 1814; c'est dans une modeste maison de paysan que fut proclamée l'indépendance du pays. Cette maison, dit-on, est encore religieusement conservée; mais, malgré toute notre bonne volonté, nous l'avons vainement cherchée.

Vers trois heures, nous nous installâmes dans le train qui devait nous conduire à Christiania. Le chemin de fer qui relie le Mjosen à la capitale est le plus ancien de la Norwége : il est exploité depuis 1854. La longueur de la ligne est de six milles norwégiens, ou soixante-dix kilomètres : on compte onze stations de Eidsvold à Christiania. Grâce aux longs arrêts du train dans chacune de ces stations, on met plus de trois heures à faire le parcours. Les voitures sont commodes : comme celles que nous avions vues sur la ligne de Throndhjem à Storen, elles rappellent les voitures anglaises. Détail inusité chez nous : chaque compartiment est muni d'un robinet qui fournit de l'eau glacée aux voyageurs, — idée très-recommandable dans les pays chauds!

Le paysage est *very pretty*. Beaucoup de forêts, fort peu de cultures. Nulle part nous n'avons vu d'aussi beaux sapins : leurs troncs, qui sont d'une finesse remarquable, s'élancent à trente et quarante mètres au-dessus du sol. A travers ces millions de sveltes colonnes, l'œil aperçoit de superbes bouleaux dont les troncs blancs et le feuillage pâle contrastent heureusement avec les sombres couleurs des sapins. Rien n'est beau comme ces forêts du Nord. C'est en Norwége qu'il faut voir les sapins, comme c'est en Espagne qu'il faut voir les palmiers.

Vers sept heures du soir, un coup de sifflet prolongé nous annonça l'approche de Christiania. Je passai la tête à la portière; le tableau était vraiment féerique : j'apercevais des tours, des clochetons, des palais, des dômes, des mâts de vaisseaux : tout cela encadré de collines, de forêts. De loin, à travers les brumes du soir qui planaient sur la cité, on eût dit Naples ou Constantinople. Mais l'illusion ne dura qu'un instant : au bout d'une minute, nous pénétrions sous les arcades monumentales de la gare.

XI

CHRISTIANIA

J'aime à entrer le soir dans une ville inconnue; la curiosité est excitée au plus haut point : on cherche à distinguer dans l'obscurité la forme des objets, les édifices, les rues, les passants, et plus on écarquille les yeux, plus la curiosité redouble. Et le lendemain, quelle surprise! la ville se dévoile subitement aux regards, comme un décor de théâtre au lever du rideau.

Notre premier soin, en arrivant dans la capitale du royaume de Norwége, fut de chercher un hôtel. Or il y avait en ce moment beaucoup d'étrangers à Christiania : l'hôtel *Britannia*, le *Princess-Hotel* n'avaient plus une chambre disponible. Un officieux nous conduisit au *Victoria-Hotel* : là, des garçons, qui semblaient venus de Paris en droite ligne, nous firent l'accueil le plus empressé, nous donnèrent des journaux français d'assez fraîche date, et nous servirent un souper *à la française*.

La cathédrale ou église de la Trinité.

La place du marché et l'église du Sauveur.

Le palais du Storthing.

Le palais du roi et la rue Charles-Jean.

Décidément la Norwége n'est pas le pays sauvage que je m'étais imaginé. Ce qui est vraiment charmant à l'hôtel *Victoria*, c'est le jardin d'hiver du premier étage, disposé en forme de rotonde, et servant de cabinet de lecture et de fumoir : cette rotonde est éclairée le soir par des verres de couleur, et des jets d'eau, des cascades y entretiennent une éternelle fraîcheur. Si j'insiste sur ces petits détails, c'est pour donner une idée de la civilisation de Christiania, qui passe généralement pour une ville à demi barbare et perdue dans les brumes du Nord.

Le soir de notre arrivée, nous voulûmes nous initier aux mœurs de Christiania. L'interprète attaché à l'hôtel *Victoria* nous conduisit au Klinkenberg, le Cremorn de l'endroit. Cet établissement, vrai modèle du genre, a pour le moins deux hectares de superficie : concerts en plein air, cafés-chantants, feux d'artifices, bals pour les matelots, salle de théâtre, etc., rien n'y manque. Il y avait là trois à quatre cents marins : beaucoup d'Anglais, peu de Norwégiens et quelques Français ; les neuf dixièmes de ces gens étaient ivres, — c'étaient des Anglais. — Le Norwégien a plus de dignité, et ne s'enivre guère.

Notre curiosité satisfaite à l'endroit des mœurs, nous allâmes au théâtre : nous arrivâmes à temps pour entendre les deux derniers actes de la *Princesse de Trébizonde !* Décidément ce farceur d'Offenbach est en train de faire le tour du monde ! Je l'avais entendu naguère à Madrid et en Italie, et voilà que je le retrouvais à Christiania, sur la noble terre des Vikings ! Qu'on aille d'un bout de l'Europe à l'autre, partout et toujours c'est Offenbach qui représente le peuple le plus spirituel de l'univers. Hélas ! je ne puis m'empêcher de trouver cela triste. Au reste, je dois dire que les acteurs norwégiens

ne mettent guère de finesse à interpréter ces sottes po-
chades : ils laissent percer la lourde gravité des hommes
du Nord. Par un heureux hasard, nous retrouvâmes au
théâtre de Christiania les officiers français de la frégate
le Kersaint, que nous avions rencontrés à Bergen.

Rentrés fort tard à l'hôtel, nous prîmes possession de
nos chambres, où l'œil s'épanouissait à la vue de lits
splendides, garnis de draps d'une blancheur appétis-
sante et couverts de duvets moelleux. Voilà qui valait
mieux que les lits du Gudbrandsdal !

Le lendemain, nous fûmes debout de bonne heure.
Nous déjeunâmes rapidement, et nous nous éparpillâmes
sur les pavés de Christiania, en prenant pour point de
départ la *Raadhuusgadan* (rue de l'Hôtel-de-Ville), où
est situé l'hôtel *Victoria.*

Ce qui frappe au premier abord, c'est la parfaite régularité de toutes les constructions, alignées d'après un
plan uniforme. Toutes les rues sont parallèles ou perpendiculaires les unes aux autres : elles ne manquent ni
d'air ni de lumière, et dix équipages pourraient facilement y marcher de front. C'est ainsi que je m'imagine
les nouvelles cités des États-Unis. En général, les maisons
sont bâties en pierres ou en briques : leur architecture
est d'une extrême simplicité; elles ont un grand air de
comfort et de propreté; nous remarquâmes beaucoup de
doubles fenêtres; les balcons sont inconnus, — d'ailleurs
l'été est si court! — A la façon anglaise, plusieurs marchands ont leurs bureaux en ville, mais n'y ont point
leur résidence. Les négociants enrichis habitent les élégants édifices du quartier aristocratique groupé aux alen-
tours du palais du roi. D'autres ont des villas dans la
campagne environnante.

Christiania est la ville la plus populeuse de la Norwége :
elle compte aujourd'hui plus de soixante-cinq mille âmes,
quoiqu'elle n'ait encore que deux siècles et demi d'existence. On y chercherait en vain ces vieilles constructions
qui font la joie des antiquaires. Les plus anciennes maisons ont été successivement détruites par les flammes
qui ont ravagé la ville à plusieurs reprises. En 1858,
notamment, un incendie terrible détruisit toute une partie de Christiania. Ce fut alors qu'une loi du Storthing
défendit de construire à l'avenir des maisons de bois.
Aujourd'hui, dans le centre de la ville, les maisons sont
toutes construites en briques ou en pierres.

La ville actuelle de Christiania date du xvii° siècle :
elle fut fondée par le roi de Danemark Christian IV, dans
le voisinage du lieu où fut autrefois l'antique cité d'Oslo,
bâtie par le roi Harald-Haardraade, en 1058. Oslo était
déjà une ville importante : elle ne le cédait qu'à Bergen
et Throndhjem (alors Nidaros). Lorsque la Norwége fut
réunie au Danemark, elle devint la capitale du royaume.
Deux rois y furent couronnés, Christopher III et Christian II. La cathédrale de Saint-Halvard était somptueuse.
C'est là que fut célébré, en 1589, le mariage de Jacques Ier,
roi d'Angleterre, avec Anne de Danemark, sœur de Christian IV. En 1624, un incendie détruisit entièrement la
ville d'Oslo : les flammes n'épargnèrent que le palais
épiscopal et un petit nombre de maisons. C'est alors que
fut fondée la ville moderne à laquelle Christian donna
son nom.

Ne prenant pour guide que le hasard, nous arrivâmes
à la grande place qui occupe le centre de la ville. Au
milieu de cette place s'élève l'église du Sauveur, d'un
style lourd et massif : elle est surmontée d'une tour

carrée prodigieusement haute. L'idée me vint d'en faire
l'ascension, pour avoir une vue d'ensemble de la ville :
en dépit des protestations d'un de mes camarades, que
cette idée effrayait quelque peu, nous nous mîmes à
gravir les deux cents marches de la tour de l'église du
Sauveur. Nous voici au sommet, dans le belvédère habité par le veilleur de nuit. Quel magnifique panorama !
La ville entière s'étend à nos pieds, pareille à un immense
village ; car rien ne ressemble moins à une ville que la
capitale du royaume de Norwége : partout l'œil rencontre
d'immenses espaces de terrain vide, comme si la ville
était encore à créer. Rien de gracieux, rien de pittoresque
comme ces maisons blanches s'étalant en groupes, s'é-
parpillant, selon les caprices du terrain, sur des croupes
herbeuses, et se perdant au loin au milieu des villages
et des maisons de campagne qui s'étendent en demi-
cercle sur les hauteurs voisines. Ce que je ne saurais
dire, c'est la grâce enchanteresse du paysage environnant. Au nord, la vallée est fermée par un admirable
amphithéâtre de montagnes en pente douce, chargées de
forêts de sapins. Au sud, le fjord se déploie entre une
double rangée de collines, dont les lignes fines et nettes
se découpent sur le ciel bleu avec un charme infini. La
présence des mâts de vaisseaux indique seule que ce beau
lac vert comme l'émeraude, dont la nappe limpide se
ride au souffle de la brise, n'est autre que la grande mer
du Nord. Il y a des vaisseaux dans le port, il y en a
derrière les petites îles sans nombre qui font face à la
baie, et d'autres voiles encore se succèdent jusqu'aux
dernières limites de l'horizon. Dans notre voyage de
circumnavigation le long des côtes occidentales de la
Norwége, nous avons vu des fjords sans nombre ; nous

admirions leur sombre beauté et les formes grandioses
des monts qui leur servent de cadre. Le fjord de Christiania, sans être grandiose, charme par un autre genre
de beauté : une exquise douceur, une grâce charmante
règnent dans les lignes du paysage; rien de heurté, de
brusque, de tourmenté, rien d'imprévu ou de saisissant :
c'est le paysage dans sa beauté classique. On l'a dit avec
justesse, Christiania n'est pas la grande Norwége, la
Norwége terrible et qui *fronce le sourcil;* c'est une Norwége douce et souriante aux flots qui viennent baiser le
pied de ses collines.

La nature, comme l'homme, a ses réminiscences. Dans
mes souvenirs de voyages, j'ai retrouvé un site qui offre
quelques traits de ressemblance avec cette contrée : c'est
Édimbourg, la riante cité de Marie Stuart, sise comme
Christiania aux confins de la solitude du Nord, posée
presque au bord d'un golfe, entre la mer et les montagnes. J'ai songé aussi à Genève, baignée par les eaux
bleues du Léman et encadrée par les grandes collines
du Jura. Mais le lac de Genève n'a ni ces îles verdoyantes,
qui transforment le fjord en un archipel d'oasis, ni ces
innombrables vaisseaux où flottent les pavillons de toutes
les nations, ni cette plage aux formes arrondies, aux collines sinueuses, mollement inclinées vers la mer, ni ces
promontoires doucement abaissés, chargés de verdure,
de forêts, et qui font de Christiania un des plus beaux
sites de l'univers. Quel dommage que Christiania, dont
le nom sonne si bien à l'italienne, n'ait pas un ciel en
harmonie avec sa ravissante situation! Ce serait une
seconde Naples.

Entrons, s'il vous plaît, au *Storthingsbyggningerne.*
Pardon! ce n'est pas moi qui ai commis ce mot, qui

signifie tout simplement le palais de la diète, ou la
chambre des députés. Elle est située à l'angle de la place
d'Eidsvold, — c'est à Eidsvold que fut proclamée la constitution, — et de la Carl-Johansgaden (rue Charles-Jean),
dont le nom rappelle le fameux Bernadotte de Suède, né
à Pau, qui unifia en 1814 les deux royaumes scandinaves.
Le palais du Storthing est un bel édifice de construction
récente ; son architecture est un mélange de style romain
et byzantin. L'extérieur est d'un aspect sévère et imposant, et rappelle le palais fédéral de Berne. — On pourrait faire d'autres rapprochements entre la Norwége et
la république helvétique ; car la Norwége est en défini-
tive une sorte de monarchie républicaine. — Deux fiers
lions de bronze décorent l'entrée principale du Storthing,
qui fait face au palais du roi. Le palais du Storthing est
riche et grandiose ; le palais du roi est simple et modeste.
La construction du Storthing a coûté, dit-on, deux millions de dollars ; le palais du roi n'a pas coûté la moitié.
La raison en est fort simple : le Storthing est le véritable
souverain de la Norwége.

M. B., le secrétaire du Storthing, avocat du barreau
de Christiania, daigna nous faire les honneurs du palais
de la diète. La conversation se fit en anglais. Il nous introduisit à la bibliothèque, où nous trouvâmes bon nombre
de livres français et anglais : je remarquai entre autres
les ouvrages des plus célèbres économistes de France et
d'Angleterre. A l'un des murs était appendue une carte
gigantesque de la Norwége, la plus détaillée qui existe.
Nous pénétrâmes ensuite dans la salle de l'*Odelsthing*
ou chambre basse. Disposée en hémicycle, elle est ornée
des armes des dix-sept provinces de la Norwége. Selon
la coutume adoptée dans les pays constitutionnels, les

bancs des députés sont rangés en demi-cercle en face de la tribune du président. Chacun parle de sa place. Les députés ne sont point partagés en des camps très-tranchés.

L'*Odelsthing* est composé de cent onze membres. L'élection est à deux degrés : les paysans et les bourgeois s'assemblent dans les églises, et sont présidés dans les campagnes par le pasteur, dans les villes par le magistrat; ils nomment les électeurs qui élisent à leur tour les représentants de la nation. D'après la constitution, cent habitants élisent un électeur; dans les villes, au contraire, la proportion est d'un électeur par cinquante habitants[1]. Il y a également une différence de représentation entre les campagnes et les villes : les députés sont élus, un tiers par les bourgeois des villes, et les deux autres tiers par les propriétaires ruraux. Pour être éligible, il suffit d'être âgé de trente ans et d'avoir résidé au moins dix ans dans le royaume. Autrefois il fallait aussi appartenir à la religion luthérienne; on sait que la religion d'État a été supprimée récemment en Suède et en Norwége : aujourd'hui le siége de député est accessible aux catholiques comme aux protestants.

Les députés de l'Odelsthing sont élus pour trois ans. Cette assemblée présente un mélange fort curieux de toutes les classes de l'échelle sociale. Les paysans ou *bonders* y sont en majorité, et il n'est pas rare de les voir siéger dans leur costume national : s'ils ne brillent pas toujours par un langage élégant et choisi, ils apportent

---

[1] La population actuelle de la Norwége est de 1.700.000 âmes. La superficie du pays est de 5.000 milles géographiques. La Norwége est le pays le moins peuplé de l'Europe : sa population est environ douze fois moindre que celle de la France.

dans les affaires du pays un bon sens et un esprit pratique, qui font souvent défaut chez les beaux parleurs.
On y voit aussi des marchands, des ecclésiastiques, des
hommes de marine, des jurisconsultes, voire même des
médecins. Les questions soumises à l'Odelsthing ne sont
pas discutées exclusivement par des orateurs choisis dans
le sein de l'assemblée : on prend l'avis des hommes com-
pétents, et lorsque ces hommes ne se trouvent pas dans
le nombre des députés, on cherche la lumière en dehors
du parlement. Dans les questions de jurisprudence, par
exemple, on a vu plus d'une fois la diète norwégienne
consulter l'*Hoiesteret* ou Cour suprême. On raconte qu'un
jour, pendant le cours d'une discussion épineuse, un
journal de Christiania, le *Constitutionnel*, publia la première partie d'un article remarquable sur la matière, et
annonça la suite pour un prochain numéro. Le Storthing
déclara publiquement qu'il ne prendrait aucune déter-
mination qu'après avoir lu le *Constitutionnel* du lendemain. Et c'est grâce à cette déférence, peu habituelle
aux corps politiques, que le parlement norwégien jouit
d'un si grand prestige, et que chacune de ses décisions
est regardée comme un oracle.

Chaque député reçoit une indemnité de trois specie-
dollars par jour (17 francs), plus trois marks pour les
frais de logement (3 fr. 40), plus deux marks et demi
pour un domestique. Les frais de voyage leur sont également payés : ils ont droit à trois chevaux de poste. Le
paysan norwégien possède, entre autres vertus, celle de
l'économie ; et lorsqu'il siége au Storthing, il économise
comme chez lui : il a soin de ne pas se loger aux environs immédiats du palais des députés, car il est aussi
modeste qu'économe ; comme il ne connaît d'autre do-

mestique que lui-même, il est juste qu'il empoche les
gages que lui fournit l'État; enfin, pourquoi dérogerait-
il à Christiania aux habitudes de frugalité contractées
chez lui? Quand arrive la fin de la session, les paysans
députés s'en retournent chez eux deux à deux dans une
carriole à un cheval : à quoi bon les trois chevaux de
poste que leur paie le gouvernement! De retour dans
leurs foyers, ils constatent avec satisfaction que leur
petite fortune s'est augmentée d'une somme assez ron-
delette, fruit mérité de leurs sages économies.

De la salle de l'*Odelsthing* nous passâmes à celle du
Lagthing ou chambre haute : c'est le sénat de la Norwége. Cette salle est plus richement ornée que la première. C'est là que le roi prête le serment constitutionnel;
c'est là qu'il prononce le discours d'usage lorsqu'il ouvre
la session en personne. Tous les projets de loi discutés
et votés par la chambre basse doivent être soumis à l'ap-
probation de la chambre haute. La chambre haute est
formée d'un quart des membres de l'assemblée du Storthing : ils sont élus par les suffrages de leurs collègues.
Si un projet de loi a été deux fois rejeté par le *Lagthing,*
la question débattue doit se décider en assemblée géné-
rale, à la majorité des deux tiers des votants. Tout
membre du Storthing a le droit de proposer une loi. Le
projet de loi approuvé par les deux chambres n'acquiert
force de loi qu'après la sanction royale. Toutefois le roi
n'a qu'un *veto* suspensif : si le Storthing a adopté une
résolution dans trois sessions successives, cette résolution devient loi, même sans l'assentiment du roi. Le
Storthing fit un jour usage de cette prérogative : il s'a-
gissait de l'abolition des titres de noblesse; le roi avait
refusé deux fois de sanctionner cette mesure. La loi fut

encore proposée au Storthing après les délais fixés par
la constitution. Le roi, qui voulait sauver la noblesse,
coûte que coûte, vint en personne à Christiania, et mit
tout en œuvre pour faire échouer le projet. On raconte
même que c'était alors le temps des exercices militaires,
et que six mille soldats furent réunis autour de la ville;
mais ces moyens d'intimidation n'eurent d'autre effet que
de faire persister le Storthing dans sa résolution, et la loi
passa.

En somme, la puissance du roi est extrêmement li-
mitée, pour ne pas dire dérisoire : il a à peine les pouvoirs d'un président de république. Le vrai souverain
est le Storthing, qui a tout pris pour lui et n'a rien laissé
au chef nominal de la nation. La constitution veut même
que le roi ait un ministre et deux conseillers d'État norvégiens, dont le rôle consiste à protester contre toute
mesure prise par le roi qui leur semblerait inconstitu-
tionnelle. Le roi voulut un jour dissoudre le Storthing :
les conseillers d'État, au nom de la constitution, s'oppo-
sèrent à cette mesure, tandis que le ministre y donna
son adhésion. Il en résulta que le complaisant ministre
fut mis en jugement par le Storthing, et se vit condamné
à payer une forte amende. Ce qu'il y a de plus piquant
dans l'affaire, c'est que le ministre ne fut pas remplacé,
et conserva la confiance du peuple en même temps que
son poste. Il nous a été assuré qu'en Norwége, lorsqu'un
vote du Storthing implique un blâme à l'égard du cabinet,
les ministres n'en gardent pas moins leurs portefeuilles :
aussi les ministères vivent toujours dix ans, au minimum.

Le palais du roi s'élève en face du Storthing, au sommet d'une colline qui domine toute la ville. C'est un

vaste édifice en pierres, très-carré, très-solide, percé de beaucoup de fenêtres, peint en blanc, et dont l'aspect général donne l'idée d'une immense caserne. Le roi est astreint par la constitution à faire chaque année le long voyage de Stockholm à Christiania, pour passer deux mois dans cette espèce de prison : on ne lui défend pas d'y prolonger son séjour. L'intérieur du palais est spacieux, et la plupart des salons sont décorés avec goût. La salle du trône, où le roi tient son conseil, est ornée des portraits du roi Oscar Ier et de la reine Joséphine. La pièce la plus vaste est la salle de bal, qui rappelle celle de Wiesbaden. Dans la salle de billard, nous nous sommes arrêtés devant deux magnifiques tableaux de Tidemand : l'un représente une *Scène de catéchisme;* l'autre, le *Dimanche soir.* Tidemand, qui habite Düsseldorf, est le plus célèbre peintre moderne de la Norwége : il peint des scènes de mœurs et des intérieurs norwégiens.

Je préfère au palais lui-même la vue ravissante qui se déroule aux regards lorsqu'on monte à la terrasse. C'est de là qu'on peut vraiment juger de la pittoresque beauté du fjord. Nous l'avions déjà contemplé du haut de la tour de l'église du Sauveur; mais de là on domine le paysage de trop haut, ce qui nuit à la perspective : vu d'ici, le fjord apparaît dans tout l'éclat de sa beauté; et le soleil l'éclaire si bien en ce moment, qu'on serait tenté de prendre cette nappe azurée, parsemée d'îles vertes, pour un golfe de la Méditerranée. Et pourtant on est ici sous la même latitude que Saint-Pétersbourg!

Du palais nous sommes allés à l'université, située dans la rue Carl-Johansgaden : c'est un bel édifice orné d'un péristyle à colonnade grecque; sa fondation remonte à l'année 1841 : c'est la seule université de la Nor-

wége. On dit que les études y sont poussées à un très-
haut degré. La plupart des professeurs ont voyagé en
France, en Allemagne, en Angleterre, pour acquérir des
connaissances nouvelles et les transmettre à leur pays.
Les élèves n'y entrent qu'après avoir subi un rigoureux
examen. Une foule d'étudiants se pressaient dans les cou-
loirs : c'était précisément le moment des examens. Nous
pénétrâmes dans la salle où avait lieu l'interrogatoire :
deux professeurs, qui constituaient à eux seuls le jury,
étaient gravement assis devant une petite table qui
pouvait à peine supporter leurs livres; le récipiendaire,
placé vis-à-vis, traduisait à vue un passage de Tite-Live.
Les examinateurs, s'apercevant que nous étions étrangers, nous firent une profonde révérence : partout en
Norwége on rencontre cette déférence pour les étrangers. Les examens sont sévères, et cependant on nous
a dit que peu de candidats y échouent. Les élèves sont
assidus au travail, et se distinguent par la régularité de
leur conduite.

En sortant de l'université, nous nous mîmes à courir
la ville au hasard. Il faut le dire, Christiania n'a pour
elle que son site merveilleux; la ville elle-même est bien
pauvre en magnificences architecturales : le Storthing,
le palais et l'université, et c'est tout. Il y a bien quelques églises; mais elles ne sont pas même dignes d'une
visite. L'église de la Trinité (Trefoldighedskirken), que
les habitants, qui n'ont pas vu autre chose, honorent du
titre de cathédrale, est un monument massif et lourd,
en briques rouges, surmonté d'un dôme octogone, et
flanqué de deux tourelles. A quelques pas de là se trouve
l'église catholique. On compte un millier de catholiques
à Christiania. En vertu de l'article 2 de la constitution,

les jésuites sont proscrits à tout jamais; les juifs ont le même sort. Et cela après l'article 1er, qui déclare que la Norwége est un État *libre et indépendant!*

Le seul monument historique de Christiania, c'est le château d'Agerhuus : il est situé sur une petite éminence à l'extrémité méridionale de la ville, et commande l'entrée du port. On présume qu'il fut construit en l'an 1302. Il était solidement fortifié, et résista à plusieurs siéges; le siége le plus mémorable est celui qu'il eut à soutenir contre Charles XII de Suède, en 1716 : sur la rive du fjord qui fait face à la forteresse on montre encore la plaine où campa l'armée suédoise. Sur la terrasse occidentale du château sont dressés deux superbes canons d'airain, ornés de remarquables bas-reliefs : ces canons portent la date de 1620; ils semblent être de fabrication saxonne ou bavaroise, et l'on prétend qu'ils furent pris par les Suédois pendant la guerre de Trente ans; les Norwégiens à leur tour les enlevèrent aux Suédois. Aujourd'hui l'on ne s'en sert plus que pour donner l'alarme lorsque éclate un incendie. La forteresse d'Agerhuus, de même que celle de Munkholm à Throndhjem, a eu son prisonnier : c'est là que fut enfermé le célèbre Ouli-Eiland, le Fra Diavolo de la Norwége; mais, plus heureux que l'infortuné Griffenfeld, Ouli-Eiland parvint à s'évader.

Nous rentrâmes à l'heure du dîner à l'hôtel Victoria, connaissant déjà Christiania par cœur. Le soir, nous assistâmes à un bal offert par les notabilités aux officiers des frégates française et anglaise *le Kersaint* et *l'Immortalité*, qui se trouvaient en ce moment en rade de Christiania. Là se trouvait réunie l'élite de la société norwégienne, qui ne paraît devoir le céder en rien à celle des autres pays. Les toilettes élégantes des Norwégiennes se

mêlaient aux costumes riches et variés de toutes les au-
torités qui se pressaient dans la salle. L'orchestre exécu-
tait les dansés les plus en vogue, et il n'eût pas fallu un
grand effort d'imagination pour se croire à un bal de
l'aristocratie de Londres. Au dehors, les rues avoisi-
nantes étaient illuminées en l'honneur de la France et
de l'Angleterre.

XII

ECXURSION EN THÉLÉMARK — KONGSBERG

Au bout de deux jours, nous commencions à nous ennuyer dans les rues désertes et uniformes de Christiania : nous connaissions déjà la ville à peu près comme si nous l'avions toujours habitée. Nous résolûmes donc de partir, le 14 septembre, pour le Thélémark. Nous nous fîmes donner à l'hôtel Victoria tous les renseignements utiles, et nous employâmes la soirée du 13 à faire les préparatifs que nécessitait une excursion dans cette contrée sauvage.

Tous les pays montagneux ont des contrées privilégiées qui sont le rendez-vous général des touristes. En Suisse, c'est l'Oberland bernois que l'on visite de préférence ; dans les Pyrénées, le cirque de Gavarnie est le but obligé de tous les excursionnistes ; en Écosse, il faut voir les Trossachs et les lacs des Highlands ; en Norwége, c'est le Thélémark qui est devenu l'excursion classique.

8

De toutes les parties de la Norwége, celle-ci est la plus fertile en sites grandioses et agrestes. On y trouve des lacs considérables, des montagnes élevées, des vallées charmantes, des rivières pittoresques, des cascades qui passent pour les plus belles de l'Europe. Les habitants de cette curieuse contrée sont riches : c'est là que s'est le mieux conservé l'antique costume national.

Un voyage en Thélémark est encore une entreprise périlleuse et romanesque, pour laquelle il est bon d'être doué d'une certaine dose de courage et d'énergie ; il faut être armé aussi de beaucoup de patience et d'une certaine force, savoir payer de sa personne au besoin, et, avant tout, dire adieu au comfort. Les auberges sont misérables, incommodes, et se distinguent particulièrement par l'absence des choses les plus indispensables à la vie. Ce serait être favorisé de la fortune que de pouvoir y coucher dans des draps de lit blancs ; tout ce qu'a inventé la civilisation moderne depuis un demi-siècle y est encore complétement ignoré ; le pain blanc, la bière, le vin y sont inconnus, et il serait bien ingrat, l'heureux voyageur qui ne bénirait pas trois fois le ciel à la vue d'un morceau de viande. Du poisson, on n'est pas toujours sûr d'en trouver à défaut de viande ; alors, du moins, peut-on compter sur des œufs? Sur trois auberges, deux n'en ont pas. Quand il n'y a ni poisson, ni viande, ni œufs, — cela arrive une fois sur deux, — il faut se contenter de pain noir ou de *flatbrod,* et d'une sorte de fromage vieux appelé *gammel ost;* mais ce fromage est si fort et si mauvais, qu'il n'y a qu'un estomac norwégien qui soit capable de le digérer.

Voilà le tableau qu'on m'avait fait du Thélémark à l'hôtel *Victoria.* C'était le cas ou jamais de se munir de provisions à Christiania, pour ne pas s'exposer à mourir de faim en route. Je ne fus pourtant pas de cet avis. Grand amateur de couleur locale, admirateur passionné du pittoresque, ne dédaignant ni les émotions ni les aventures, je ne me suis jamais départi en voyage de ce principe fort contesté par certains touristes, qu'en pays étranger il faut se soumettre en toutes choses aux us et coutumes locales. Je crus donc prudent de cacher à mes compagnons les sombres couleurs du tableau, et je pris pour eux et pour moi l'héroïque résolution de ne vivre que de ce que nous trouverions en route. Voilà qui s'appelle voyager artistement!

Le 14 septembre, nous nous embarquâmes sur un petit bateau à vapeur qui fait trois fois par semaine le trajet de Christiania à Drammen. *Le Drammen*, — c'était le nom du steamer, — quitta le port à huit heures du matin, en se faufilant au milieu des navires. Au bout d'un quart d'heure, nous naviguions en pleines eaux du fjord. Rangés sur la poupe, nous envoyâmes un dernier adieu à la riante et coquette Christiania, dont les collines aux blanches villas s'enfuyaient rapidement :

> ... Recedentia longe
> Littora...

Rien n'est plus agréable, quand le temps est beau, que les six heures de navigation de Christiania à Drammen. Cette promenade maritime offre une foule d'aspects ravissants, qui, sous le ciel bleu, rappellent les beaux lacs de la Lombardie : même douceur dans les lignes du paysage, même vigueur de végétation. Le soleil resplendit d'un si vif éclat, le ciel est si pur, l'atmosphère si douce, qu'on se croirait au fond de la baie de la Spezzia, tandis qu'on est en réalité sous le 60° degré de latitude nord.

Ce n'est pas dans les environs de Christiania qu'il faut s'attendre à rencontrer des montagnes aux flancs abrupts, portant jusqu'aux nues leurs cimes inaccessibles; les côtes occidentales de la Norwége offrent seules ces grandes scènes d'une nature convulsionnée. Ici, point de hautes montagnes, point de rochers nus et stériles, point de falaises d'une effrayante déclivité : partout l'œil se repose sur des collines dont les pentes s'abaissent doucement vers la mer, des golfes arrondis en demi-cercles, des îles exquises dans leurs formes, au milieu desquelles fuient de charmants détroits qu'on prendrait pour des fleuves enfermés entre deux rives de verdure. Tout cela est attrayant, gracieux, ravissant comme les paysages du lac Majeur ou du lac de Côme. Les îles sont innombrables; presque toutes sont chargées de magnifiques forêts de pins qui s'élèvent par gradations insensibles du rivage au sommet; çà et là, au milieu des clairières, apparaît un groupe de trois ou quatre maisons de bois : ce sont des fermes ou des habitations de pêcheurs.

A quelques lieues de Christiania, les deux rives du fjord se rapprochent et semblent vouloir fermer toute issue aux vaisseaux : le steamer pénètre dans un détroit qui n'a guère que cent mètres de largeur. Là se dresse sur la rive droite la forteresse de Drobak; une petite île s'élève en face : on y construit actuellement une nouvelle forteresse, et il paraît que le gouvernement norwégien a l'intention d'élever un troisième fort sur la rive gauche. Lorsque tous ces forts seront armés de canons, il deviendra impossible aux vaisseaux de guerre de se frayer passage à travers le détroit.

A peine avons-nous dépassé Drobak que nous croisons une frégate anglaise : elle est obligée de stationner au delà des forts, parce que l'enceinte fortifiée ne peut recevoir plus de trois vaisseaux de guerre : or il y avait alors à Christiania deux frégates anglaises et un aviso français.

A quelque distance de Drobak, le fjord s'élargit et se transforme en un lac grand comme une mer. C'est en cet endroit que le fjord se divise en deux bras à peu près parallèles : l'un se dirige vers Christiania, d'où nous venons; l'autre, vers Drammen, où nous allons. La ville de Drammen occupe l'extrémité de cet embranchement, qui présente les mêmes aspects que le fjord de Christiania.

Drammen se distingue de fort loin, avec ses toits qui scintillent au soleil comme des diamants, au fond d'un magnifique amphithéâtre dé montagnes boisées. Nous débarquons à deux heures dans cette cité commerçante; nous longeons les quais couverts d'innombrables monceaux de sapins sciés, et, sous un soleil de plomb, nous nous dirigeons à pied vers l'hôtel *Kong-Karl* (prince Charles).

Drammen est une des villes les plus considérables de la Norwége : elle a une population de plus de treize mille âmes. La plus grande partie de la ville est bâtie en pierres et en briques, comme Christiania : en Norwége, une ville en briques est aussi extraordinaire que le serait une ville en marbre dans notre pays. C'est à l'incendie que Drammen doit sa splendeur : il y a quelques années, il n'y avait ici que des maisons de bois, comme à Throndhjem, comme à Bergen, comme partout en Norwége; mais en 1866 et en 1870 le feu détruisit presque toute la ville :

depuis lors on s'est mis à bâtir avec des matériaux plus incombustibles, et la ville de bois s'est transformée comme par enchantement en une cité opulente et confortable. La ville, née hier, a un cachet de modernité qui frappe au premier abord ; elle a l'air d'être fraîchement sortie d'une de ces boîtes d'Allemagne qui font le bonheur des enfants.

Drammen est une des villes les plus riches du pays : c'est ici que se fait la grande exportation de bois, spécialement avec l'Angleterre. Au point de vue commercial, la ville est admirablement située sur les rives de la Dramme (*Dramselv*), une des plus grandes et des plus belles rivières de la Norwége : cette rivière lui offre des communications faciles avec l'intérieur du pays, d'où elle tire son bois et ses planches. Un des plus grands avantages de la rivière, c'est le flottage du bois, moyen de transport qui ne coûte rien : chaque arbre, avant d'être lancé à l'eau, est numéroté, afin qu'on puisse en reconnaître le propriétaire. Le bois flotté s'arrête souvent en route; il met quelquefois plusieurs mois à faire le trajet; mais l'important, c'est qu'il arrive à destination.

Drammen a au moins deux kilomètres de longueur, parce que les maisons sont toutes construites le long de la rivière. Au bout de la ville, nous traversons un beau pont de pierre qui nous conduit à l'hôtel *Kong-Karl*, où nous arrivons à l'heure de la table d'hôte. Nous avions pour commensale une cantatrice suédoise, qui fit autrefois sensation à Paris : elle devait donner le soir un concert, auquel nous regrettâmes de ne pouvoir assister. Nous eûmes aussi l'occasion de parler français avec un marchand de bois de la localité, qui eut la gracieu-

seté de nous donner une lettre de recommandation pour
M. G., le juge de paix de Kongsberg, où nous devions
arriver le soir. Dans quelle contrée d'Europe a-t-on de
pareils égards pour les étrangers?

En Norwége, on consacre peu de temps aux repas :
on mange cinq fois par jour; mais on donne à peine
une demi-heure au repas principal. A peine a-t-on mangé
le dernier morceau, que tous les convives se lèvent et se
quittent en se serrant la main, et en disant : *Tack for
mat,* — les poignées de main se donnent à tout propos,
en Norwége. — Comme il nous restait encore deux heures
à perdre avant le départ du train de Hougsund, nous
fîmes une promenade à la montagne qui domine la ville.
Cette montagne s'appelle *Paradisbake* (mont du Paradis) :
son nom est bien porté, car du sommet on jouit d'une
vue qui, sans exagération, peut se comparer à celle de
la vallée d'Argelès, que les habitants des Pyrénées décorent également du nom de *Paradis* d'Argelès. Nous
découvrions dans toute son étendue la verdoyante vallée de Dramselv, où la rivière serpentait et se perdait
à l'horizon dans un léger voile de vapeurs flottantes; à
l'opposite miroitait la nappe tranquille du fjord qui reçoit ses eaux; à nos pieds s'étendait la ville de Drammen, d'où remontait jusqu'à nous cette vague rumeur
qui plane au-dessus des villes commerçantes et indus-
trieuses. Tout cela formait un ensemble harmonieux et
calme, qui disposait l'âme à la méditation et à la rêverie.

Nous partîmes pour Kongsberg à cinq heures. La première partie du trajet, jusqu'à Hougsund, se fait en
chemin de fer, et la dernière partie en carriole[1]. On

---

1 Aujourd'hui une voie ferrée, passant par Drammen, réunit Christiania
à Kongsberg.

construisait alors un embranchement de Hougsund à
Kongsberg, qui devait être complétement terminé deux
mois après. Bientôt la Norwége aura aussi son réseau
de chemins de fer, de même que l'Espagne et la Suisse,
et la carriole norwégienne passera à l'état légendaire
comme la diligence espagnole. Les touristes amateurs
de pittoresque doivent se hâter : dans quelque dix ans,
on fera un voyage en Norwége comme on fait un voyage
à Marseille ou à Londres : adieu alors les fatigues, adieu
les aventures, adieu la couleur locale ! Tout sera si bien
réglé, si bien engrené, que le hasard ne sera plus possible : on sera toujours sûr d'arriver, de trouver bon
dîner et bon gîte. Ce sera plus commode; mais je le dis
franchement, je préférerai alors rester chez moi, parce
que le plus grand charme du voyage sera détruit, l'imprévu !

De Drammen à Hougsund, le chemin de fer longe les
rives du Dramselv, qui parcourt une vallée fertile et bien
peuplée. La vapeur nous emporte impitoyablement, et
ne nous laisse pas le temps de regarder le paysage, qui
semble ravissant. Nous passons les stations de *Gulsko-*
gen et de *Mjondalen,* et au bout de trois quarts d'heure
nous sommes à Hougsund, où nous laissons le train continuer sa route jusqu'au village de Randsfjord, situé au
bord d'un lac important. La ligne de Drammen à Randsfjord, exploitée depuis 1868, met ce lac en communication avec la mer. La longueur de cette ligne est de huit
milles norwégiens (environ quatre-vingt-dix kilomètres),
et le trajet se fait en trois heures, suivant les indications
du *Norske-Kommunikationer.*

A Hougsund, nous trouvons des carrioles qui stationnent devant le train. Nous prenons chacun possession

d'un de ces véhicules, et à six heures du soir nous partons pour Kongsberg.

C'était la première fois que nous faisions l'essai des carrioles; — nous nous étions servis d'une voiture ordinaire à quatre roues pour faire le voyage de Veblungsnaes à Lillehammer. — La carriole norwégienne est le plus primitif de tous les véhicules : qu'on s'imagine une petite voiture à deux roues, sans ressorts, sans coussins, sans soufflet, sans marchepied : — à quoi bon tout ce luxe inutile! — Au milieu, sur le timon, est posée une sorte de coquille arrondie qui sert de siége, et qui peut recevoir une seule personne, pourvu que cette personne n'ait pas trop d'embonpoint. Derrière la voiture est adaptée une petite planche où l'on met les bagages; sur les bagages s'assied, en tournant le dos au voyageur, le *skyddsgut* (on prononce scudsgoutt) : c'est un jeune garçon qui n'a d'autre mission que d'ouvrir les nombreuses barrières qu'on rencontre en route, et de ramener les chevaux au retour. La carriole est la voiture nationale, dont se servent le paysan et le riche marchand : par sa légèreté et sa simplicité, elle est admirablement appropriée aux routes du pays, qui sont toujours étroites et montueuses.

La route de Kongsberg ne manque pas de charmes, surtout le soir. La vallée que nous parcourions est agréable et fertile : à notre gauche étaient la rivière et le nouveau chemin de fer ouvert déjà au transport des marchandises; à notre droite, nous voyions des montagnes couronnées de sapins. Quoiqu'il fît déjà nuit, les montagnes se dessinaient assez nettement; un beau ciel étoilé s'étendait sur nos têtes. Je n'ai rien vu de plus calme et de plus lumineux que ces belles nuits du Nord.

Le froid était vif ; nous étions obligés de nous envelopper jusqu'au nez dans nos couvertures.

Bientôt nous eûmes à gravir une côte très-roide qui
se prolongea pendant une heure. Arrivés au sommet,
nous découvrîmes la vallée de la *Louven,* au fond de
laquelle brillaient les feux de Kongsberg. La descente se
fit rapidement par une route en limaçon, et à neuf
heures du soir nous fûmes à destination. Le *gjestgivergaard* (auberge) où nous descendîmes portait le nom
français d'*hôtel des Mines.*

Nous n'eûmes rien de plus pressé que d'écrire immédiatement au *sorenskriver* (juge de paix), M. G., le
seul homme de la localité qui sache parler français.
Nous joignîmes à notre lettre la lettre de recommandation que nous avions obtenue à Drammen; et, malgré
l'heure avancée, M. G. vint immédiatement nous voir à
l'hôtel des Mines, pendant que nous procédions à réparer
nos forces par un souper passable. Il entama la conversation en français avec tant de facilité, que nous ne
pûmes nous empêcher de lui en témoigner notre surprise : il nous dit qu'il avait séjourné en France pendant plusieurs années, et que sa femme était Française.

Ayant pour la première fois l'occasion de parler à un
magistrat, nous amenâmes la conversation sur l'organisation de la justice en Norwége. M. G. nous donna à
ce sujet des renseignements pleins d'intérêt.

Il y a en Norwége trois degrés de juridiction. Il existe
dans chaque paroisse un tribunal de conciliation, composé d'arbitres choisis tous les trois ans par les chefs
de famille. Cette utile institution prévient quantité de
procès. Au point de vue de l'administration de la justice, la Norwége est divisée en soixante-quatre *sorens-*

kriveries. Dans chaque sorenskriverie siége un tribunal
présidé par le *sorenskriver* (sorte de juge de paix), lequel est assisté de quatre *laugrestmœnd* (sorte de fonc-
tionnaire inférieur); mais ceux-ci, en fait, sont plutôt
considérés comme des témoins judiciaires. Les sorens-
kriveries sont les tribunaux de première instance. Il y
a deux cours d'appel : l'une siége à Christiania, l'autre
à Throndhjem : elles se composent d'un président, de
deux juges et d'assesseurs. Il y a enfin une cour suprême (*Hoiesteret*), qui siége à Christiania : elle se compose d'un président et de huit assesseurs. La cour de
cassation, telle qu'on l'entend chez nous, n'existe pas
en Norwége : en effet, l'Hoiesteret ne juge pas seulement
en droit, mais aussi en fait; c'est en quelque sorte une
cour de deuxième appel. L'institution du ministère public n'existe pas non plus en Norwége, sauf au criminel.

C'est une curieuse organisation que celle des *sorens-
krivers.* Le sorenskriver a des pouvoirs beaucoup plus
étendus que nos juges de paix : il juge en premier ressort toutes les affaires civiles, de quelque importance
qu'elles soient; il juge *seul* : les quatre laugrestmœnds,
dont il est assisté, ne font que donner leur avis, sans
que le sorenskriver doive en tenir compte. Ce système,
tant critiqué par certains juristes, tant loué par d'autres,
a pour corollaire indispensable la *responsabilité* du juge;
ainsi entendu, le système n'offre point les inconvénients
pratiques que signalent ses adversaires. Le sorenskriver
est passible de dommages-intérêts pour ses décisions mal
fondées : il peut même être destitué, s'il a été condamné
à trois restitutions pour cause d'erreur. Voici, à cet égard,
le texte de la loi, qui date de Christian V : « Si un juge

prononce à tort, soit parce qu'il n'a pas instruit lui-même l'affaire, ou qu'il ait toléré qu'elle fût mal instruite, ou bien s'il agit par inintelligence, il devra indemniser la partie lésée de toute perte, de tous frais et de tous dommages ; s'il est prouvé que le juge a cédé à l'influence de la faveur, de l'amitié ou des présents, il sera destitué et déclaré incapable de jamais siéger comme juge, et il souffrira ce qu'il a fait souffrir, dût-il ainsi perdre la fortune, la vie et l'honneur [1]. »

Le sorenskriver a non-seulement des attributions fort étendues en matière civile, mais il est encore compétent en matière criminelle ; il juge seul les affaires de simple police et les affaires correctionnelles ; lorsqu'il s'agit d'un crime, il se fait assister de deux particuliers, ordinairement de simples paysans, chargés de constater que la liberté de la défense a été entière. Chaque fois qu'un criminel est appelé à être jugé, on lui désigne un avocat d'office. En Norwége, les avocats sont des fonctionnaires rétribués par le gouvernement. Le crime d'assassinat est le seul qui soit puni de mort. Le criminel subit la décapitation par la hache, — vestige barbare du moyen âge qui n'a pas encore disparu en Norwége. — Une autre coutume non moins barbare veut que le bourreau prenne la place du condamné si la tête du patient n'est pas séparée du tronc au deuxième coup de hache. Métier peu enviable ! Heureusement la peine capitale est rarement appliquée en Norwége. Il n'est peut-être pas de pays en Europe où il y ait moins de meurtres et moins de vols.

Notre aimable sorenskriver nous donna bien d'autres

---

[1] *Kong Christian den fermtes Norske lov*, 1687, log. I, cap. v, art. 3.

détails sur son pays; il nous quitta à dix heures du soir, et, avec cette gracieuseté inhérente au caractère norwé-gien, il nous promit de venir nous prendre le lendemain matin pour nous montrer les curiosités de la ville.

Le 15, M. G. fut exact au rendez-vous, et nous fîmes ensemble la visite de la ville et des usines. Kongsberg, on le sait, est célèbre par ses mines d'argent, qui sont les plus riches de l'Europe. Cette localité est agréable-ment située sur les deux rives de la Louven, dans une petite plaine peu étendue, étroite, et environnée de ro-chers pointus et élevés. La ville est grande, mais mal bâtie. Elle a une population de cinq mille âmes, dont la majeure partie travaille dans les mines. Autrefois la population était beaucoup plus considérable; mais un incendie, qui mit la ville en cendres au commencement de ce siècle, contribua beaucoup à sa décadence.

Les mines de Kongsberg appartiennent à l'État depuis 1816. Il y a plus de deux siècles qu'elles furent décou-vertes par un paysan. Elles donnent annuellement en moyenne trente mille livres d'argent fin : nous n'en avons pas en Europe qui donne des morceaux d'argent natif si gros ni en si grande quantité. On nous a as-suré que le produit des mines de Kongsberg forme un dixième des revenus de l'État. C'est à Kongsberg que le gouvernement a établi l'hôtel des monnaies : à peine sorti de terre, l'argent se transforme ainsi en dollars bien brillants et bien sonnants. Tout ce qui n'est pas converti en monnaie se vend au poids.

Les mines sont situées à un mille de la ville; nous n'avons pu les visiter, parce que notre temps était compté : il nous fallait à tout prix arriver le soir à Tinoset, pour profiter le lendemain matin du bateau à vapeur du lac Tinn; manquer ce bateau, c'était perdre huit jours. Le Thélémark n'est pas la Suisse : les bateaux ne vont pas tous les jours. Nous renonçâmes donc aux mines, et nous le regrettâmes peu : pour qui n'est pas minéralogiste ni géologue, rien ne ressemble à une mine comme une autre mine; peu importe qu'on en extraie de l'argent ou du charbon.

En revanche, nous visitâmes en compagnie de M. G. la fonderie d'argent qui se trouve dans le voisinage de la ville. Les bâtiments sont vastes et spacieux. Nous assistâmes aux différents travaux du pilage, du lavage et de la fonte du minerai. Le minerai, après avoir été lavé, est fondu dans des fourneaux chauffés au moyen de soufflets que l'eau fait mouvoir. L'argent natif et l'argent vitreux, le minerai riche et le minerai pauvre sont jetés dans les fourneaux avec de la pierre calcaire et du plomb : il est fort intéressant de voir séparément, à l'état de fusion, d'un côté l'argent épuré, de l'autre côté la matière pierreuse, qui naguère était mêlée au minerai.

Après l'inspection des fourneaux, nous fûmes introduits dans les bureaux et présentés au directeur de la fonderie, qui nous montra une collection fort curieuse d'échantillons de minerai d'argent : nous en vîmes de toutes les dimensions et de toutes les formes; il y avait là des blocs d'une valeur de 2 à 3 francs, et d'autres de 25,000 francs. Le minerai est tantôt massif, tantôt capillaire, tantôt en feuillets, tantôt en branches. Presque toujours on aperçoit la trace d'une fusion. Sur des tables étaient disposés en monceaux des pots remplis d'argent épuré, destinés à la vente : chaque pot avait une valeur de cent marks (114 francs). Le directeur nous montra dans un coin une grande caisse pleine d'argent, qui pouvait avoir une contenance d'environ deux mètres cubes : il nous assura que, d'après les calculs auxquels il s'était livré, il faudrait dix-huit cents caisses de cette dimension pour payer les frais de guerre de la France. On nous montra ensuite une pièce d'or de la valeur d'un napoléon : cette pièce représentait la quantité d'or trouvée dans les mines de Kongsberg dans l'espace d'une année.

Après la fonderie, M. G. nous mena voir la fabrique d'armes de l'État, où travaillent une centaine d'ouvriers. On y confectionne chaque année cinq mille fusils Remington. Le système de la division du travail y est admirablement appliqué : chaque ouvrier a· pour mission de confectionner telle partie déterminée du fusil.

En revenant de la fabrique d'armes, M. G. nous donna quelques détails sur l'organisation de l'armée en Norwége. L'armée de terre est de vingt-cinq mille hommes ; l'armée de mer de quarante-six mille hommes. Toute la population virile en fait partie. La troupe de ligne se compose de dix mille hommes : ils sont tenus de servir pendant cinq ans. Neuf mille hommes composent la *landvœrn;* la landvœrn est formée par les hommes de la ligne : après l'expiration de leur temps de service dans la troupe de ligne, ils sont attachés à la landvœrn pour dix ans (en tout, quinze années de service). L'artillerie se compose de cinq bataillons, et la cavalerie de onze escadrons. Le système des casernes n'existe que pour le régiment des chasseurs, corps d'élite composé de deux mille hommes. L'exercice a lieu en été, et dure six semaines ; pour la landvœrn, l'exercice ne

dure que huit jours. Les villes de garnison sont Christiania, Christiansand, Bergen, Throndhjem et Frederik-
stad. L'organisation militaire de la Norwége, sans être
parfaite, montre qu'on peut avoir une bonne armée sans
recourir à la conscription et au tirage au sort.

M. G. nous offrit d'aller voir la cataracte de *Larbrofoss*,
formée par la Lauven, à quelque distance de la ville;
mais nous tenions trop à arriver le même jour à Tinoset pour accepter cette invitation. Notre aimable
cicerone nous ramena donc à l'hôtel des Mines, et
poussa la complaisance jusqu'à régler lui-même le
prix d'une voiture. On nous demanda neuf species (environ 52 francs). De Kongsberg à Tinoset, il y a six
milles (soixante-dix kilomètres), que l'on parcourt en
huit à neuf heures.

XIII

LE RJÜKANDFOSS

Nous partîmes de Kongsberg à dix heures du matin, en remerciant cordialement le sorenskriver de son accueil si courtois. Kongsberg est la dernière étape de la civilisation : au delà commence l'âpre et sauvage contrée du Thélémark, que les Norwégiens eux-mêmes appellent le pays du lait caillé. Pendant quelque temps encore nous parcourons de riantes vallées; mais bientôt le paysage change subitement d'aspect. Nous pénétrons dans une de ces forêts vierges où depuis des siècles les sapins renaissent de leurs propres débris. La Norwége et l'Amérique offrent seules ces scènes grandioses inconnues dans nos régions habitées. Il y a là des sapins séculaires réunis en faisceaux, et dont les troncs ne semblent plus former qu'une seule masse, comme les piliers d'une cathédrale gothique : ces gigantesques colonnades naturelles s'élancent à trente ou quarante

9

mètres de hauteur. Beaucoup de ces géants ont été abattus par le vent ou par la foudre : leurs troncs énormes gisent au milieu des débris qu'ils ont entraînés dans leur chute épouvantable : on les admire encore dans leur ruine, comme on admire un guerrier mort environné des vaincus immolés par son dernier effort. Les sapins sont si hauts et si serrés, que la lumière du jour pénètre à peine à travers leurs aiguilles innombrables; parfois une petite clairière vient rompre pour un moment cette mystérieuse obscurité. Tel devait être l'aspect des sombres résidences des divinités scandinaves. Ces immenses solitudes sont telles aujourd'hui qu'elles étaient il y a trois mille ans. L'âme se sent accablée par des impressions étranges, indéfinissables : il y a quelque chose d'effrayant dans ce calme absolu, dans ces demi-ténèbres. Parfois nos chevaux s'arrêtent pour reprendre haleine; on écoute, et l'oreille n'entend rien : pas le murmure d'un ruisseau, pas un chant d'oiseau, pas même la chute d'une feuille, car il n'y a pas un seul arbre à feuillage caduc parmi ces millions de sapins : nul bruit ne trouble le silence terrifiant de ces forêts vierges qui voient passer les siècles comme nous voyons passer les années. On nous a assuré que les ours sont très-nombreux en ces parages : cependant nous n'en avons pas vu. Nous voyageons pendant une demi-journée sans rencontrer une seule habitation, un seul être humain. La route est fort étroite : en maints endroits, elle est à peine assez large pour donner passage à notre petite voiture à quatre roues. Il serait d'ailleurs parfaitement inutile d'élargir le chemin, car il n'arrive jamais que deux voitures s'y croisent : il se passe parfois des semaines entières sans que personne vienne par ce che-

min, qui n'est guère fréquenté que par les rares touristes qui vont en Thélémark.

A deux heures, nous arrivons à *Bolkesjo* (on prononce
Bolquécheu). Cette localité se compose de deux maisons
habitées par une seule famille. C'est l'unique point qui
soit marqué sur les cartes détaillées de la Norwége sur
une étendue de dix-huit lieues de France. Bolkesjò est
un vieux *gaard* fondé depuis une bonne centaine d'années, et qui a entièrement conservé son cachet antique :
l'hôte lui-même semble être ressuscité du siècle passé ;
il nous accueille avec une bonhomie touchante, et nous
sert tout ce qu'il possède : du lait, du poisson de rivière,
des œufs et du pain noir, sans oublier l'éternel *flatbröd*.
Mais comme tout cela est assaisonné de l'excellente volonté de notre *landmark* et d'un appétit qui ne doute
de rien, ce modeste dîner nous paraît un festin. Le repas
achevé, notre hôte nous montre sa maison, un vrai modèle du genre! Voici le salon de réception : une grande
salle carrée dont les murs sont formés de troncs de sapins équarris ; le long de ces murs d'antiques bahuts, où
s'étalent de vieux pots danois en argent et de la vaisselle
en cuivre ; des chaises en chêne, ornées de figures naïves ;
au milieu du salon, une grande-table carrée en racine
de bouleau, et le tout à l'avenant. Un escalier roide
comme une échelle conduit au premier étage. Voici le
traîneau qui attend les premières neiges pour sortir de
la maison. Au-dessus des portes, d'immenses bois de
renne figurent comme ornement. Nous entrons dans la
chambre des hôtes : le parquet est jonché de branches
de sapins qui exhalent dans l'appartement une odeur
résineuse ; aux murs (ou plus exactement aux troncs
d'arbres) sont appendus une vingtaine de portraits pho-

tographiés : ce sont des personnages plus ou moins
illustres qui ont laissé ici un souvenir de leur passage.
Notre hôte nous montre, avec un orgueil bien légitime,
les deux immenses alcôves où couchèrent, si nous l'a-
vons bien compris, l'empereur Maximilien (?), le général
Steinmetz et d'autres célébrités.   ·

Du haut du plateau de Bolkesjö, la vue est superbe
de sauvagerie et de sévérité. Tout au fond, au bas de la
montagne, on découvre le lac *Fol,* sombre et solitaire,
muette image du calme profond qui règne dans ces déserts. Au delà, le regard plane sur la magnifique chaîne
des monts lointains du Thélémark. Sous les nuages orageux qui assombrissent le paysage, nous distinguons la
cime pointue de *Gausta-Fjeld*[1], dont nous ferons bientôt
l'ascension : ce géant du Thélémark domine tous les autres
sommets. Vers l'ouest, l'hôte nous montre du doigt le
groupe de *Lille-Fjeld,* et accompagne son geste de quelques phrases inintelligibles, où reviennent souvent les
mots : « fransk ballon. » Tout s'explique : c'est là qu'est
tombé, lors du siége de Paris, en 1870, le célèbre ballon
monté par Paul Rollier. Le brave homme nous fait comprendre par ses gestes toute la surprise que lui causa
l'apparition de ce ballon venu il ne savait trop de quel
coin du ciel ou de l'enfer.

Nous quittons Bolkesjö après une halte d'une heure.
Depuis Kongsberg, nous n'avions cessé de monter ; maintenant le chemin descend. Nous longeons pendant un
certain temps le lac Fol à plus de mille pieds de hauteur.
Nos chevaux courent au grand trot, et à chaque coude
du chemin nous sommes menacés d'une effroyable dé-

[1] « Fjeld » signifie montagne.

gringolade. Nous rentrons bientôt dans la forêt, plus sombre que jamais. Seulement, de distance en distance, on aperçoit à travers les sapins la nappe calme d'un petit lac solitaire : nulle cabane sur ses rives, nulle barque sur ses eaux!

Le chemin est un vrai casse-cou. Mais notre jeune postillon est habile, et nos chevaux ont un instinct merveilleux. Parfois au bord du chemin se dessine vaguement, dans la nuit mystérieuse de la forêt, une masse noire qui simule, à s'y méprendre, les formes d'un ours en attente. — Dieu sait s'ils sont nombreux ici! — Je devine à la physionomie sérieuse, presque inquiète, de mes compagnons qu'ils partagent le sentiment de vague terreur dont je me sens saisi à cette pensée. Nous approchons, et notre ours imaginaire n'est qu'une racine de sapin ou un débris de rocher. Et les éclats de rire de se donner libre cours.

Nous mîmes environ huit heures à traverser cette immense forêt. Vers six heures du soir, nous débouchâmes dans une belle vallée, au fond de laquelle gronde un fleuve impétueux dont les eaux rejaillissent en écume blanche sur les rochers qui encombrent son lit. Ce fleuve n'est autre que le *Maan-Elv*, qui sort du petit lac Mjos, se précipite dans la vallée de Vestfjorddal par une chute de neuf cents pieds, traverse le lac Tinn, et va se jeter près de Skien, dans la mer du Nord.

A sept heures du soir, nous étions à *Tinöset*, où nous avions résolu de passer la nuit. Tinöset est un bourg de cinq ou six maisons, pittoresquement situé à l'extrémité du lac Tinn (*Tinnsjo*), à l'endroit même où le Maan-Elv sort de ce lac. L'auberge où nous soupons et où nous logeons est mauvaise et chère; les chambres sont sales et les gens plus sales encore. Nous remarquons ici les premiers costumes thélémarkiens; l'accoutrement des femmes ferait croire qu'on est dans les montagnes de la Chine : corsage orné de boutons de filigrane, jupes courtes qui se terminent au-dessus des genoux, pantalons rouges qui entrent dans des sandales de la même couleur, recourbées en volute comme les chaussures chinoises. Le costume des hommes est plus étrange encore : un pantalon noir d'une largeur phénoménale, montant jusque sous les aisselles, et une veste blanche brodée d'arabesques, qui s'arrête là où finit le pantalon, à six centimètres au-dessous du menton. Ce costume baroque est enjolivé d'une quantité de bijoux naïfs, que ces gens fabriquent eux-mêmes avec le filigrane naturel des mines de Kongsberg. L'hôte nous offre un de ces bijoux, remarquables par l'originalité du travail; mais il nous en demande un prix si élevé, que nous préférons laisser l'objet au premier Anglais qui visitera ces lieux.

Le 16 septembre, survint un changement inattendu dans la température : le vent sauta au nord, et un froid assez piquant succéda aux chaleurs accablantes des jours précédents.

Nous nous embarquâmes à huit heures du matin sur le *Rjukan* (on prononce *rioucann*), petit batelet qui fait vaillamment le service du lac Tinn. Qu'on s'imagine une embarcation non pontée, large de deux mètres à peine, longue de sept à huit mètres, inclinant à gauche comme un vieil invalide qui a fait son temps de service. Tout au milieu est placée une machine grande comme un poêle, qui siffle, souffle et fume tout comme une autre. Le capitaine et propriétaire de ce steamboat est député, ce qui ne l'empêche pas de se moucher à chaque minute avec ses doigts; je n'ai pu parvenir à savoir si ce procédé lui est habituel lorsqu'il prononce un discours au Storthing.

Le lac Tinn rappelle le lac de Wallenstadt, en Suisse : il est encaissé entre d'énormes rochers à pic, du haut desquels s'élancent des cataractes blanches comme la neige. Ces rochers émergent perpendiculairement au-dessus de l'eau, en sorte que le lac Tinn est un entonnoir sans rives : les rares cabanes des pêcheurs, qu'on aperçoit dans les creux des rochers, ne sont accessibles qu'au moyen d'une chaloupe. On montre encore l'endroit où un ours, qui avait perdu sa piste, tomba dans le lac et se noya, parce qu'il ne put trouver de rivage pour atterrir. Ailleurs on nous fit remarquer une excavation tapissée de mousse, où un prêtre se réfugia pendant trois jours pour échapper à une de ces tempêtes si fréquentes sur le lac Tinn.

Le lac Tinn a dix lieues de longueur et une demi-lieue de largeur. Le Maan-Elv le traverse d'un bout à l'autre : cette rivière, qui forme la fameuse chute de *Rjukandfoss*, vient du lac *Mjos*, situé à six lieues du lac Tinn. La différence de niveau entre ces deux lacs est évaluée à douze cent soixante-quinze pieds! En Norwége, il n'est pas rare que les rivières fassent de pareils sauts dans un espace si court.

Tinöset est situé au fond d'une petite baie protégée par un rocher qui s'avance en promontoire. Nous eûmes à peine contourné ce cap, que nous essuyâmes une terrible tempête. Qui eût dit que ce petit lac, si calme la veille, pût monter jusqu'à un tel degré de colère?

Dès ce moment, le Rjukan présente un désordre im-

possible à décrire, La plupart des passagers gagnent le
mal de mer. Et, en effet, le roulis et le tangage nous
feraient croire que nous naviguons sur les flots orageux
d'une mer ou d'un océan, si nous n'apercevions les
énormes falaises grises qui se dressent à droite et à
gauche. De grandes vagues menacent de faire chavirer
notre embarcation, qui lutte de toutes ses forces contre
la violence des vents. Pendant quatre longues heures
nous sommes inondés, submergés par les lames qui
nous fouettent le visage comme des lanières. Il nous est
impossible de chercher un abri, car notre embarcation
n'a point d'intérieur. Force nous est de nous résigner
sous nos couvertures de voyage, qui ne nous garantissent
qu'à demi contre l'inondation : nouveaux Panurges, l'eau
nous entre par le col de la chemise et nous sort par les
bottes,

Je ne connais rien de plus mortifiant que d'être dominé par le vent sur l'eau douce. Quand on parcourt
l'Océan immense, on se résigne assez volontiers devant
le caprice des éléments; mais se voir le jouet d'une
tempête sur un lac large comme un fleuve, c'est un
genre de vexation qui, je l'avoue, met en défaut toute
ma philosophie.

Vers midi enfin nous débarquons à *Mael*, au bout
du lac, dans le piteux état d'une troupe de chats qu'on
aurait jetés à la rivière.

Mael est une misérable station où l'on ne trouve que
du lait caillé et du *gammel ost*. Nous n'avons que le
temps de nous sécher à demi pour pouvoir visiter Rjukandfoss le même jour. Par une savante pantomime
accompagnée de mots franco-anglo-hollando-norwé-
giens, nous parvenons à faire comprendre aux gens de

Mael qu'il nous faut des chevaux et des carrioles. On nous les refuse, sous prétexte que longer des précipices par un vent pareil, c'est courir à une mort certaine. Cette objection ne nous arrête pas; nous faisons un tel tapage, que nous obtenons enfin une mauvaise carriole à deux places; or nous sommes trois : chacun de nous devra à· tour de rôle faire à pied une partie du chemin.

Nous quittons Mael à une heure. L'un de nous, plus prudent, a pris les devants. Le chemin n'est qu'un sentier étroit, roide et bosselé, et notre patache n'a point de ressorts : il en résulte que jamais entrailles d'honnête homme ne furent tant secouées. Au reste, la vallée de *Vestfjorddal,* que nous parcourons, est une des plus pittoresques de la Norwége : elle est traversée par le Maan-Elv, dont les eaux fraîches y entretiennent une belle végétation, et embellie par deux rideaux de montagnes rocheuses parsemées de bouquets de sapins. A gauche, nous passons la belle cascade de *Gvitafoss*[1], qui roule ses flots de neige le long d'une paroi gigantesque. La vallée tout entière est dominée à gauche par une énorme montagne, en forme de cône, qui varie l'expression du paysage à chaque pas qu'on fait : cette montagne n'est autre que le Gausta-Fjeld, dont nous devions faire le lendemain l'ascension.

Les habitants de cette vallée primitive ont une coutume qui ne manque pas d'originalité : dès qu'un chef de famille est parvenu à économiser mille species, il place au-dessus de la porte de son appartement principal une grande chaudière en cuivre; autant de mille

---

[1] *Foss* veut dire chute, cascade, cataracte.

species, autant de chaudières. On ne se sert jamais de ces ustensiles : ils ne sont là que pour attester la fortune du propriétaire. Cette coutume témoigne de l'honnêteté de ces populations : on ne craint pas d'exciter l'envie en étalant publiquement sa fortune. D'ailleurs il ne se commet jamais de vol.

A deux heures; nous arrivons à Dal, une des plus pauvres stations du Thélémark : point de viande, point d'œufs. Nous dînons d'une tranche de pain noir et d'une queue de poisson du Maan-Elv; mais l'hôtesse nous ménage une surprise : en guise de dessert apparaît sur la table un plat couvert d'un monceau de *pannekaken* (crêpes), et je laisse à penser si nous faisons honneur à ce mets inattendu.

Avant de nous remettre en route, nous parcourons le livre des voyageurs, qui n'a plus été renouvelé depuis quarante ans. Nous y voyons beaucoup d'Anglais, fort peu de Français. Jules Verne, l'auteur des *Voyages extraordinaires*, a passé à Dal il y a quatorze ans : une page du registre porte une note écrite de sa main; il déplore une faute d'orthographe commise par un de ses compatriotes dont le nom figure au-dessus du sien, et il écrit : « C'est fâcheux pour l'honneur de la France! » Après Jules Verne vient un Anglais plus heureux que nous, qui ne peut s'empêcher de louer le rosbif; ces Anglais sont toujours les mêmes : il ne leur suffit pas de manger, il faut encore qu'ils écrivent ce qu'ils ont mangé. Nous retrouvons aussi dans ce curieux registre le nom de Paul Riant, l'auteur de l'intéressant voyage en Norwége, publié dans la première année du *Tour du monde.*

A quatre heures, nous partons pour le Rjukandfoss,

la plus belle chute de l'Europe. Elle est formée par le
Maan-Elv, qui se précipite du lac Mjos dans la vallée
de Vestfjorddal. Après la chute de Gavarnie, dans les
Pyrénées, c'est la plus haute chute du monde [1].

Au delà de Dal, le chemin devient un vrai casse-cou :
nous longeons des précipices dont la profondeur varie
de cent à deux cents mètres, différence qui nous importe fort peu d'ailleurs, quelques pieds de plus ou de
moins ne changeant rien à l'affaire. Le chemin est
tellement étroit, les pentes sont si terriblement roides,
que c'est miracle que nous ne versions pas dans l'abîme
à chaque coude du sentier. Nous faisons à pied la dernière partie du trajet, pour ménager notre bête et aussi
pour notre propre sûreté; car en cet endroit un faux
pas du cheval causerait inévitablement la mort. Nous
nous retournons souvent pour contempler la magnifique vallée de Vestfjorddal, qui se développe derrière
nous dans toute son étendue : à nos pieds, le Maan-
Elv se divise en mille filets d'argent encadrant de jolies
petites îles boisées de pins sombres. A deux lieues de
nous, le Gausta-Fjeld se lève tout d'un jet, semblable
à une immense pyramide.

Nous atteignons bientôt la ferme de Kroken, située
au milieu d'un *sœter*, où paissent quelques vaches. Là,
plus de trace de chemin : il faut commencer l'escalade
des montagnes et grimper à travers des rochers que la
nature a façonnés en forme d'escalier. On gravit ainsi
plus de trois cents marches, et ces marches ont parfois deux pieds de hauteur. A chaque minute, on passe

---

[1] Le Rjukandfoss a 300 mètres de hauteur; la chute de Gavarnie a 422
mètres.

un torrent, rapide comme la flèche, qui va grossir le
Maan-Elv à cinq ou six cents pieds plus bas : deux
troncs de sapin sont jetés en travers en guise de pont.
Nous rencontrons des cascades superbes, des points de
vue comme il n'y en a nulle part; mais le Rjukan,
dont nous apercevons depuis longtemps la fumée, est
là qui nous fascine, et nous regardons à peine ces
belles choses qui ont le tort de n'être pas ailleurs.

Au bout de trois quarts d'heure de pénible ascension,
nous arrivons sur un plateau étroit, où le Rjukandfoss
nous apparaît tout à coup dans son incomparable magnificence. J'avais devancé mes compagnons, et j'arrivai le premier. Oh! que cela était beau! J'éprouvai un
sentiment que jusque-là je n'avais jamais éprouvé en
face des merveilles de la nature. J'eus les larmes aux
yeux. J'étais seul devant ce qu'il y a de plus beau au
monde.

Et le Rjukandfoss est presque inconnu en Europe!

Une large colonne d'eau que je vois encore, pesante,
épaisse, non interrompue, s'élance, frémissante et rapide, d'un sombre couloir de rochers, glisse le long
d'une paroi verticale, se précipite par un bond de neuf
cents pieds dans un gouffre béant et noir, disparaît vers
la moitié de sa course dans les profondeurs mystérieuses
de l'abîme, gronde sourdement et mugit dans les entrailles de la terre, et rejaillit vers le ciel en légers flocons de fumée, en nuages d'écume, en poussière d'argent. Qui peindra un pareil tableau!

Nul regard humain n'a jamais pu descendre jusqu'au
fond de l'abîme. Un voile de vapeurs impénétrables
flotte sans cesse autour de la cataracte, bien nommée
la chute fumante, Rjukandfoss.

Le fleuve roulait dans le précipice, sans relâche, sans repos. Parfois, à travers les grandes ombres des rochers crevassés, un rayon de soleil couchant traversait l'abîme, éclairait toute la scène pendant un instant et y projetait les magiques nuances de l'arc-en-ciel : je voyais une rivière d'or et de feu qui étincelait devant moi. Et l'immense cataracte rugissait, grondait comme une montagne qui s'écroule. Les rochers semblaient vaciller sur leur base, l'air ébranlé vibrait autour de moi, et par moments je me sentais fasciné par l'irrésistible attraction du gouffre. Quelques aigles décrivaient leurs orbes immenses au-dessus de l'abîme; parfois on les voyait tournoyer et descendre comme si le vertigineux tourbillon avait voulu les engloutir; puis ils reprenaient majestueusement leur essor, et se jouaient du vertige.

Le Rjukan a sa légende. Au bord du précipice où gronde la cataracte, serpente un étroit sentier appelé *Mari-Stien*, ou le Pas-de-Marie. Aujourd'hui encore, nul ne s'y aventure sans horreur. C'était par ce chemin qu'une jeune fille de la vallée, du nom de Marie de Vestfjorddal, allait chaque jour à la rencontre d'Ejstein, son fiancé. Un jour qu'Ejstein s'était aventuré par le périlleux sentier, au moment de rejoindre sa fiancée, il tomba et disparut à jamais dans les profondeurs du gouffre fumant... Marie devint folle; jusqu'à la fin de sa vie, elle revint chaque jour au chemin fatal, regardant fixement l'abîme et s'entretenant avec un être imaginaire qu'elle appelait du nom d'Ejstein. Aujourd'hui encore, son ombre pâle et triste erre souvent pendant la nuit sur le sentier qu'on appelle toujours le Mari-Stien.

Mes compagnons m'eurent bientôt rejoint. Je leur proposai de descendre au fond du gouffre par le Mari-Stien, le sentier de la légende[1]. L'un d'eux eut seul l'audace de me suivre. Le Mari-Stien côtoie un précipice de trois cents mètres de profondeur. Les parois de ce précipice sont d'affreux rochers à pic, que jamais le soleil ne réchauffe de sa chaleur vivifiante. Il semble que le vertige ait élu domicile en ces lieux maudits. Malheur à celui qui n'a pas le pied ferme et la tête sûre! le gouffre noir, effroyable, est là qui l'attend pour l'ensevelir comme le malheureux Ejstein. Au bout d'un quart d'heure, l'affreux sentier aboutit à une échelle sans rampe, récemment construite : cette échelle compte plus de deux cents degrés. Nous voici au dernier échelon : nous ne sommes pas encore au fond de l'abîme. Ce gouffre perfide nous attire, nous fascine. Nous descendons encore, aussi profondément qu'il est possible de descendre; mais voici que la verticalité du roc nous empêche de franchir les dernières profondeurs de l'abîme. Il faut s'arrêter ici. Nul être vivant n'a été plus loin. Alors seulement nous regardons.

O l'horrible site! Des rochers de cinq cents mètres de hauteur nous étreignent comme les parois d'un immense tombeau. Comprenez-vous ce que c'est que d'être au fond de ce gouffre infernal, où tout respire le deuil et l'effroi? Partout le roc noir et nu, la stérilité glacée, la désolation pétrifiée! Et en face de nous, à quelques mètres de distance, cette épouvantable masse d'eau qui tombe, qui s'écroule dans un indescriptible fracas et semble vouloir

---

[1] Des voyageurs qui ont visité le Rjukandfoss l'année dernière nous ont rapporté que l'accès du Mari-Stien est interdit par l'autorité depuis un accident récent.

nous engloutir. Nous ne pouvons détacher nos yeux de cette colonne écumeuse qui s'ondule ou se déchire, se brise en mille éclats ou semble se tordre de douleur comme un corps en convulsions. Et si nous regardons vers le ciel, l'orifice du gouffre est voilé par des nuages de poussière blanche enlevés au plus haut des airs par le souffle du vent. Jamais je n'éprouvai autant d'accablement. Nos yeux étaient aveuglés, nos oreilles assourdies; tout était autour de nous éblouissement, convulsion, chaos. Nous restâmes là je ne sais combien de temps, près de ce tourbillon, sans voix, sans conscience.

L'obscurité nous surprit dans notre contemplation. Nous sortîmes au plus vite de cette ténébreuse solitude. Quand nous eûmes gravi le périlleux sentier de Mari-Stien, nous doublâmes le pas, de crainte de faire perdre patience à notre skydsgut qui nous attendait depuis deux heures au bas de la montagne. Il faisait tout à fait nuit quand nous arrivâmes à la ferme de Kroken, où nous retrouvâmes, à notre grande joie, le skydsgut et la carriole. Nous partîmes à grandes guides pour Dal, au risque d'être précipités à chaque tournant dans des gouffres béants, qui, à la pâle clarté de la lune, paraissaient comme autant de bouches de l'enfer. A neuf heures du soir nous étions de retour, sains et saufs, à l'hôtellerie de Dal, où nous attendaient un bon feu et un modeste souper aux crêpes, qui nous firent un sensible plaisir après cette journée d'émotions.

XIV

ASCENSION DU GAUSTA-FJELD

L'énorme montagne connue sous le nom de Gausta-Fjeld, se dresse en face du petit village de Dal comme uhe pyramide grisâtre : sa cime pointue se découvre à quarante lieues à la ronde. Par un temps clair, on peut l'apercevoir du haut des collines qui environnent Christiania. Le sommet du Gausta s'élève à plus de deux mille mètres au-dessus du niveau de la mer. Le Gausta est au Thélémark ce que la Jungfrau est à l'Oberland bernois : c'est la plus haute montagne de la Norwége méridionale.

Le 17 septembre, — c'était un dimanche, — nous étions de bonne heure sur pied pour tenter l'ascension du colosse. Nous quittâmes à huit heures du matin l'auberge de Dal, accompagnés d'un guide qui portait les provisions. Nous étions trois, y compris le guide. Un de mes compagnons, qui frémissait à l'idée seule

de cette périlleuse expédition, s'était décidé à passer la
journée à l'auberge. C'est bien long une journée; mais
le livre des voyageurs pouvait servir à tuer le temps.
Et puis il y avait une longue-vue, à l'aide de laquelle
notre prudent compagnon pourrait, sans trop se fati-
guer, suivre toutes les péripéties de notre ascension.

, Un mot sur notre guide : son nom est *Niels Olsen*.
C'est un jeune homme de vingt ans, de taille moyenne,
robuste comme la plupart des hommes du Nord. Vrai
type de montagnard. Il grimpe les rochers avec autant
de grâce et d'agilité qu'un chamois des Alpes. Il a le regard intelligent, la physionomie avenante. Ses cheveux
sont d'un blond pâle que je n'ai vu qu'en Norwége :
de ce blond au blanc la distance est presque insensible.
Niels ne parle que le norwégien; mais il comprend à
merveille le langage des gestes.

Nous partons pleins d'ardeur : l'espérance et l'illusion
marchent avec nous. Un ciel serein brille au-dessus de
nos têtes et nous promet un beau jour; mais l'air est
vif, et l'âpre vent du nord souffle comme la veille.

En face de Dal, nous traversons en nacelle la rapide
rivière du Maan-Elv, dont les eaux bouillonnantes semblent encore tout émues de l'énorme saut qu'elles viennent de faire au Rjukandfoss. Il faut toute l'habileté de
Niels, qui manie la rame comme les sauvages du Ca-
nada, pour ne pas être entraîné par le courant. Débarqué sur la rive opposée, Niels nous coupe une branche
de sapin : ce sera notre bâton ferré, notre *alpenstock*.
Puis nous commençons à gravir des pentes gazonnées,
encore tout humides de la rosée du matin. Nous abor-
dons ensuite une grande forêt de sapins, où nous remarquons çà et là des arbres renversés par le vent. De

10

temps en temps s'ouvre une échappée sur la vallée, où serpente le Maan-Elv autour de bouquets d'arbres qui semblent flotter à sa surface.

Au bout d'une heure d'ascension, nous faisons notre première halte au milieu d'une clairière. Le magnifique bassin de Vestfjorddal se développe à nos pieds dans toute sa grâce champêtre. A notre gauche se dessine la masse grandiose du Gausta, qui domine, comme un géant, toutes les montagnes environnantes. Après une accolade à la bouteille d'aquavit, nous nous remettons en route.

Aux sapins ont succédé les rochers couverts de plaques de gazon. Nous passons à gué des ruisseaux d'une eau glaciale. A mesure que nous nous élevons, les arbres se rabougrissent et la végétation maigrit à vue d'œil. Les plantes les plus communes sont les anémones, les fougères et quelques bouleaux nains : leurs feuilles d'un jaune doré annoncent l'approche de l'automne. Plus haut, la vie ne se révèle plus que par quelques plantes des régions polaires, telles que la renoncule glaciale.

Vers dix heures, nous nous arrêtons au milieu d'un *sæter* qui semble une oasis dans le désert. Rien de calme et de poétique comme un sæter : c'est là que les pâtres mènent leurs troupeaux pour y passer l'été. A cause de la saison avancée, nous trouvons vides les deux petites cabanes formées de troncs d'arbres où s'abritent le berger et les troupeaux. De ce point nous distinguons parfaitement la cime abrupte et stérile du Gausta, immense roc grisâtre taché de filons de neige.

Nous quittons le sæter, et nous contournons pendant une heure la base du Gausta, à travers un ravin comblé par un torrent de pierres. Nous marchons péniblement au milieu de ce chaos d'une affreuse stérilité. Tous ces quartiers de roc ont roulé du sommet du Gausta, qui a bien les caractères d'une montagne en décomposition. Un vent sec et pénétrant souffle par rafales. Le froid devient très-vif : il gèle à la hauteur où nous nous trouvons. Les ruisseaux sont couverts d'une couche de glace de deux doigts d'épaisseur; la gelée engourdit nos mains : on se croirait en plein mois de janvier.

A onze heures, nous nous mettons à l'abri des rafales, derrière une grossière cabane abandonnée, placée au pied du cône du Gausta-Fjeld. Niels tire les provisions de son bissac, et nous faisons notre premier repas dans la montagne. Du pain noir, du biscuit et du fromage, voilà tout notre déjeuner; mais l'appétit préside si bien à notre frugal festin, que nous y trouvons des délectations inconnues aux habitués du Palais-Royal; et le pain noir épuisé, nous revenons au pain noir, fort surpris sans doute de l'honneur qu'on lui fait.

Niels abandonne ici les provisions, que nous retrouverons au retour si maître Bruin daigne les laisser intactes. Il nous reste à escalader la cime conique du Gausta. Dès les premiers pas, je me suis souvenu du proverbe *in cauda venenum,* qui ne trouva jamais de plus juste application qu'en cette circonstance. Les tours d'acrobate ne sont qu'un jeu en comparaison de cette escalade : il s'agit de grimper à travers des myriades de pierres branlantes qui se dérobent sous nos pas comme par plaisir; ces pierres sont recouvertes d'un maigre lichen glissant, d'une teinte vert-jaune; leurs cassures sont tranchantes comme des lames de couteau : c'est un chaos de pointes, d'arêtes vives, d'angles aigus et obtus; tout cela tremble, vacille, culbute sous nos pieds, et nous trébuchons presque à chaque pas. Il fallait nous voir, tantôt marchant à quatre pattes et grimpant comme les chats sauvages, tantôt faisant des exercices d'équilibre sans l'aide du balancier traditionnel. Niels nous annonce que nous aurons à marcher pendant plus de deux heures sur ce joli pavé. A cette nouvelle, mon compagnon est sur le point de perdre courage et veut rebrousser chemin; je parviens à ranimer son ardeur en lui montrant l'intrépide Niels qui court, saute et gambade sur ces roches éboulées comme sur une grande route. D'ailleurs, comme le dit le proverbe, « le vin est tiré, il faut le boire. »

Évidemment la montagne a dû éprouver autrefois une terrible commotion. Jadis le Gausta n'était sans doute qu'un immense rocher, tout d'un bloc; mais un jour, à une époque peut-être récente, ce rocher fut ébranlé par une violente secousse résultant de l'action puissante des feux souterrains; la montagne trembla sur ses bases et s'écroula comme une cathédrale qui s'effondre; et aujourd'hui le Gausta n'est plus qu'un monceau de ruines. Nous avons pu constater que la cime elle-même, naguère probablement beaucoup plus haute, est couverte d'éboulis : ces pierres ne sont pas tombées du ciel apparemment.

Ces torrents de pierres qui, même dans leur immobilité, semblent encore glisser sur les flancs de la montagne, offrent l'image de la désolation la plus affreuse, de l'aridité la plus absolue : pas un pouce de verdure, pas un arbrisseau, pas un brin d'herbe! C'est le chaos, la ruine, l'éternelle stérilité. Cette scène est sublime dans sa hideur.

A midi et demi nous faisons notre dernière halte. Le sommet nous domine encore d'une centaine de mètres :

on dirait d'une gigantesque pyramide formée de myriades de pierres amoncelées. Déjà nous dominons tout
un monde de montagnes, de vallées, de précipices. Le
silence sublime qui règne à cette hauteur nous annonce
les régions éthérées. L'air n'est sillonné d'aucune aile,
traversé d'aucun bruit, agité d'aucune vibration; et pour
sentir l'existence, pour y croire encore, il faut mettre la
main sur son cœur et en compter les battements.

Nous nous remettons en route au cri de : *Foran!* en
avant! La dernière étape est extrêmement périlleuse. Il
faut franchir une arête d'un pied de largeur, bordée à
droite et à gauche de précipices dont la profondeur est
égale à la hauteur du cône du Gausta, — cinq à six cents
mètres environ. — En cet endroit les quartiers de roc
sont si mal fixés, qu'il faut s'aider des pieds et des mains
pour ne pas être précipité dans l'abîme. Nous mîmes
environ dix minutes à traverser ce *mauvais pas,* en comparaison duquel le passage ainsi nommé en Suisse est
un vrai *chemin des amoureux.*

Ce dernier obstacle franchi, on est près du sommet :
encore quelques efforts, qui ne sont pas les moins rudes,
et nous voilà au bout de nos fatigues. A une heure vingt
minutes, nous humilions le front du Gausta sous la semelle de nos bottes.

Le sommet est un plateau étroit, de sept à huit mètres
de circonférence, recouvert de pierres brisées, qui sont
venues on ne sait d'où, si l'on ne remonte à une ancienne
commotion terrestre. Le Gausta est tout isolé au milieu
des montagnes du Thélémark; sa cime, taillée à pic, n'est
accessible que par le versant sud.

Nous nous enveloppâmes dans nos capes; car à cette
élévation le froid était insupportable. Puis nous nous as-

sîmes sur des quartiers de roc, et nous nous mîmes à
regarder tout autour de nous. La scène n'est point aussi
riante que celle du Righi; mais elle est infiniment plus
grandiose. Voici en quelques traits le panorama tel que
je l'ai esquissé au sommet. Au bas du versant nord
apparaît, dans un incommensurable abaissement, la
longue vallée de Vestfjorddal, que nous avons parcourue hier depuis le lac Tinn jusqu'au Rjukandfoss. Cette
vallée, qui renferme tant de beautés, n'est plus qu'un
cordon grisâtre où serpente un maigre filet d'argent, le
Maan-Elv. Le petit hameau de Dal, où nous avons laissé
notre compagnon, n'est qu'un groupe de maisons gros
comme le poing. Au bout de la vallée, nous distinguons
un coin du lac Tinn en partie caché par une montagne.

Au delà, toujours vers le nord, des myriades de sommets neigeux, la plupart encore vierges du pas de
l'homme, surgissent entassés, innombrables comme les
flots de l'Océan. Dans un éloignement infini, nous re-
connaissons à sa forme caractéristique la cime du Mel-
derskin, dans le Hardangerfjord. A l'est, notre guide
nous indique la masse superbe du Lillefjeld, dôme
bombé qui trône à part au milieu d'un chaos de cimes.
A l'ouest s'étend toute la chaîne des Alpes scandinaves,
avec ses brillants glaciers qui nous renvoient à travers
la distance leurs reflets chatoyants : le regard plane
librement et sans obstacle sur cet immense rempart
crénelé, depuis les sommets glacés du Folgefond et du
Justedal, où l'indigène lui-même ne s'aventure pas sans
horreur, jusqu'aux monts lointains du Romsdal, au pied
desquels nous avons passé naguère. Au sud, l'œil erre
sur des légions de montagnes moutonnées; dans la dis-

tance, nous distinguons de ce côté une longue bande lumineuse qui ne peut être que le reflet de la mer du Skager-Rack.

Jetons un coup d'œil d'ensemble sur cette immense carte en relief qui se dessine à nos pieds et s'étend à quarante lieues à la ronde. Aperçue de notre observatoire, la Norwége méridionale nous apparaît comme une masse continue de montagnes arides et nues, qui ne se dressent point en pics élancés, en pointes aiguës, comme les Pyrénées et les Alpes, mais se terminent, comme la plupart des montagnes de l'Écosse, par des surfaces bombées, arrondies, par de larges plateaux incultes qui portent le nom de *fjelds*. Le gneiss est la roche constituante de ces montagnes, et c'est là ce qui les rend absolument infertiles. Le Thélémark est une immense Suisse, impropre à la culture : pas une seule plaine ne s'offre à nos regards. Dans les creux des montagnes brillent des milliers de petits lacs : on les prendrait pour des débris de gigantesques miroirs jetés aux quatre vents du ciel.

Au sommet du Gausta se trouve déposé dans une caisse de fer, par les soins du gouvernement norwégien, un superbe album en cuir rouge, destiné à recevoir les noms des rares visiteurs. Cet album porte sur la couverture la date du 1er août 1868. Une vingtaine de touristes de différentes nations ont atteint le sommet depuis cette époque. Aux premières pages du registre, nous avons trouvé la signature d'un Français, étudiant en droit à Paris. Le guide nous présente l'album, la plume et l'encrier; mais l'encre est durcie par la gelée : nous employons plusieurs allumettes à la rendre liquide; puis, évoquant le souvenir de notre patrie, nous inscrivons au précieux livre les lignes suivantes, que retrouveront dans les siècles futurs ceux de nos compatriotes qui visiteront après nous ces lieux presque inexplorés : « Aujourd'hui, 17 septembre, nous avons atteint le point culminant du Gausta, par un froid de 9° cent. sous zéro. Nous conseillons à messieurs les touristes qui voudront entreprendre cette ascension de se munir de fourrures et d'une paire de bottes à quadruple semelle. »

Et comme pour donner raison à notre avertissement si bien placé, une bise glaciale, venant du nord en droite ligne, se mit à souffler avec une telle violence que nous n'y pûmes plus tenir : nous dûmes quitter le sommet après n'y être restés qu'une demi-heure.

La descente à travers les éboulis de pierres fut plus pénible encore que ne l'avait été la montée : à chaque pas se produisait une sorte de contre-coup dans le bas de la jambe. Descendre, avec le précipice toujours en vue, est chose bien autrement périlleuse que de monter. Aussi n'avancions-nous que très-lentement, car le moindre faux pas nous eût été fatal. Partis vers deux heures du sommet, nous n'arrivâmes qu'à quatre heures et demie à la cabane que nous avions convertie en restaurant. Les provisions y étaient encore intactes, et nous eûmes une seconde édition du repas du matin.

Comme le soleil avait disparu derrière les nuages, le froid devint plus intense que jamais : nous étions obligés de souffler constamment dans nos mains pour les réchauffer. Ce ne fut que lorsque nous eûmes contourné la base de la montagne que nous fûmes à l'abri des rafales. Dès lors la descente fut facile et agréable. Quand nous entrâmes dans les forêts de sapins, la température s'adoucit sensiblement. Peu à peu nous sentîmes la cha-

leur ranimer nos membres engourdis par le froid et la
fatigue. A six heures du soir, nous fîmes notre dernière
halte sous les sapins et au bord d'un ruisseau. En face
de nous, au fond de la vallée, le soleil se couchait derrière un nuage environné d'un limbe de pourpre; la cime
du Gausta, que nous venions de dompter, était enveloppée
d'un manteau de nuages qui la cachait à nos yeux : nous
ne devions plus la revoir ! Quelle douce jouissance de se
reposer ainsi le cigare à la bouche, après une longue et
pénible course ! Aucun bien-être au monde n'est comparable à celui-là. Nous offrîmes un cigare à Niels, qui
l'accepta avec une explosion de *tack* (merci); mais notre
indigène nous montra par ses allures que c'était la première fois que cet objet était serré par ses lèvres : sans
en couper le bout, il parvint à l'allumer; il fallait voir
les mouvements convulsifs auxquels il se livrait pour
en entretenir le feu. Touchés de compassion, nous lui
enseignâmes le vrai système.

A sept heures du soir, nous étions de retour à l'hôtellerie de Dal, où nous retrouvâmes notre compagnon
qui connaissait déjà par cœur le livre des voyageurs.
Notre ascension au Gausta avait duré onze heures, y
compris le retour. Quoique brisés de fatigue, nous fîmes
immédiatement atteler notre carriole, et à neuf heures et
demie du soir nous rentrâmes à Mael, où nous attendait
un bon souper commandé la veille. Après quelques heures
d'un sommeil réparateur, je m'éveillai le lendemain matin
frais et dispos comme si je n'avais jamais fait l'ascension
du Gausta.

XV

HITTERDAL

Le 18 septembre, à dix heures du matin, nous nous rembarquâmes sur *le Rjukan*. Le perfide lac Tinn montrait encore un reste de courroux; mais comme nous n'avions plus à lutter contre un vent contraire, la traversée se fit rapidement. A midi, nous débarquons à Tinoset, où, pour la première fois depuis huit jours, nous trouvons un morceau de viande à mettre sous la dent, et quelle viande!

A deux heures, nous repartons en carriole pour Hitterdal. La distance à parcourir est de trois milles norwégiens (trente-cinq kilomètres). On traverse une belle forêt de sapins, où un torrent serpente le long du chemin : nous sommes déjà si habitués aux forêts vierges, qu'elles ne nous étonnent plus. En sortant de ces sombres retraites, nous débouchons dans la superbe vallée de Hitterdal, qui, par sa verdure et ses pentes semées de cultures, fait contraste avec la contrée sauvage que nous venons de quitter.

Vers six heures du soir, nous arrivons au relai nommé Saem. C'est là que nous visitons *Hitterdalkirke*, le plus ancien et le plus curieux monument de la Norwége. Cette église, tout en bois de sapin, remonte au XIIe siècle : on y rencontre un mélange de romain et de byzantin. Son plan est celui de toutes les églises de cette époque, avec cette différence qu'une galerie couverte règne tout autour de l'édifice. Il serait difficile de décrire l'étrange architecture de ce temple, qu'à première vue on prendrait pour une pagode chinoise. Ces toits superposés en escalier et bordés de corniches sculptées, ces murs tapissés de pièces de bois angulaires qui s'enchevêtrent comme des écailles de poisson, ces trois tourelles coiffées d'un toit de forme conique, ces mille détails, en un mot, que la photographie rend mieux que toutes les descriptions, constituent un ensemble tout à la fois bizarre et pittoresque, barbare et gracieux, qui ne rappelle en rien le style des constructions européennes. N'étaient les trois croix qui terminent les tourelles, on croirait volontiers que cet édifice, unique en son genre, est affecté au culte de quelque divinité hindoue. Cette curieuse église, rare spécimen de l'antique architecture scandinave, est merveilleusement conservée, grâce aux soins du gouvernement norwégien : chaque année on l'enduit d'une couche de goudron, pour la garantir contre les intempéries des saisons.

Nous nous adressâmes au pasteur pour pénétrer dans le temple, qui a été récemment restauré d'une manière peu intelligente : l'intérieur, qui sent son luthérien, offre beaucoup moins d'intérêt que l'extérieur. Derrière

l'autel, on conserve un siége d'une fort respectable antiquité, dont on se servait dans certaines circonstances
solennelles, par exemple, lors des cérémonies de mariage.
Nous vîmes d'anciens habits sacerdotaux et autres objets qui remontent à l'époque du catholicisme. Le pasteur nous montra aussi les anneaux de fer de saint Olaf,
auxquels se rattache une légende que j'avoue humblement
n'avoir pas comprise, n'étant pas encore suffisamment
versé dans la langue norwégienne. Dans le cloître extérieur qui fait le tour de l'église, nous avons copié de
curieuses inscriptions runiques grossièrement gravées
dans le bois.

Nous passâmes la nuit au relai de *Lysthuus* (on prononce Lustous), dans un *gjestgivergaard* dont les gens
sont aussi braves que primitifs. Nous dormîmes sur des
sacs remplis de paille, entre quatre murs formés de gros
troncs de sapins à peine écorcés. Le soleil vint de bonne
heure nous inviter à quitter notre couchette, et, par une
matinée charmante, nous fîmes une promenade aux environs. Nous grimpâmes sur une colline, du haut de
laquelle on embrasse un tableau vraiment enchanteur :
la riante vallée de Hitterdal étalait à nos pieds toutes ses
grâces champêtres, avec sa vieille église du XIIᵉ siècle,
dont la bizarre silhouette fait le plus heureux effet au
milieu de cet ensemble harmonieux. Cette poétique vallée a été souvent reproduite par les paysagistes qui ont
visité la Norwége. Un peintre de Londres, qui se trouvait à Lysthuus en même temps que nous, en a fait une
esquisse charmante.

Nous fîmes à pied la route de Lysthuus au lac de Hitterdal, et nous nous installâmes à midi et demi à bord
du *Dampskibet-Lundetangen*, qui fait trois fois par se-

maine le trajet de Hitterdal à Skien. Le lac de Hitterdal est, de tous ceux que nous avons vus en Norwége,
le plus pittoresque et le plus varié. Ses rives sont semées
de cultures et de villages. Les escales sont nombreuses,
et à chacune d'elles le bateau se peuple de nouveaux
venus. Costumes, types, mœurs, tout est pour nous sujet
d'observations. Au milieu de cette foule bigarrée qui se
presse sur les quais à l'arrivée du steamer, des enfants
courent à demi nus, vêtus d'une simple chemise criblée
de trous, par un froid tellement vif que nous grelottons
sous nos couvertures de voyage.

Aux approches de Skien, nous entrons dans un canal
qui met le lac de Hitterdal en communication avec la
mer : nous mettons trois heures à passer une vingtaine
d'écluses superposées en escalier, comme les écluses du
fameux canal de Trolhaetta, en Suède. Ce travail est
prodigieux : partout il a fallu tailler dans le roc vif et
lutter contre d'immenses obstacles. Lorsque le Thélémark aura ses chemins de fer, le canal de Skien perdra
toute son importance.

Après une nuit passée à Skien, ville assez considérable où aboutissent presque tous les bois de la Norwége, nous nous rembarquâmes, le 20 septembre, sur
le Christianiafjord. Nous naviguâmes pendant plus de
douze heures le long des côtes orientales de la Norwége, et vers le soir nous retrouvâmes notre chère ville
de Christiania, que nous avions quittée le 14. Notre
excursion en Thélémark avait duré juste une semaine.

Le lendemain nous dîmes adieu à ce beau pays de
Norwége, si peu connu et pourtant si digne de l'être.
En le quittant, je me promis d'y revenir. De Christiania
nous allâmes en deux jours à Stockholm. Le chemin de

fer qui réunit la capitale suédoise à la capitale norvégienne venait à peine d'être inauguré. Il ne compte pas
moins de soixante-dix-sept milles (environ neuf cents
kilomètres).

EXCURSION

DANS LE SUD-OUEST DE LA NORWÉGE

1873

(SUITE DE LA PREMIÈRE PARTIE[1])

———————————

I

LE HARDANGERFJORD

Le 2 septembre 1873, à six heures du matin, je m'embarquai à Bergen, sur le petit bateau à vapeur *Voss*, qui,
deux fois par semaine, visite le Hardangerfjord et ses
principales branches. Ce steamer en miniature, qui n'est
pas beaucoup plus grand que les bateaux-mouches de
la Seine, n'en est pas moins un excellent marcheur, et

[1] J'ai fait cette excursion au retour de mon voyage en Laponie, en 1873.
Comme elle forme naturellement un appendice à la première partie de ce
volume, je l'ai placée à la suite de celle-ci, au lieu d'observer l'ordre chro-
nologique.

fait vaillamment ses trois lieues à l'heure. Nous nous
faufilâmes à travers les nombreux vaisseaux ancrés dans
le port : au milieu d'eux trônait comme un géant le superbe *Kong-Sverre*, un des steamers qui transportent
les émigrants en Amérique. L'émigration, en Norwége,
a pris depuis quelques années des proportions effrayantes
pour un pays déjà si dépeuplé.

Au sortir de la rade de Bergen, je fus ravi de la beauté
du panorama qui s'offrait à nos regards. La riante cité,
bâtie en demi-cercle au bord du golfe, semblait nager
sur l'eau comme Venise. Les montagnes fuyaient à l'horizon, fraîches et bleuâtres comme les vagues d'un océan
immobile. Les vapeurs du matin les voilaient à demi
comme une gaze légère et transparente. Çà et là, au
fond d'une petite anse verte comme une émeraude, j'a-
percevais une jolie villa blottie au milieu des bouquets
de chênes verts. La matinée était charmante.

Vers neuf heures, hélas! le ciel s'assombrit, la pluie
vint brouiller tous les objets, et pendant trois heures
nous pûmes à peine entrevoir les côtes. Lorsque le ciel
se rasséréna, nous étions en plein Hardangerfjord.

Le Hardangerfjord mérite sa grande réputation. Nulle
part en Norwége je n'ai vu des aspects aussi pittoresques et aussi variés. Le paysage est tour à tour riant
et grandiose, séduisant et saisissant, attrayant et sévère. Tantôt le steamer vogue sur une vaste nappe
d'eau encadrée de hautes montagnes boisées de sapins,
couronnées de champs de neige et de glaciers; tantôt
les rives du fjord se rapprochent, on navigue dans une
passe étroite, et l'on se croirait sur quelque rivière de
l'Amérique du Nord. Au reste, la scène change à chaque
instant : on passe sans cesse des régions stériles et ro-

cheuses aux vallées riches et fertiles. Ici, ce sont les
âpres régions du Folgefond qui étalent leurs beautés
sauvages; là, c'est la gracieuse vallée de Rosendal qui
vous montre son antique baronnie, un des rares ma-
noirs qui subsistent encore en Norwége. C'est là que
résidaient autrefois les barons de Rosendal. Le propriétaire actuel du château est un descendant des anciens barons; mais il ne lui est plus permis de porter
son titre depuis la fameuse loi de 1814, qui a aboli à
tout jamais la noblesse héréditaire en Norwége. Cette
vallée de Rosendal est une des plus fertiles de la Norwége, grâce aux montagnes qui l'abritent de toutes
parts.

Ce qui fait le principal charme du Hardanger, c'est
sa végétation luxuriante : presque partout la verdure
des sapins, des bouleaux, des chênes verts, tempère
agréablement ce qu'il y aurait de trop sévère dans la
majesté des sites. Rien n'est si beau, par exemple, que
le site de Norheimsund : si j'avais à choisir un paradis
pour y couler des jours paisibles et sans nuages, c'est
là que j'irais bâtir ma cabane, non loin de la petite
église blanche qui s'élève sur la rive au milieu du plus
splendide jardin naturel qui se puisse rêver, au fond
d'une baie solitaire pleine de fraîcheur et de silence,
et au centre d'un amphithéâtre de montagnes d'une
beauté divine : sur leurs pentes s'épanouissent à l'envi
toutes les grâces de la végétation du Nord. Il y a là,
dans cette baie enchanteresse, une délicieuse petite île
que je vois encore, une île bien fraîche et bien om-
breuse, poétique comme une idylle, une perle de verdure, dont Jean-Jacques se fût certainement épris s'il
avait eu le bonheur de la découvrir. Je ne vis dans ce

11

charmant asile d'autres habitants que trois·hérons, immobiles sur le rivage, et paraissant absorbés dans de profondes réflexions. Ailleurs, des bandes d'oiseaux blancs volaient par milliers, effleurant de l'aile la surface du lac, et épiant de l'œil la proie qui nageait sous l'eau. Lorsqu'un goëland s'emparait d'un poisson, je voyais souvent un cormoran fondre sur le ravisseur, et le poursuivre jusqu'à ce qu'il eût·lâché sa·proie. Les cormorans ne vivent que de la pêche d'autrui : les Norvégiens les appellent *tyv fugl* (oiseau voleur).

Les environs du Hardanger abondent en rennes sauvages. Au fond des forêts se tient l'ours brun, auquel les habitants livrent une chasse acharnée. J'ai rencontré à Laerdalsören un homme âgé d'une soixantaine d'années, qui passe pour le plus hardi chasseur du pays : on m'assura qu'il n'a pas tué moins de soixante-dix ours. Cet homme est doué d'une force herculéenne : il chasse toujours seul, armé d'un simple couteau : plus d'une fois son audace a failli lui coûter la vie, comme l'attestent les nombreuses cicatrices dont son corps est couvert.

Dans le Hardanger comme dans le Thélémark, on rencontre encore l'antique costume national. Les hommes portent une veste de vadmel bleu, des culottes courtes et une ceinture ornée de boutons d'argent. Les femmes portent une robe de drap bleu foncé bordée de rouge, et un corsage avec garnitures d'argent; leur ample coiffure en toile blanche, à larges ailes, leur donne un faux air de religieuses. Les femmes du Hardanger excellent à manier la rame. Aux escales, ce sont des jeunes filles qui viennent prendre les voyageurs dans leur barque. Les populations de ces contrées reculées sont

honnêtes et primitives : les crimes y sont, pour ainsi
dire, inconnus. Le seul dont les habitants se souvien-
nent est celui que je vais rapporter.

Il y a quelques années, vivait, dans un gaard du Hardanger, un fermier qui chaque semaine prenait le bateau
à vapeur pour aller à l'église le dimanche. Il était mil-
lionnaire, chose assez rare dans cette contrée; et quand
un beau jour sa femme lui donna un fils, il y eut des
réjouissances dans tout le voisinage. Au bout de quelque
temps l'enfant mourut, et la mère devint malade. Son
état s'aggrava au point qu'elle dut bientôt garder le lit.
Son mari lui fit prendre du lait, et lui recommanda de
se reposer pendant qu'il irait chercher le médecin. Dès
qu'il fut sorti, la pauvre femme fit venir une de ses
vieilles gouvernantes, et lui confia que son mari l'avait
empoisonnée, et qu'elle allait bientôt mourir. Elle lui fit
jurer de garder le secret. Quand le fermier revint avec
le docteur, sa femme venait de rendre le dernier sou-
pir. Peu de temps après, il se remaria; car il n'avait
tué sa première femme que dans le but d'en épouser
une autre. Il eut deux garçons, et tout prospéra dans
sa maison. Les deux vieilles gouvernantes avaient été
éloignées de la ferme; celle qui était initiée au secret
n'en avait jamais parlé à personne, pas même à son
mari. Un jour que le fermier passait devant la cabane
des deux époux, il entra pour leur offrir des œufs et
du lait. Le vieillard but un peu de lait, et promit de
donner le reste à sa femme dès qu'elle rentrerait. A son
retour, celle-ci trouva le vieillard presque mourant;
soupçonnant un crime, elle l'amena dans la montagne
auprès des vaches, et lui fit boire du lait frais. Des nau-
sées s'ensuivirent, qui lui sauvèrent la vie.

Quelques années après, le fermier assista par hasard au mariage de la fille d'un voisin. Il vivait toujours dans une parfaite prospérité, mais il avait résolu de partir à deux jours de là pour l'Amérique. Après le dîner, un paysan ivre lui administra un coup de poing, qui lui fut brutalement rendu par le fermier. Le paysan, qui était encore en état de parler, s'écria : « Juste ciel ! allez-vous maintenant m'assassiner ? » Cette apostrophe fit perdre contenance à celui à qui elle s'adressait. Il sortit de la maison tout courroucé, en déclarant qu'il n'y était pas venu pour recevoir des insultes, et protestant qu'il n'avait pas assassiné sa femme.

Qui s'excuse s'accuse. On le mit en état d'arrestation, on déterra les cadavres, et il fut prouvé qu'ils avaient été empoisonnés par l'arsenic. L'accusé fut conduit à Christiania pour être jugé, mais son crime ne put être établi. Il mena dès lors une vie retirée, dans une ferme solitaire, auprès d'un ministre protestant. Un jour qu'il se trouvait fort mal, il envoya chercher le ministre et lui dit qu'il voulait, avant de mourir, confesser ses crimes. Il fit venir des témoins, et déclara par écrit qu'il avait empoisonné son enfant et sa femme, et tenté de faire mourir les deux vieilles gouvernantes. Dès qu'il eut fait cet aveu, la santé lui revint; il se rétablit. On l'amena à Christiania pour lui faire son procès, et il fut condamné à la peine capitale. Le roi se trouvait alors à Christiania : il voulut adoucir la sentence par égard pour la femme et les enfants du condamné; mais ses ministres s'y refusèrent. Le roi accorda une pension à la veuve, qui alla s'établir en Amérique avec ses enfants.

Après avoir navigué toute une journée, je débarquai à neuf heures du soir à Eide, où j'avais résolu de passer la nuit. Eide est une petite localité pittoresquement située à l'extrémité d'une des branches du Hardanger-fjord, au pied d'une montagne prodigieusement haute appelée *Skole :* on ne lui donne pas moins de 3,000 pieds de hauteur. J'ai trouvé à Eide une fort bonne auberge, quoi qu'en dise Murray, qui la qualifie de « poor inn ». J'y ai parfaitement dormi dans une chambre bien propre qui ne manquait pas de couleur locale : parquet, murs et plafond étaient faits de planches mal jointes et à peine rabotées.

II

ULVIK — SAEBÓ

Le lendemain je fus sur pied de bonne heure. Je déjeunai d'excellent pain noir et de biscuits secs, je jetai un rapide coup d'œil sur le paysage splendide du fjord, et vers six heures et demie je partis seul à pied, le sac au dos. J'avais laissé mon bagage et mon compagnon de voyage l'un à Bergen, l'autre à Throndhjem.

La route que je suivais est de toute beauté. L'âme s'enivre de poésie au milieu de cette pure atmosphère des montagnes. Le paysage est plus séduisant que sévère. Le chemin court au milieu d'une végétation extraordinairement luxuriante. Des myriades d'arbres de vingt différentes essences croissent sur le penchant des monts : les chênes verts, les bouleaux, les sorbiers, les sapins, les mélèzes, les ormes, les saules font de cette vallée sans pareille un délicieux jardin naturel, où tout semble réuni pour le plaisir des yeux, comme aurait dit Fénelon. Je

n'aurais jamais soupçonné dans le Nord une nature
aussi exubérante.

J'arrivai bientôt au bord d'un lac d'eau douce, de
deux à trois cents hectares d'étendue. J'ai vu tant de
lacs en Suisse, en Écosse, en Italie, que j'en suis presque
blasé. Et cependant je dois dire que ce petit lac ignoré,
dont je ne connais pas même le nom, dépasse tout ce
que l'imagination peut se représenter de plus séduisant.
Quel calme! quel silence! quelle charmante solitude!
Sur la rive opposée j'aperçois une jolie petite maison
blanche, à demi cachée dans les bouquets d'arbres, et
j'envie le bonheur, l'indépendance et l'heureuse tranquillité des paysans qui vivent dans cette paisible retraite, loin du fracas des villes, loin des passions du
monde. Si j'élève plus haut mes regards, quel contraste
frappant! Les cimes de ces vertes montagnes se perdent dans les nues : là-haut la stérilité et la désolation,
et au bas l'abondance et la fertilité!

Après une heure de marche, j'arrivai au petit hameau
de Graven, situé au fond d'un entonnoir de montagnes
abruptes d'une indicible majesté. Il y a là une petite
église blanche autour de laquelle sont groupés quelques
gaards.

D'Eide à Graven, j'avais suivi une belle route plate.
Mais de Graven à Ulvik, plus de route : il fallait passer
les fjelds par des sentiers roides et escarpés. Il n'était
encore que huit heures du matin, et déjà la chaleur
était très-forte. J'étais en nage sous le poids de mon
havre-sac. Que serait-ce donc sur la montagne! Ces
réflexions me décidèrent à me mettre à la recherche
d'un guide. J'avisai deux paysans qui se disposaient à
aller travailler aux champs, et leur fis part de mon

intention d'aller à Ulvik. Le père fit signe à son fils d'endosser mon havre-sac, et nous partîmes.

Mon guide s'appelait *Carlsen*. C'était un jeune gaillard plein de force et de santé. Bien qu'il n'eût pas encore de barbe au menton, je lui eusse donné mon âge. J'eus l'indiscrétion de le questionner à cet égard, et il me fit tomber de mon haut en m'apprenant qu'il allait avoir seize ans. On peut juger par ce fait de la vigueur des races du Nord.

Nous gravîmes la montagne par un sentier roide qui courait au milieu des sapins. De Graven à Ulvik, on compte un peu plus d'un mille, c'est-à-dire environ trois lieues. Le pays qu'on traverse est un des plus beaux de la Norwége. Les points de vue sont admirables, les montagnes sont ravissantes. Après avoir grimpé pendant une heure et demie par un soleil ardent, nous atteignons le plateau du fjeld. Du haut de cette ligne de faîte s'ouvrent par intervalles de superbes échappées tantôt sur la vallée de Graven et son lac paisible, qui dort à une profondeur incommensurable, tantôt sur le Hardangerfjord et les glaciers du Folgefond. Nous trouvons sur le plateau une de ces belles forêts de sapins qu'on ne voit qu'en Norwége. Les arbres atteignent vingt à trente mètres de hauteur : on se croirait dans une forêt vierge du nouveau monde. Parfois nous nous arrêtons pour faire halte : alors rien ne trouble le silence de ces régions élevées : nul autre bruit que celui de nos artères dans nos tempes. Pendant un de ces repos, un enfant de la montagne accourt à cheval, en chantant, s'arrête pour échanger quelques mots avec Carlsen, puis se remet à galoper et disparaît dans les profondeurs de la forêt. Dans ces déserts, le moindre incident

est un événement. J'allume ma pipe, et j'offre un cigare
à mon guide : il le tourne, le retourne, ne sachant quel
parti prendre ; je lui explique qu'il doit en couper le
bout, ce qu'il exécute à l'aide du couteau qui pend à
sa ceinture ; mais le brave garçon, qui n'y voit décidément goutte, finit par allumer le cigare par le petit bout,
tire, tire... et le jette enfin. Je lui confectionne une ciga-
rette, qui subit le même sort.

Nous rencontrons bientôt un de ces petits lacs de
montagne que les Norwégiens appellent *fjeldvand*. On
le prendrait pour un miroir céleste enchâssé dans un
cadre de sapins : les nuages du ciel s'y réfléchissent avec
une admirable netteté, et l'on pourrait compter dans
l'eau les aiguilles des sapins qui se mirent sur ses bords.
Un saeter est situé à l'extrémité du lac. Je ne connais
rien de plus calme, de plus silencieux que ces *fjeldvands*
placés au-dessus des orages ; jamais la tempête ne
trouble l'immuable sérénité de leur face transparente :
image fidèle de ces âmes recueillies qui vivent paisiblement loin des passions du monde.

Vers dix heures nous commençâmes à descendre le
versant opposé. Nous nous reposâmes quelques instants
au milieu d'une ravissante clairière d'où la vue erre
sur de sublimes montagnes neigeuses à demi perdues
dans les nuages qui flottent autour de leurs cimes. A
quelques pas de nous des vaches paissent en agitant
leurs clochettes, que j'aime tant à entendre dans les
montagnes. Grâce à l'excellente qualité des pâturages,
les vaches de cette contrée sont fort belles. Mon guide
me signale parmi elles une bête magnifique qui a obtenu
le *förste prœmie* (premier prix).

Nous descendîmes rapidement la côte au bas de laquelle est situé Ulvik, dont nous aperçûmes bientôt la blanche église. Nous raccourcîmes le chemin par un sentier presque perpendiculaire, et vers onze heures nous arrivâmes à Ulvik.

Ulvik est un *delightful spot*. Ce petit village est situé au fond d'une branche du Hardangerfjord, au pied d'un amphithéâtre de montagnes magnifiquement arborées. Un soleil splendide rehaussait encore la beauté du paysage. Il y a là un petit hôtel où les voyageurs sont fort bien traités. Dans cette contrée les auberges ne portent pas d'enseigne : on les reconnaît à leur air propre et confortable. La marche que je venais de faire m'avait donné faim, et je fis préparer à dîner; en outre, je commandai une barque et deux rameurs pour aller Eidsfjord. Je passai le temps de l'attente à me chauffer au soleil et à contempler le fjord. Ah! que ces moments-là sont rares dans l'existence! Où trouver, si ce n'est ici, le calme parfait, le repos absolu, l'oubli du monde? Cher Ulvik, tu gardes bonne place dans mes souvenirs. Que je me suis trouvé bien chez toi, et avec quel regret je t'ai quitté!

Vers une heure, je m'installai dans une petite barque à deux rameurs. D'Ulvik à Eidsfjord, on compte deux milles norwégiens. Le trajet se fait en quatre heures. Rien de plus agréable que cette promenade en chaloupe par une belle journée d'été. Pour les amateurs de pittoresque, n'est-il pas bien plus agréable de voyager ainsi que de naviguer sur ces machines assourdissantes qu'on appelle bateaux à vapeur? On ne va pas si vite, il est vrai; mais quelle douce jouissance de voguer sur les fjords à la manière des anciens Scandinaves! Mollement couché sur un sac de foin au fond de la barque, je

promenais un regard nonchalant sur les beautés du paysage, en humant avec délices la fumée de ma bonne pipe
de Throndhjem. Parfois une troupe de goëlands venait
à passer; je les mettais en fuite par un coup de revolver,
et un écho prolongé répondait au bruit de la décharge.
Mes rameurs se tenaient près de la côte, que je pouvais
ainsi observer à loisir. Quelques pauvres habitations
occupent tous les endroits où la verticalité du roc ne
fait pas obstacle à la culture : çà et là j'apercevais sur
les pentes des faucheurs en culottes courtes : ils cou-
paient l'herbe avec de petites serpettes.

Le fjord était calme comme une glace, et mes vigoureux rameurs fendaient l'eau rapidement : nous filions
près de deux lieues à l'heure. Le bruit cadencé des rames
troublait seul le silence profond qui régnait autour de
nous. Vers deux heures, un léger vent s'éleva, de petites
vagues ondulèrent la surface du fjord, et notre frêle embarcation se mit à danser comme un navire sur mer.
La température s'abaissa subitement, et le ciel se couvrit de nuages qui assombrissaient cette nature tantôt
si riante, si radieuse. A ces signes précurseurs, je compris qu'un orage était imminent. En ce moment nous
doublions le cap *Oselfjeld,* et nous pénétrions dans ce
bras du Hardangerfjord, connu sous le nom d'Eidsfjord.
Mes deux rameurs étaient infatigables : ils ne se reposèrent pas un instant pendant le trajet, et il est probable qu'ils s'en retournèrent à Ulvik comme ils étaient
venus. Il faut être taillé comme ces hommes du Nord
pour ramer ainsi pendant huit heures consécutives.

Nous débarquâmes à Eidsfjord vers cinq heures du
soir. Cette localité, qui porte aussi dans le pays le nom
de *Vik,* est agréablement située à l'extrémité de la branche

la plus reculée du Hardangerfjord, au pied de montagnes prodigieusement hautes, et à l'entrée de la magnifique vallée où coule le *Voringselv* ou *Bjorei*. J'avais résolu d'aller ce jour même à Saebö, pour y passer la nuit et visiter le lendemain la célèbre chute de *Voringfoss*. De Vik à Saebö la distance est d'environ un demimille norwégien. Le trajet se fait en partie par terre, en partie par eau. Après avoir vidé avec mes rameurs quelques verres d'öl, je partis le sac au dos. Je traversai un petit bois où gronde le torrent impétueux du Vöringselv, puis j'arrivai en présence d'un lac intérieur connu sous le nom d'*Eidsfjordsvand*. Ici le chemin finit tout à coup; car les rives du lac sont tellement escarpées, qu'il serait impossible d'y pratiquer une route. Il n'y a d'autre moyen, pour aller à Saebö, que de traverser le lac. Je vis une barque amarrée au rivage; mais de rameur point : pas une maison, pas une hutte. Ainsi, après avoir fait près d'une demi-lieue, il me fallut retourner sur mes pas pour chercher un rameur. Heureusement, j'eus à peine rebroussé chemin que je vis arriver l'aubergiste de Vik avec deux naturels du pays qui voulaient, comme moi, passer le lac. Nous entrâmes tous dans la même barque : elle semblait fort petite pour contenir quatre personnes. On s'y casa comme on put. Onques ne vis de plus piètre embarcation : malgré de nombreux rapiéçages en zinc, l'eau y pénétrait de tous les côtés à la fois, et l'un de nous devait continuellement vider la barque au moyen d'un sabot, sans quoi nous eussions sombré au bout de cinq minutes.

L'Eidsfjordsvand est un beau lac solitaire, d'une lieue de longueur, traversé par le Vöringselv, encaissé entre de colossales murailles à pic qui s'élèvent à plus de trois mille pieds au-dessus du niveau de l'eau. Le long de ces parois destituées des grâces de la végétation glissent de nombreuses cascades, des filets d'écume blanche. Le lac n'a point de rives : si notre barque chavirait, rien ne nous servirait de nager, car il serait impossible d'atterrir sur ces rochers abrupts qui font un angle droit avec la surface de l'eau. L'Eidsfjordsvand offre une ressemblance frappante avec le lac Tinn, dans le Thélémark.

A peine étions-nous embarqués sur le lac, que le ciel devint tout noir; l'orage prévu éclata au-dessus de nos têtes. Je n'oublierai jamais l'aspect grandiose de ce lac, éclairé par les lueurs rougeâtres et fugitives des éclairs. Pendant une demi-heure la grande voix du tonnerre roula d'écho en écho, avec un horrible fracas qu'exagéraient encore les gigantesques parois qui surplombaient au-dessus de nos têtes. A l'horizon, du côté de Vik, la pluie brouillait l'atmosphère, et les hautes montagnes du Hardanger semblaient enveloppées d'un voile de gaze transparente. A l'opposite, du côté de Saebo, les formes des monts se dessinaient plus nettement, et sous le ciel sombre avaient un aspect vraiment infernal. Les neiges brillaient de teintes livides, et les cimes disparaissaient dans les nuées chargées d'électricité. Pour trouver des images qui puissent dépeindre cette scène sublime, il faudrait être Byron ou Lamartine.

Vers sept heures du soir, nous débarquons à l'extrémité du lac. Là se présente un sol fangeux souvent inondé par suite des débordements du lac et de la rivière : sans les pierres qui y ont été semées de distance en distance, on s'y embourberait à chaque pas. Nous déployons sur ce joli chemin notre talent d'équilibristes, et au bout d'un quart d'heure nous arrivons à Saebö. Quelques misérables maisons de bois éparpillées sur les pentes du terrain, voilà le village. Une dizaine de familles y habitent. La famille des Saebö lui a donné son nom. Une maison fraîchement peinte se fait remarquer entre les autres : c'est celle des Saebö. C'est là qu'il me faut passer la nuit. La maison se compose de quatre pièces, deux au rez-de-chaussée et autant à l'étage. L'étage est réservé aux étrangers. J'ai découvert ici un système de lits assez original : ce meuble se compose en réalité de deux lits qui s'emboîtent l'un dans l'autre comme une table à coulisses, en sorte qu'on peut l'élargir ou le rétrécir à volonté, suivant qu'il s'agit d'y loger une ou deux personnes.

A peine ai-je pris possession de ma chambre, que le ciel ouvre ses cataractes. Ce qui me désole, c'est que la pluie tient bon, et que le temps semble décidément brouillé. Je crains fort de n'être venu jusqu'ici que pour devoir renoncer au Vöringfoss. Pour souper, on me sert des œufs avec des pommes de terre rouges, des moltebeer, l'inévitable flatbröd, et je ne sais quel atroce poisson fumé et salé. En fait de boisson, on ne trouve ici que du lait caillé et de mauvais café. Je me couche assez penaud, maudissant la pluie qui bouleverse mes beaux projets.

Chute du Vöringfoss. (Canton de Bergen.)

III

LE VÖRINGFOSS

Après avoir rêvé pendant toute la nuit de la pluie et du *Vöringfoss*, deux choses qui ne vont guère ensemble, je fus éveillé, le 4 septembre, par un joyeux rayon de soleil que m'envoyait cette bonne Providence, qui m'a tant de fois exaucé en voyage. J'ouvris ma fenêtre : l'air était vif, mais le ciel était bleu. Je déjeunai de café et de flatbröd, et à six heures du matin je me mis en route avec l'excellent Johan Saebö. C'est un homme de vingt-neuf ans, roux de la tête aux pieds, et déjà père de quatre enfants, dont l'aîné est âgé de neuf ans. Il baragouine quelques mots d'anglais, que lui ont appris les amateurs de *fishing* et de *shooting* qui visitent chaque année ces parages.

La matinée était charmante. Les montagnes revêtaient autour de nous des teintes fraîches et azurées. Les cimes les plus éloignées étaient confuses encore dans cette atmosphère vaporeuse du matin. A mesure que le soleil montait à l'horizon, l'ombre fuyait du fond des vallées, et les neiges des hauts sommets se baignaient dans une lumière rose glacée d'argent que nulle palette ne pourrait rendre.

Comme nous quittions Saebo, mon guide me fit remarquer, au sommet d'une montagne qui domine l'Eidsfjordsvand, deux pitons de formes fort extraordinaires : ils ressemblent à des jambes gigantesques disposées de telle façon que la plante des pieds regarde le ciel; on leur a donné le nom de *Tysefood* (pieds du géant). J'ai cru comprendre des explications de mon guide qu'un géant, s'il faut en croire la légende, fut enseveli après sa mort dans cette montagne, parce qu'on ne pouvait pas lui trouver de tombeau assez vaste; sa tête repose sur la terre, et ses pieds, exposés aux intempéries de l'air, se sont changés en pierre.

Au delà de Saebo s'ouvrent deux vallées; l'une, à droite, conduit vers des régions où nul ne s'aventure sans terreur : c'est la vallée à peine explorée de *Hjelmodalen;* l'autre, à gauche, mène au Vóringfoss : c'est la vallée de Maabödalen. Nous pénétrons dans la dernière. L'aspect en est sauvage et sombre. A droite et à gauche, des murailles à pic de plus de mille mètres de hauteur surplombent au-dessus de nos têtes. Les arbres sont rares, et c'est à peine si l'on aperçoit une maigre verdure dans les anfractuosités où a pu s'accumuler un peu de terre végétale. Partout la pierre, la pierre nue et stérile. Le fond de la vallée est semé de quartiers de rochers qui se sont détachés des flancs de la montagne; leurs dimensions effraient l'imagination : j'en ai vu qui n'étaient guère moindres qu'une chaumière. Quelques-uns

ont des cassures fraîches qui prouvent que leur chute
a dû s'opérer à une époque assez récente. Chaque année les avalanches du printemps, succédant aux gelées
d'hiver qui désagrégent le roc, entraînent avec elles des
morceaux de montagne et accumulent dans la vallée
de nouveaux débris. En maints endroits, ces énormes
masses barrent le torrent, et les eaux furieuses se glissent
entre elles avec un grondement sourd qui rappelle le bruit
du tonnerre.

Le chemin n'était qu'un sentier étroit suspendu à
l'une des parois de la vallée : quelquefois il n'avait
pas douze pouces de largeur. Nous longions d'effrayants
précipices, dans les sinuosités desquels nous entendions
siffler le vent. Je rencontrais parfois des curiosités naturelles assez étranges : tantôt c'étaient des trous allon-
gés creusés dans la pierre, et ressemblant, à s'y méprendre, à des empreintes de pieds humains, comme
si ce qui était autrefois du limon s'était pétrifié sous l'action du temps ; tantôt c'étaient des cavernes circulaires,
en forme de marmites, creusées jadis par le travail des
ondes : on les appelle dans le pays *Jœtte Gryde;* ce qui,
traduit du norsk en français, veut dire tout simplement
marmite du géant. Il paraît que notre géant de tantôt a
laissé des traces un peu partout.

Au bout d'une heure de marche, nous nous reposâmes
dans un misérable gaard, la seule habitation qu'on rencontre dans cette affreuse vallée. Nous y trouvâmes les
gens en train de déjeuner : ils croquaient à belles dents
une sorte de flatbröd dur comme du bois, qu'ils trem-
paient dans du lait sûr. Ces paysans du Nord ne sont
pas difficiles à l'endroit de la nourriture. La maison,
construite de troncs d'arbres, se compose de deux pièces

12

séparées par un vestibule : l'une sert à la fois de salle à
manger et de chambre à coucher, l'autre est la cuisine ;
cette dernière pièce n'a d'autre plancher que la terre du
sol. Au milieu un amas de pierres, sur lequel flambe un
feu de bois : la fumée s'échappe comme elle peut par un
trou pratiqué dans le toit. Au-dessus des deux pièces,
une espèce de grenier où l'on met les provisions. Ce misérable gaard s'appelle *Maabö,* du nom de son propriétaire. Cette localité est marquée en grandes lettres sur
les cartes de Norwége.

Au delà de Maabö, nous traversons le torrent sur un
pont de bois d'une construction vraiment hardie. En
cet endroit l'onde écume et gronde avec une impétuosité
terrible, et l'on ne se risque qu'en tremblant sur ces
frêles planches de sapin à peine assujetties. Un peu plus
loin la vallée aboutit à une énorme paroi perpendiculaire, semblable au Marboré qui ferme la vallée de Gavarnie dans les Pyrénées. Autrefois les touristes, qui
voulaient aller contempler la chute de Vöringfoss, étaient
obligés de gravir cette muraille abrupte par un sentier
en zigzags de deux pieds de largeur : c'était une escalade pénible et dangereuse, qui ne durait pas moins de
trois heures. Au sommet de la paroi, on traversait un
large plateau désert, au bout duquel on trouvait le puits
de mille pieds où se précipite la cataracte du Vöring.
La chute ne pouvait alors être contemplée que de haut
en bas, et on ne la voyait qu'imparfaitement. Mais aujourd'hui on ne suit plus cette route. Au lieu de gravir
la muraille, on s'engage dans une étroite gorge qui aboutit en cet endroit à la vallée de Maabodalen, avec laquelle
elle fait un angle droit. Cette gorge avait toujours été
inaccessible, grâce à l'absence d'un sentier. En 1872,

un mauvais chemin y a été construit aux frais de la
Norske Turist forening (Société norwégienne des touristes)[1]. Ce chemin, sur tout son parcours, a dû être
creusé dans le roc. Ici, la vallée n'est plus qu'une
étroite fissure formée par le torrent entre deux murs
verticaux d'une élévation prodigieuse : on n'aperçoit
le ciel que par une fente dont les bords surplom-
bants sont taillés en scie. Le sentier est suspendu au-
dessus du précipice à une hauteur épouvantable, et la
grosse voix du torrent qui gronde au fond de l'abîme
n'arrive plus à nous que comme un murmure étouffé.
Des cataractes s'élancent en écume blanche du sommet

---

[1] La *Norske Turist forening,* société analogue au club alpin, fut fondée
en 1872. Elle compte déjà plus de mille membres norwégiens et étrangers.
La société invite toutes les personnes qui voyagent en Norwége à lui donner
l'appui de leur adhésion. La cotisation est de 1 spd. (environ 5 fr. 70) par
an pour les membres ordinaires, et de 10 spd. au moins une fois payés pour
les membres perpétuels. Chaque membre reçoit tous les ans un exemplaire
de l'intéressant Annuaire de la société, accompagné de cartes spéciales et d'iti-
néraires. Les demandes d'admission doivent être adressées à « Den Norske
Turist forening, Kristiania. » Voici, traduit des statuts, le but de la société :
« Le but de la société est de faciliter les voyages en Norwége et d'en propager
le goût par tous les moyens possibles, tels que : le percement de chemins
pour rendre accessibles les beaux sites, les vues remarquables, les chutes
d'eau, etc.; la construction, aux endroits déserts, de maisonnettes destinées
à servir d'abri; l'établissement de ponts sur les cours d'eau; le placement de
poteaux indicateurs; l'entretien de bateaux sur les grands lacs; la surveil-
lance des auberges situées sur les routes peu fréquentées; le choix de guides
sûrs, etc. etc. » L'affiliation à la société donne un privilége en cas de concurrence avec d'autres voyageurs pour la jouissance des maisonnettes et bateaux
appartenant à la société, des auberges et guides qu'elle a pris sous son
patronage, etc. » Voici les noms des membres dont se compose la commission
actuelle :

To. Joh. HEFTUE, konsul; F. NAESER, general major;
   H. KRAG, kontor chef; L. AUBERT, professor;
   P. BIRCH; REICHENWALD, Hoiesteret advokat (avo-
   cat près la cour suprême).

des rochers, et, après d'effroyables bonds, disparaissent dans le gouffre que nous côtoyons. Nul paysage en Norwége ne s'annonce avec tant de grandeur et de majesté que le Voringfoss.

La Turist forening a eu la malencontreuse idée de recouvrir le chemin d'une couche de tourbe dans laquelle on s'embourbe à plaisir : cette tourbe est si humide, que les souliers ne tardent pas à s'imprégner d'eau comme si l'on marchait dans un marais. A mi-chemin de la gorge, nous rencontrons un lac très-profond formé par le Vóringselv : l'eau en est glaciale. Mon guide me raconte qu'au mois de juillet dernier un étudiant de Christiania avait fait le pari de traverser ce lac à la nage : il exécuta son pari ; mais il fut pris d'un refroidissement dont il mourut quelques jours après. Il n'y a que les Anglais et les Norwégiens qui se paient de pareils plaisirs. En face du lac, on lit sur la paroi de la gorge l'inscription : T. F., 1872, destinée à rappeler la visite de la Turist forening. ·

Le sentier devient de plus en plus roide : c'est une véritable escalade. La température fraîchit à mesure que nous nous élevons. Bientôt nous commençons à distinguer un épais nuage qui flotte au-dessus des rochers à l'extrémité de la vallée : c'est la fumée du Vóringfoss. Déjà nous percevons un bruit sourd et continu, semblable au bruit des vagues de l'Océan lorsqu'elles se brisent sur la grève. Au bout d'un quart d'heure, nous traversons un dernier pont qui nous mène en face de la chute.

Pour se faire une idée du spectacle que nous avions sous les yeux, qu'on se représente la Marne tombant d'une hauteur trois fois plus considérable que celle du dôme des Invalides. Cette énorme masse d'eau s'engloutit tout entière dans un gouffre à peu près circulaire, dont les parois taillées à pic simulent un immense puits. La rivière tombe perpendiculairement sans toucher le roc. Rien ne la retarde, rien ne l'arrête. Elle se précipite d'un seul jet, d'un seul élan, et parcourt dans le vide un trajet de près de neuf cents pieds. Nous sommes au fond du puits, au pied de la chute : autour de nous tout siffle, mugit, bouillonne et fume comme dans une chaudière infernale. A dix pas de nous, le Vöringfoss se brise sur le roc et remonte en tourbillons de vapeurs le long des parois du puits. Au-dessus de la colonne écumante, un morceau de ciel bleu se laisse apercevoir par un étroit orifice. Le soleil irise les vapeurs qui s'élèvent vers la gueule du gouffre, et l'humide écharpe reluit au-dessus de nos têtes comme un pont de lumière, le pont de la mythologie scandinave. Le mélodieux langage de la poésie pourrait seul rendre un pareil tableau.

Je demeurai là bien longtemps, sans mouvement, sans parole! Je ne sentais ni la pluie de la cataracte qui ruisselait sur mes épaules, ni la fraîcheur glaciale qui régnait au fond de cette sombre prison. Je n'entendais que le grondement formidable du Vöringfoss, je ne voyais que cette épouvantable colonne d'eau, plus blanche que la neige, s'effondrant dans le précipice comme une perpétuelle avalanche. J'étais là comme cloué sur le sol, étourdi par le bruit, aveuglé par l'écume, fasciné par l'étrange aspect du tableau. Antérieurement, je n'avais éprouvé qu'une seule fois une émotion semblable; c'est lorsque je me trouvai en face de la chute du Rjukandfoss. Je ne saurais dire si Rjukandfoss me subjugua plus vivement que Vöringfoss : ces deux merveilles de la nature du Nord se

disputent la palme. Rjukandfoss l'emporte peut-être par
la grandeur et la sauvagerie du site; mais Voringfoss
l'emporte par la masse d'eau et la puissance de la chute.

Lorsque je me retirai de mon observatoire, j'étais
mouillé de la tête aux pieds par l'humide fumée de la
cataracte. La végétation est exubérante aux environs du
Vóringfoss, grâce à la poussière d'eau qui y entretient
une éternelle fraîcheur. Je cueillis sur les bords du Vöring quelques plantes remarquables par leurs parfums
agréables, entre autres le *qvane,* le *bjeort* et le *smorre-
book.*

Avant de reprendre le chemin du retour, nous procé-
dâmes à réparer nos forces en mangeant des *pannekaken*
apportées par mon guide et en buvant un peu d'eau
puisée dans les flots bouillonnants du Vöring : l'eau était
délicieuse, froide comme la neige. Sur ce même banc de
sapin où nous prenions notre frugal déjeuner, le roi de
Suède s'était reposé quelques mois auparavant. Oscar II
visita le Vöringfoss le 18 juillet 1872, peu de temps avant
de monter sur le trône. Johan Saebö me rappelle cette
visite avec un légitime orgueil : il me raconte qu'il n'y
avait pas moins de douze chevaux pour le prince et sa
suite.

Nous revînmes par où nous étions venus, et vers midi
nous fûmes de retour à Saebö. Désireux de fuir une localité où l'on ne trouve que du flatbröd et du poisson fumé,
je m'embarquai avec Johan Saebö sur le lac de Eidsfjordsvand, dans la nacelle qui m'avait amené la veille. Après
une agréable traversée, je débarquai à l'autre extrémité
du lac, serrai la main du brave Johan, et regagnai Vik
le sac au dos. Comme j'avais jeûné pendant vingt-quatre
heures, je ne fus pas fâché de trouver là un de ces dîners

substantiels qui réconfortent si bien après une longue et pénible course. Je me fais ici un devoir de venger Vik de la mauvaise réputation que lui a donnée Murray : c'est une *very good and very cheap accommodation*. On est toujours sûr d'y trouver d'excellentes truites du Hardanger, de la viande de renne, du vin de Bordeaux et même du pain blanc. Le propriétaire, M. Lars Öse, est un homme fort obligeant, qui met son piano à la disposition des voyageurs. Je conseille aux touristes qui voudraient entreprendre l'excursion du Vöringfoss de loger à Vik plutôt qu'à Saebö, à moins qu'ils n'aiment mieux, par un sentiment fort louable, sacrifier le comfort au pittoresque.

Je passai le reste de ma journée à flâner agréablement dans les environs de Vik, à contempler le fjord, à écrire mes notes. Vik est une délicieuse retraite pour ceux qui aiment le repos et la tranquillité absolue. On y respire un air pur, et l'esprit s'y complaît dans des pensées calmes et douces. Ce séjour serait bien propre à ramener la quiétude et la sérénité dans une âme qu'auraient troublée les orages du monde.

IV

LE SÖRFJORD — VOSSEVANGE

Le 5 septembre, à huit heures et demie du matin, le
steamer *Voss* m'emporta loin de Vik. Ce jour-là, je visi-
tai le Sörfjord, un des principaux bras du Hardangerfjord. Nous touchons d'abord à Utne, qui rappelle Bel-
lagio sur le lac de Côme, par sa situation à l'extrémité
d'un promontoire. Ce promontoire termine la chaîne
montagneuse du Folgefond, qui dresse ses hautes cimes
neigeuses entre le fjord principal et la branche du Sörfjord. Cette branche n'a pas moins de dix lieues de longueur, et se dirige en ligne droite du nord au sud. C'est
incontestablement la région la plus pittoresque et la plus
grandiose du Hardanger. La végétation est ici d'une incomparable magnificence. Mais ce qui rehausse encore
la beauté du paysage, ce sont les splendides perspectives
des montagnes qui ondulent sur les deux rives, fuyant
les unes derrière les autres comme les montagnes du

Rhin. Le Sörfjord est d'ailleurs si étroit, qu'il ressemble à un fleuve plutôt qu'à un bras de mer. D'innombrables cascades courent sur les pentes, traçant comme un sillon de neige au milieu des sapins, et vont mourir dans la mer à deux mille pieds au-dessous des glaciers du Folgefond, qui leur ont donné naissance. Ces glaciers forment le plus magnifique panorama qu'il soit possible d'imaginer. Qu'on se représente un champ de neige et de glaces, long de vingt lieues, large de cinq, couvrant les cimes du Folgefond comme un immense suaire blanc. Chaque crevasse, chaque vallée qui descend des sommets vers le Sörfjord est comblée par un glacier. Ces glaciers bleuâtres chatoient, resplendissent au soleil comme d'énormes turquoises, et se détachent sur le vert sombre des sapins; l'eau paisible du fjord, dans sa transparence glauque, les réfléchit avec une admirable sérénité. Tout cela forme un ensemble saisissant qui échappe à la description.

D'après une légende qu'enfanta l'imagination populaire, les glaciers du Folgefond n'auraient pas toujours existé. Il y avait autrefois ici une vallée fertile appelée *Folgedal :* cette vallée était si grande qu'elle ne renfermait pas moins de sept paroisses. Mais les hommes qui l'habitaient étaient méchants et pervers. Dieu, pour les punir de leurs crimes, leur envoya une terrible tempête de neige qui les engloutit. La neige tomba sans discontinuer pendant dix semaines et remplit toute la vallée, en sorte que pas un seul habitant ne survécut.

Un des plus beaux sites du Sörfjord, c'est *Ullendsvand.* Là s'ouvre une sorte de cirque naturel, au fond duquel deux jolies cascades serpentent comme des écharpes de mousseline sur un tapis de verdure : ce gracieux tableau m'a rappelé la vallée du Lys près de Luchon. En face d'Ullendsvand, sur la rive opposée, on a découvert récemment une importante mine de cuivre, dont l'entrée se trouve à mi-côte de la montagne.

Odde occupe l'extrémité du Sörfjord. C'est une jolie petite localité, qui, par sa situation, rappelle Vik et Ulvik. C'est de là qu'on entreprend d'ordinaire l'excursion aux glaciers de Folgefond et à la chute de *Skaeggedalsfoss*. Cette excursion, qui doit être fort intéressante, m'eût occasionné un retard de quatre jours, et comme mon temps était compté, je dus y renoncer.

A peine eûmes-nous quitté Odde que nous fûmes assaillis par la pluie. J'avais traversé le matin le Sörfjord par un soleil splendide, et j'éprouvai un nouveau charme à le contempler sous un ciel sombre. Les nuages, se traînant à mi-côte des montagnes, rehaussaient la sauvagerie du paysage.

J'arrivai à sept heures du soir à Eide, localité qui m'était déjà connue.

Du Hardangerfjord je voulus aller au Sognefjord par la voie de terre. La distance d'un fjord à l'autre est d'environ vingt lieues, qu'on parcourt en douze heures.

Le 6 septembre, à sept heures du matin, par un ciel couvert, je partis d'Eide en carriole. J'avais pour conducteur le même Carlsen qui m'avait guidé de Graven à Ulvik. Les carrioles en usage dans cette contrée sont des plus primitives : qu'on s'imagine une caisse grossière soutenue sur deux roues sans ressorts; du brancard partent deux pièces de bois sur lesquelles est suspendu le siége. Lorsqu'on arrive à une côte et qu'il s'agit de mettre pied à terre, il faut sauter par-dessus ces pièces d e bois, ce qui n'est pas très-facile. N'étant guère vers dans ce genre d'exercice, la première fois je sautai si malheureusement, que je fus précipité sur le sol, et que la carriole me passa sur le corps : par bonheur, ces carrioles sont légères, et j'en fus quitte pour une torsion du bras droit et quelques contusions.

D'Eide à Graven, la route m'était déjà connue. Quand nous eûmes dépassé le charmant petit lac dont j'ai parlé, nous pénétrâmes dans une étroite vallée d'un aspect des plus riants. L'œil n'aperçoit que des pentes de verdure, une infinité d'arbres de toute espèce, de grasses prairies où paissent les troupeaux, des champs cultivés et de rustiques maisonnettes construites de troncs de sapins. On se croirait dans une de ces vallées de l'âge d'or dont les poëtes anciens nous ont laissé de si charmants tableaux. Les paysans, en culottes courtes, font la moisson. Ils fauchent l'herbe, la réunissent en tas, puis l'étendent sur des espèces de treillis en bois pour la sécher. Nous saluons en passant la gracieuse cascade de *Livenfoss*. Bientôt la vallée se ferme, et nous voici en face de la chute de *Skjerdefoss,* qui s'élance d'une vallée supérieure dans celle que nous venons de traverser. Quand on vient du Vöringfoss, on a le droit de se montrer difficile en fait de cascades; et cependant je fus saisi d'admiration à la vue de cette belle nappe d'argent qui tombe le long d'une paroi perpendiculaire, puis s'élance sous un pont d'une seule arche, forme un nouveau ressaut, et va mourir au fond de la vallée, à deux cents mètres au-dessous de son point de départ. Le paysage environnant complète admirablement la mise en scène. La route s'élève hardiment par de nombreux festons sur le flanc de la montagne, franchit la cascade à l'endroit où elle achève son premier bond, et aboutit à trois cents mètres plus haut dans la vallée supérieure. De là le regard domine à vol d'oiseau toute la vallée que nous venons de parcourir : c'est une des plus admirables perspectives que j'aie jamais contemplées. Hélas! que la plume est pauvre pour rendre de pareils tableaux!

La vallée dans laquelle nous pénétrons ensuite nous offre un changement à vue : le paysage prend un tout autre caractère; c'est l'aspect des régions élevées, c'est le silence et le calme absolu des hauteurs. Chose étrange, la température y est beaucoup plus douce. En fait de végétation, on n'y trouve plus que des sapins. Pendant quelque temps, nous sommes assaillis par la pluie; mais bientôt le ciel se rassérène.

Au bout d'une heure à partir de Skjerdefoss, nous atteignons le point culminant de la route qui mène du Hardangerfjord au Sognefjord : nous sommes ici à huit cent trente-quatre pieds norvégiens au-dessus du niveau des deux fjords. Au delà de cette ligne de faîte s'ouvrent de nouveaux aspects : l'horizon est borné par d'énormes fjelds grisâtres chargés de neiges. Les perspectives sont splendides; l'œil plane sur d'immenses étendues de pays. Après avoir passé au grand trot une superbe forêt de sapins, nous franchissons la pittoresque rivière du Vosselv sur un pont de bois de cent pas de longueur, et à onze heures et demie nous arrivons à Vossevangen.

Vossevangen est un grand village situé au milieu d'une merveilleuse vallée pleine de verdure, et au bord d'un lac sans pareil, le *Vangsvand :* ce lac a un aspect tout à fait romantique. Presque tous les touristes s'arrêtent à Vossevangen, qui passe à bon droit pour un des plus charmants séjours de la Norwége : les prome-

nades dans les environs doivent être délicieuses. A mon
grand regret, je ne pus m'y arrêter que pour dîner. Je
tenais à atteindre Gudvangen le même jour, pour ne pas
manquer le steamer *Framnaes*.

Jusqu'à Vossevangen, nous avions suivi une route
commode et sûre, récemment construite en 1868; mais
au delà de Vossevangen le chemin devient abominable,
et reste tel jusqu'à Stalheim : les montées et les descentes
deviennent effrayantes, et l'on éprouve des cahots in-
supportables. En quittant Vossevangen, on gravit une
côte extrêmement roide, d'où l'on jouit d'un magnifique
coup d'œil sur la riante vallée du *Vangsvand*. Ensuite
on côtoie un lac. Rien de paisible et de calme comme
ces lacs intérieurs qu'on rencontre si fréquemment en
Norwége : d'Eide à Gudvangen, sur un parcours de sept
milles, j'en ai compté trois.

De Vossevangen à Stalheim, le pays ne varie guère
d'aspect : l'horizon est toujours borné par les grands
fjelds neigeux. Vers trois heures, nous sommes à *Vinje*,
où il faut changer de cheval. Or des Anglais, qui m'ont
dépassé en route, ont enlevé tous les chevaux, et il faut
aller en chercher un aux pâturages, ce qui me fait perdre
à peu près une heure. Vinje est une pauvre station située
au milieu d'un site d'une indescriptible sauvagerie : on
se croirait en pleine Laponie.

Au delà de Vinje on côtoie un beau lac de deux lieues
de longueur, dont les rives portent quelques maigres
cultures. A Stalheim je change encore de cheval. Tout
à coup me voilà en face de la vallée de Naerödalen, qui
s'ouvre devant nous à l'improviste. Nous sommes à quelque mille pieds au-dessus de la vallée : elle se déploie
tout entière à nos pieds, comme un précipice de trois

lieues de longueur. Il est six heures du soir; déjà le côté gauche de la vallée ne reflète plus les rayons du soleil; les montagnes glacées qui se dressent à droite en sont seules éclairées. L'imagination ne saurait rien inventer de plus grandiose, de plus étonnant que ce gigantesque entassement de montagnes, de pics neigeux, de cimes étincelantes. Je suis resté là quelque temps, interdit, muet d'admiration. Cette vallée de Naerödalen, contemplée à vol d'oiseau du haut du plateau de Stalheim, quelque temps avant le coucher du soleil, est le spectacle le plus extraordinaire, le plus féerique qu'il m'ait été donné d'admirer dans le cours de mes voyages.

La route descend du haut du plateau jusqu'au fond de la vallée en décrivant d'innombrables lacets. Cette descente de Stalheim est célèbre : c'est une des routes les plus hardies qui aient jamais été construites. Elle a été commencée en 1845 et terminée en 1849, sous la direction de M. Hille, capitaine de l'armée norwégienne. La route serpente le long d'une paroi presque perpendiculaire, entre deux superbes cascades qui, à chaque coude du chemin, charment alternativement la vue. Arrivés au bas de la descente, nous pénétrons dans la sombre et grandiose gorge de Naerödalen. De colossales murailles à pic se dressent de chaque côté de la route, et vont se perdre dans les régions du vertige, à plus de mille mètres de hauteur : leurs corniches, qui surplombent d'une manière effrayante, semblent vouloir se rejoindre au-dessus de nos têtes, et c'est à peine si l'air et la lumière peuvent pénétrer dans le défilé. En maints endroits des quartiers de montagnes se sont écroulés, et la route se fraie passage au milieu d'énormes éboulis. Une large rivière roule à notre gauche ses eaux claires comme le cristal. Ah! la Norwége est un beau pays, un sublime et grandissime pays. Plus j'apprends à la connaître, plus j'en suis émerveillé.

A sept heures du soir, j'arrivai au terme du voyage, moulu, brisé comme on peut l'être après douze heures de carriole sans ressort. Je trouvai bon gîte et bon souper dans la petite auberge de Gudvangen. Gudvangen est un petit groupe de cinq ou six maisons, situé au fond d'un bras du Sögnefjord, à l'embouchure d'une rivière, au milieu d'un site grandiose qui défie la plume et le pinceau. En face de l'auberge, tombe le long d'une paroi à pic une cascade de deux mille pieds, appelée *Keelfoss*. Cette chute ignorée est la plus haute du monde : elle dépasse même la célèbre chute de Gavarnie, qui n'a que douze cent soixante-six pieds de haut. Le Keelfoss n'est malheureusement qu'un filet d'eau : de même que le Staubbach, en Suisse, il flotte au gré du vent et se réduit en poussière avant d'arriver à terre.

V

LE SÖGNEFJORD

Le 7 septembre, un dimanche, je fis dans la matinée une petite excursion le long du Naeröfjord, — un
bras du Sögne, — par un mauvais chemin pierreux qui
constitue la seule et unique promenade de Gudvangen.
Une averse me surprit en route, et je me réfugiai sous
un rocher qui surplombe le chemin. De là j'observai de
beaux effets de lumière : tantôt les montagnes les plus
proches étaient enveloppées de nuages obscurs, tandis
que les cimes lointaines resplendissaient sous le ciel
bleu ; tantôt les brouillards envahissaient celles-ci à leur
tour, tandis qu'autour de moi tous les objets se baignaient
dans une pure atmosphère. De larges gouttes de pluie
crépitaient comme du petit plomb sur la nappe calme
du fjord, et le radieux arc-en-ciel brillait dans la nue.

Je m'embarquai vers midi sur *le Framnaes*, steamer
bien supérieur aux affreuses coquilles du Hardanger. Ce

steamer devait me ramener à Bergen le lendemain soir :
j'y passai deux jours et une nuit à voguer sur les eaux
du Sögnefjord, le plus pittoresque, le plus merveilleux,
le plus grandiose de tous les fjords de la Norwége. Ce
magnifique bras de mer pénètre à plus de deux cents
kilomètres dans l'intérieur des terres, et se divise vers
son extrémité en plusieurs branches qui ont chacune
un nom spécial ; ce sont : le *Lysterfjord*, le *Aardalsfjord*,
le *Aurlandsfjord* et le *Naeröfjord*. De tous ces fjords le
plus remarquable, le plus surprenant par sa sauvage
grandeur, est le *Naeröfjord*, au bout duquel est situé
Gudvangen. Là on navigue entre des monts géants,
entre des murailles de cinq mille pieds de haut. Du haut
de ces parois s'élancent des torrents qui voltigent et se
balancent dans l'air comme des flocons de neige, comme
des panaches de plumes fines. Là le fjord est tellement
resserré, et les énormes masses granitiques qui le surplombent sont si hautes, que le soleil n'y pénètre qu'à
son zénith : en maints endroits, deux vaisseaux de guerre
ne pourraient passer de front. Les grandes ombres des
montagnes s'étendent sur cette nappe calme que n'a
jamais troublée la tempête ; mais là-bas, le soleil de midi
fait resplendir le liquide cristal, et y projette une longue
traînée lumineuse, une brillante ligne aux éclats d'émeraude. Les neiges et les glaciers des hautes cimes se
mirent dans l'eau avec une admirable netteté : parfois
il est impossible de distinguer où finit le rivage, où
commence le fjord. Par une étrange illusion d'optique,
. due à certaines causes atmosphériques, les nacelles qui
sillonnent l'onde immobile semblent voguer dans l'air. Un
silence profond règne sur les bords de cet étrange fjord :
pas un son, pas un bruit d'aile ; les cascades mêmes glis-

sent sans bruit le long des parois auxquelles elles sont suspendues... Mais pourquoi m'arrêter à vouloir décrire ce qui échappe à toute description! En face du Sögne-fjord, on déplore la pauvreté des langues humaines. Quand on est impuissant à manier la plume d'or du poëte ou le divin pinceau de l'artiste, il vaut mieux envoyer là le lecteur et renoncer à reproduire des scènes inimitables.

Au sortir du Naeröfjord, nous pénétrâmes dans cette branche du Sögne connue sous le nom de *Aardalsfjord*. Là le paysage change d'aspect; le golfe s'élargit, les montagnes s'abaissent, la végétation renaît sur leurs pentes. Voici le village d'Amble, situé au fond d'une baie charmante, où les sapins croissent à l'envi : ce site me rappelait les riants paysages du Hardanger. A sept heures du soir, nous touchions à Laerdalsören. C'est ici que vient expirer le Sögnefjord, à cinquante lieues de l'O-céan. Ce noble bras de mer dégénère en un marais fangeux, à peine assez profond pour permettre aux nacelles d'aller jusqu'à Laerdalsoren. Les steamers sont obligés de stationner à cinq cents mètres du village. Laerdal-sören est une localité importante, située sur la route de Bergen à Christiania : c'est d'ici que partent les carrioles pour la capitale.

Après une courte escale, *le Framnaes* vira de bord. La soirée était belle, et je restai sur le tillac en dépit de la fraîcheur de la température. Vers huit heures et demie, la lune apparut soudain derrière les montagnes, environnée d'une auréole de nuages : elle se promenait, comme une déesse du Nord, sur les hautes cimes, et se jouait dans leur chevelure de sapins. La nappe morne du fjord brillait comme une dalle d'argent poli. Les montagnes avaient des reflets d'opale. Les glaciers de Justedal étincelaient comme des cuirasses d'acier. Les cascades étaient lumineuses et phosphorescentes. Dans les régions inférieures, de blanches vapeurs glissaient comme des fantômes le long des rochers noirs.

Après une nuit passée sur une couche dure et étroite, je m'éveillai le lendemain à Sögnedal, dans l'*Outer Sognefjord*. Ces parages sont célèbres dans l'histoire de la Norwége : c'est là que se passèrent les faits chantés dans la Saga de Frithiof. Voici *Vangsnaes*, qu'on suppose être le *Framnaes* de la Saga, le lieu natal et la résidence de Frithiof. Voilà *Balestrand*, le lieu où s'élevait autrefois le temple de *Baldur*, érigé par Frithiof. A *Lekanger*, on voit encore une pierre haute de vingt et un pieds, appelée « pierre de Baldur ». Je descendis à terre pour visiter cet antique monument scandinave. Pendant mon absence, *le Framnaes* partit, et il était déjà loin lorsque je revins à l'embarcadère. J'eus un moment de désespoir tout à fait dramatique. Nouveau Philoctète, je poussai de grands cris de détresse, levai les bras au ciel, et faillis même m'arracher les cheveux. Tout cela eut pour effet d'apitoyer les passagers du *Framnaes*, et le capitaine, cédant à leurs prières, donna ordre de stopper. Je m'élançai dans une barque, et regagnai *le Framnaes* à force de rames. Ainsi finit cette aventure, qui faillit m'occasionner un retard d'une semaine.

Le 8 septembre, à minuit, *le Framnaes* rentrait en rade de Bergen, que je saluais pour la quatrième fois.

DEUXIÈME PARTIE

PROMENADE

DANS LA MER GLACIALE

1873

DEUXIÈME PARTIE

PROMENADE

DANS LA MER GLACIALE

1873

I

A BORD DU NORDSTJERNEN

Après trois nuits bercées sur la houleuse mer du Nord, nous fûmes, le 3 août 1873, à neuf heures du matin, en vue des côtes de la Norwége. Les hautes falaises et les massifs de rochers étaient à demi cachés par d'épais nuages. La pluie tombait, une pluie fine et glacée. Vers dix heures, nous vîmes venir à nous une petite barque qui, à chaque minute, semblait devoir être engloutie par les flots : cette barque nous amenait un pilote norwégien. Un navire, de quelque pays qu'il soit, ne peut pénétrer en Norwége s'il n'a à son bord un pilote de cette nation : dans notre cas, c'est une pure formalité, et le pilote n'est payé que pour être présent et ne rien faire.

Nous doublâmes bientôt la pointe de Skudesnaes, à quelques lieues de Stavanger; puis nous nous engageâmes dans ces curieux canaux naturels qu'on appelle *fjords*. Nous saluâmes à Hougesund le monument récemment érigé au premier roi de Norwége, Harald *Haarfager* (aux longs cheveux). De fjord en fjord, nous arrivâmes à Bergen à neuf heures du soir.

Ce n'était pas la première fois que l'antique cité hanséatique s'offrait à mes regards, avec sa vieille et imposante tour de Walkendorf, dont la lourde silhouette se voit de la mer comme le dernier vestige d'un temps qui fut pour la Norwége une ère de grandeur et de prospérité. En 1871, j'avais salué déjà ce vieux et noir donjon, à la même heure, éclairé par les pâles rayons de la lune. Aujourd'hui, comme alors, j'éprouvais cette profonde émotion que tout voyageur a ressentie en débarquant sur une terre étrangère et lointaine, sur une terre grande par son histoire et ses légendes, sur une terre enfin qui nous est chère, parce qu'elle fut la patrie de ces héros du Nord qui sont nos ancêtres.

Nous voilà débarqués enfin; adieu la poésie des souvenirs! A peine déposés sur le quai, nous sommes assaillis par une pluie torrentielle, une de ces averses homériques dont Bergen a toujours eu le privilége. Une rafale survient, qui emporte le parapluie de mon compagnon et fait voler dans la boue une centaine de cigares achetés à Rotterdam. Après d'autres incidents du même genre, nous frappons à la porte de l'hôtel Scandinavi,

qui n'a plus, hélas! un seul lit à notre disposition.
Grande déception pour des voyageurs qui viennent de
passer trois nuits sur mer! Nous regardons notre guide
d'un air suppliant qui veut dire « sauvez-nous », et le
brave homme nous mène par un dédale de rues et de
ruelles à l'autre bout de la ville. Au bout d'une heure,
nous trouvons enfin un gîte à l'hôtel Sontum, où des lits
bien chauds et bien moelleux nous font bientôt oublier
notre première mésaventure.

De tout temps, Bergen a été la terre classique de la
pluie. Pendant les quatre jours que nous fûmes condamnés à y passer, l'eau du ciel ne nous laissa guère
un moment de répit. D'autre part, nous n'y retrouvâmes
point cette chaleur torride qui régnait sur le continent
à l'époque de notre départ, à la fin de juillet. Bien que
nous fussions en pleine canicule, nous étions obligés
d'endosser un triple vêtement de laine : le matin, le froid
était tellement vif, que l'eau qui servait à notre toilette
était glacée comme au plus fort de l'hiver.

Contrariés par le mauvais temps, nous dûmes renoncer
à explorer les environs de la ville. Chaque matin nous
consultions le ciel, qui nous donnait toujours une réponse
défavorable. Nous prenions notre parti en braves, traversions dans toute sa longueur l'éternelle *Strandgade*,
et débouchions invariablement au sempiternel *Torvet*,
la grande place où se tient le marché aux poissons. Là
il fallait jouer du coude pour se frayer passage au milieu
d'une mer agitée qui n'était autre que la houle des para-
pluies, depuis le parapluie de soie cuite jusqu'au parapluie de coton bleu. Les acheteurs faisaient cercle autour des marchands. Il fallait les voir pérorer, crier,
gesticuler et débattre les prix avec une animation tout

à fait napolitaine. Les marchands, eux, ne se départaient pas de leur flegme et de leur dignité : au milieu des bruyantes clameurs qui les assaillaient de tous côtés, ils se renfermaient dans un majestueux mutisme, et répondaient le plus souvent aux offres des acheteurs en leur tournant le dos. Nulle part je n'ai vu d'aussi gigantesques exhibitions de poissons : il y en avait de toutes les tailles, de toutes les couleurs, de toutes les sortes, depuis le flétan jusqu'au vulgaire saumon. La plupart des espèces nous étaient parfaitement inconnues. Qui n'a pas vu le Torvet de Bergen n'a nulle idée d'un marché aux poissons.

Chaque jour, pendant les rares instants où le soleil se montrait timidement entre deux averses, nous faisions des promenades, accompagnés le plus souvent de notre consul, M. K., à qui nous avions présenté nos lettres d'introduction. Avec cette exquise obligeance qui est le propre de tout Norwégien, il nous montra le musée, la galerie de tableaux, la bourse, le tribunal, la citadelle, nous servant d'interprète et de cicerone, et nous donnant sur toutes choses de précieux renseignements, notamment sur l'avenir commercial de Bergen.

Un soir, — il pouvait être sept heures, — nous fîmes avec le consul l'ascension d'une des sept montagnes qui ont donné leur nom à la ville de Bergen : c'était celle que j'avais gravie deux ans auparavant par un soleil magnifique. Cette fois, c'était par un temps sombre et maussade : par intervalles, les nuages se résolvaient en pluie, et mille torrents arrosaient les pentes herbeuses. N'importe : on referait cent fois cette promenade, que jamais on ne se lasserait des merveilleux aspects du paysage. Que le ciel soit serein ou nébuleux, toujours le fjord a des beautés magiques, toujours la longue chaîne d'îles montagneuses qui le bornent du côté de la mer fascine le regard par ses formes agrestes et ses couleurs variées, toujours de gracieuses voiles blanches sillonnent comme des cygnes la nappe miroitante du golfe. Et puis, avec quel plaisir l'œil se repose sur la riante et proprette cité de bois, qui a conquis la mer par de solides pilotis, et abrite dans son superbe port des centaines de *jœgs* chargés de montagnes de morues du Nordland! L'industrie humaine se marie ici agréablement au pittoresque, et l'œil est satisfait.

Au bout de quatre jours passés à Bergen, on connaît par cœur tous les joailliers, tous les marchands de photographies, tous les magasins de pelleteries, et j'oserais presque dire tous les habitants; car nous rencontrions presque toujours les mêmes physionomies dans l'interminable Strandgade, qui est, pour ainsi dire, la seule rue de Bergen. Aussi fûmes-nous enchantés de voir arriver le jour du départ.

Le 8 août, à onze heures du soir, nous nous embarquâmes à bord du *Nordstjernen (l'Étoile du Nord)*, un des douze steamers de la compagnie de Bergen, qui, chaque semaine, partant de Hambourg, desservent toutes les localités situées sur les côtes de Norwége à partir de Christiansand, doublent le cap Nord, dernière pointe d'Europe, et s'arrêtent à Vadsö, après une traversée d'environ sept cents lieues. Le *Nordstjernen* est un navire d'assez respectables dimensions : il pourrait, à la rigueur, recevoir six cents passagers. C'est, dit-on, le meilleur marcheur des steamers qui font ce parcours : il file ses trois lieues à l'heure. Le salon est élégant et spacieux; il communique avec un petit fumoir où l'on trouve des journaux illustrés, d'excellentes cartes de la Norwége, et d'autres publications indigènes. Le pont est assez vaste; mais les cabines sont étroites et infectes comme dans tous les navires. Une petite salle basse, sombre et étouffante, située sous le salon, nous sert de dortoir. Chaque fois que j'y veux descendre, la partie chevelue de ma personne essuie mille et mille croques : au bout du roide escalier, les malles qui encombrent le chemin font trébucher dans l'obscurité ceux qui ne sont pas avertis de leur présence. Quant aux couchettes, elles peuvent faire l'affaire de ceux qui se plaisent à dormir sur la dure; mais d'importuns parasites vous y disputent la place en vertu du droit du premier occupant.

Telles furent nos premières impressions à bord du *Nordstjernen,* qui devait être notre demeure, notre maison, pendant près d'un mois. Il me reste à dire que le *Nordstjernen* est commandé par le capitaine Roland, un parfait gentleman plein de prévenances et de politesses pour ses passagers : il parle parfaitement la langue anglaise, de même que les autres officiers. Une cinquantaine d'hommes composent l'équipage : tous sont Norwégiens.

Nous quittâmes Bergen dans la nuit, vers deux heures du matin. J'avais déjà fait en 1871 le voyage de Bergen à Throndhjen; mais cette navigation de deux jours est si intéressante qu'on ne perd rien à la refaire. Mon compagnon, qui visitait ces parages pour la première fois, fut émerveillé au plus haut point de l'aspect grandiose des côtes. Le ciel, constamment chargé de sombres nuages, dont les formes bizarres variaient à chaque instant, ajoutait encore à l'indicible sauvagerie du paysage. On ne se lasse pas de contempler ces grandes montagnes, ces géants de pierre se dressant aux quatre coins de l'horizon, battus par les flots de l'Océan que surplombent leurs cimes nues et stériles. C'est la mer qui donne un cachet particulièrement sublime à cette farouche nature : c'est la mer qui transforme ces vallées, ces gorges étroites, ces plaines immenses en fleuves, en canaux, en lacs, en fjords, en un mot, et qui donne à cette étrange contrée des aspects auxquels l'imagination n'aurait jamais pensé.

Nous dépassons bientôt l'île d'Alden, haute montagne de pierre émergeant du sein des flots, que la nature a façonnée en forme de lion : on l'appelle *Norske-Leuve,* ou Lion de Norwége. La tête, haute de plus de deux mille pieds, regarde la mer. La pose de l'animal rappelle celle du célèbre lion de Thorwaldsen.

A trois heures, nous saluons le fameux rocher de *Hornelen.* La cime du terrible colosse est cachée derrière un plafond de nuages. Des cataractes blanches comme l'hermine courent par centaines le long de ses parois escarpées, et vont mourir dans la mer après un bond de quatre mille pieds [1]. Tout récemment, un quartier de rocher s'était détaché du sommet et avait plongé dans la mer à trois mètres d'un steamer qui passait; depuis cet événement, on a renoncé à l'ancienne coutume de saluer le Hornelen à coups de canon. La nature semble avoir voulu réunir ici tout ce qu'elle a de grandeur et de magnificence. Ce n'est pas le Hornelen seul qui excite l'admiration, mais aussi tout ce qui l'entoure. Ce qu'il est impossible de décrire, ce sont les merveilleux jeux de lumière qui se succèdent à tout instant et donnent une infinie variété

---

[1] Lorsque je repassai devant le Hornelen quatre semaines plus tard, toutes ces cascades s'étaient desséchées.

d'aspects à ces grandes scènes de la nature. Dans ces climats, il n'est pas rare de voir la pluie et le soleil se livrer combat, de même que l'été et l'hiver : que de fois n'avons-nous pas vu les montagnes du sud obscurcies par de noirs nuages qui se résolvaient en longues raies de pluie, où l'arc-en-ciel reflétait ses plus splendides couleurs, pendant que les cimes du nord resplendissaient de tout l'éclat du soleil! Ici les nuages amoncelés venaient crever contre la blanche cime d'une montagne couverte de frimas, pendant qu'ailleurs des pentes herbeuses verdissaient sous le ciel bleu. Un peintre eût trouvé mille sujets d'étude dans ces surprenants contrastes.

Vers quatre heures, nous quittons les fjords pour gagner le large. La partie des côtes que nous longeons est complétement à découvert. Presque partout les côtes occidentales de la péninsule scandinave sont protégées contre les vagues de l'Atlantique par une formidable ceinture d'îles montagneuses, de récifs taillés à pic, d'écueils à fleur d'eau contre lesquels va parfois se briser l'imprudent navigateur. D'ordinaire les vaisseaux naviguent au milieu de l'archipel, à l'abri de la houle et de la tempête, et ne s'aventurent au large que lorsque la ceinture de granit vient à être interrompue. La longue traversée de Bergen au cap Nord se fait presque tout entière entre les îles et les côtes : pour un trajet de six cents lieues, on fait cinquante lieues à peine en pleine mer. C'est une véritable navigation fluviale, nullement redoutable pour les personnes sujettes au mal de mer.

Pendant les trois heures que nous tînmes la mer ouverte, le vent ne cessa de souffler avec une violence extrême. Les voiles furent déployées, et, la vapeur aidant, nous voguâmes rapidement. J'aimais à contempler cette belle mer houleuse, ces vagues onduleuses et vertes comme l'émeraude, du sein desquelles émergeaient les écueils et les récifs dont ces côtes sont criblées. Rien n'est beau surtout comme ces énormes falaises escarpées, inaccessibles : là est la vieille Norwége, là est la limite que les dieux de l'Edda ont assignée à l'Océan. Chaque lame qui déferle contre la base de ces formidables remparts se brise et retombe impuissante en volutes d'écume blanche comme la neige. Ces hautes falaises, dont la teinte grise s'harmonise si bien avec le ciel du Nord, sont d'un grandiose saisissant : les falaises de la Normandie n'en donneraient nulle idée.

Il était neuf heures du soir quand nous arrivâmes à Aalesund, où le *Nordstjernen* faisait escale jusqu'à minuit. Cette jolie petite ville ne m'était pas inconnue, et même j'avais fait en 1871 la connaissance d'un des principaux habitants de l'endroit, que je tenais beaucoup à revoir. En dépit de la pluie qui tombait par torrents, nous sautâmes dans une chaloupe qui nous déposa à terre. Je reconnaissais bien ma petite ville d'Aalesund, qui n'avait guère changé depuis deux ans ; mais aujourd'hui tous les éléments semblaient s'être ligués contre elle. Le ciel déversait sur elle toutes ses cataractes, et le vent s'acharnait contre ses frêles maisons de bois avec une fureur qui me faisait craindre pour leur sort. Les rues étaient désertes et vides. Nous finîmes par découvrir la demeure de M. R..., qui nous reçut avec une cordialité toute norwégienne et nous retint chez lui jusqu'à onze heures. Fait curieux à signaler : malgré la pluie, il faisait encore assez clair à dix heures et demie du soir pour faire la conversation sans lumière. A mesure d'ailleurs que nous avancerons vers le nord, la durée des nuits décroîtra à vue d'œil.

A minuit, le *Nordstjernen* se remit en marche. Suivant mes recommandations, le petit Hans Olaf, jeune domestique attaché au service des passagers, vint, à quatre heures du matin, m'arracher aux douceurs du sommeil pour m'annoncer que nous étions en vue de Molde. M'habiller et monter sur le pont fut l'affaire d'un instant. Lors de mon premier voyage, j'avais emporté de Molde un si délicieux souvenir, que je voulais saluer encore ce charmant petit coin de la Norwége et lui payer en quelque sorte une dette de reconnaissance. Oh! que non, je ne l'avais pas oubliée, la jolie et coquette petite ville, et j'éprouvais une joie d'enfant à reconnaître son clocher rustique, et ses blanches maisons de bois, et ses verts coteaux chargés de forêts de pins, et son fjord sans pareil, et son merveilleux horizon de montagnes aux cimes neigeuses. J'ai vu ailleurs de plus hautes montagnes; j'ai vu des paysages plus grandioses; mais Molde sera toujours pour moi la perle de la Norwége, et je plaindrais celui qui n'aimerait point ce petit paradis terrestre, où la nature a prodigué toutes ses grâces et tous ses bienfaits. Objet de mes amours, que de fois je vous ai revu en imagination! Et aujourd'hui que vous étiez sous mes yeux, il fallait vous voir et passer! Oh! le cruel raffinement du supplice de Tantale!

Après une halte d'un quart d'heure, le steamer jeta son impitoyable sifflet d'adieu et reprit sa route vers le Nord. Pour ma part, je repris la route de mon lit, si l'on peut appeler de ce nom l'affreuse caisse de bois sans ressorts ni matelas où j'étais condamné à conserver la position des momies égyptiennes et à souf-

frir les impertinences d'une multitude d'hôtes plus ou
moins microscopiques.

Le 9, le soleil nous revint radieux et souriant, et
une douce chaleur d'été succéda à la température froide
et pluvieuse des jours précédents. Hélas! tant de bonheur
ne devait durer qu'un jour. En Norwége, les variations
atmosphériques sont brusques et fréquentes comme dans
toutes les contrées du Nord, et au cœur de l'été on se
voit souvent forcé de changer de costume plusieurs fois
par jour.

Christiansund, où nous stoppons à neuf heures du
matin, est une des villes les plus commerçantes de la
Norwége. Elle exporte principalement ce qu'on appelle
en Norwége *klipfisk,* c'est-à-dire le poisson séché sur
les rochers. On nous a dit que M. K., le plus gros marchand de l'endroit, a une fortune de deux millions de
species-dollars. Christiansund est bâtie très-irrégulière-
ment sur des rochers arides et escarpés, au sommet desquels on a construit à grands frais un parc qui sert de
promenade publique : le sol est tellement rocailleux,
qu'on a dû le couvrir d'une épaisse couche de terre végétale transportée de bien loin. Christiansund venait de
recevoir la visite du roi Oscar, à son retour de Throndhjem, où il s'était fait sacrer roi de Norwége, le 18 juillet. Un arc de triomphe rustique, orné de branches de
sapins, subsistait encore sur la petite place publique où
le landsman avait harangué Sa Majesté.

Lorsqu'on entre dans le pays de Throndhjem, on voit
la nature prendre un tout autre caractère : à la sublime
et austère Norwége succède une nouvelle Norwége, riante
et pleine d'attraits : les montagnes s'ondulent et se couvrent de verdure, le fjord s'élargit comme un fleuve aux

11

approches de la mer, et, au lieu de stériles récifs, l'œil
rencontre partout des îles gracieuses et pleines de fraîcheur, où se reposent les mouettes et les goëlands. On
n'en croit pas ses yeux, tant ce contraste est inattendu.
On se persuade à peine que la nature puisse prodiguer
de pareils trésors dans des contrées aussi septentrionales : en effet, nous sommes ici à plus de cent lieues
au nord de Christiania et de Saint-Pétersbourg[1], et au
même degré parallèle que l'Islande et le Groënland. Au
soleil couchant, les montagnes ont des teintes merveilleuses et fantastiques, que je n'ai vues qu'à cette latitude : ces teintes, ainsi que les reflets étranges de la
mer, annoncent le voisinage du cercle polaire et de ces
contrées hyperboréennes où règne le soleil de minuit
pendant toute la durée de l'été.

Cependant nous venons de dépasser le dernier promontoire qui nous cachait l'ancienne capitale de la Norwége : la voilà qui nous apparaît, éclairée par les derniers feux du soleil, sise au fond du plus vert entonnoir
qui se puisse imaginer. Je l'eusse reconnue rien qu'à la
tour massive de l'antique cathédrale où furent couronnés
tous les rois de Norwége. Nous saluons en passant la
forteresse de *Munkholm,* qui s'élève, triste et solitaire,
sur une île du fjord.

---

1 Ces deux villes sont situées sous la même latitude.

II

TROIS JOURS DANS L'ANCIENNE CAPITALE DE LA NORWÉGE

Il pouvait être huit heures du soir quand nous débarquâmes à Throndhjem. La ville était silencieuse et déserte : quel contraste avec Bergen, la ville bruyante et
gaie ! Un obligeant naturel nous mena, à travers de larges
rues plantées d'arbres, à l'hôtel d'Angleterre, qui passe
pour le meilleur de la ville. C'est un vaste bâtiment en
bois, de vingt-cinq mètres de façade. A l'occasion du
couronnement du roi qui vient d'avoir lieu, deux immenses drapeaux aux couleurs norwégiennes sont plantés
en terre devant la porte. Nous prenons possession de nos
chambres, où l'œil s'épanouit à la vue des lits confor-
tables, garnis de draps bien blancs et d'édredons bien
chauds. Il faut avoir goûté des affreux cadres du bord
pour apprécier un bon lit à sa juste valeur !

Le *Nordstjernen* devait faire ici sa plus longue escale.
Trois jours entiers étaient à notre disposition pour vi-

siter la ville et ses environs. Ce délai écoulé, nous allions
être privés pour longtemps du comfort des villes civili-
sées : le cercle polaire est en quelque sorte aux portes de
Throndhjem, et au delà du cercle polaire commencent
la Laponie et l'océan Glacial.

Le 10 août nous ramena la pluie et tous ses agréments.
C'était un dimanche. Or on sait la manière pharisaïque
dont les villes luthériennes observent le jour du Seigneur.
Les rues étaient aussi désertes que le Prado de Madrid
à l'heure de midi. Je conseille aux gens qui s'ennuient
d'aller passer un dimanche à Throndhjem : c'est là qu'ils
connaîtront l'ennui véritable, et pendant toute la suite
de leur vie ils remercieront le Ciel de ce qu'ils pourraient
être à Throndhjem et qu'ils n'y sont pas.

J'imaginai, comme diversion, une excursion aux chutes
de *Leerfoss*. Ces chutes sont formées par la Nid, à une
lieue de la ville. La *Nid,* ou la *Nida,* ou le *Nidar,* comme
on voudra l'appeler, est cette rivière torrentueuse qui fer-
tilise la campagne de Throndhjem : elle donna longtemps
son nom à l'ancienne capitale de la Norwége. *Nidaros*
(bouche du Nidar) sonnait mieux à l'oreille que le nom
actuel : en Norwége comme ailleurs, on veut tout mo-
derniser, jusqu'aux dénominations; et ainsi s'en va la
poésie des souvenirs !

Sortis de la ville, nous passâmes la Nid sur un pont
de bois d'une construction vraiment hardie. Du haut de
ce pont, la vue erre entre deux longues files de magasins
bâtis sur pilotis sur les rives du fleuve. Des bateaux de
toutes formes et de toutes tailles stationnent sous les
magasins, avec leurs cargaisons de bois, de morues, de
harengs : n'était l'aspect tout particulier des constructions, on se croirait en Hollande, sur un pont de l'Amstel.

Au bout du pont s'ouvre une rue longue et monotone, bordée de trottoirs en planches de sapin : ces planches sont séparées les unes des autres par de larges interstices, où le pied s'engage parfois comme dans des ceps perfides. Nous pénétrons bientôt dans la vallée de la Nid. Rien de ravissant comme la campagne de Nidaros : l'œil rencontre partout des collines aux gracieux contours, tapissées de la plus splendide verdure que puisse rêver l'imagination d'un peintre. Les sapins se mêlent aux bouleaux, dont le pâle feuillage abrite çà et là quelque riante villa. Le chemin est bordé de prairies et de cultures, où pullulent les corbeaux et les pies : ces singuliers bipèdes sont ici d'une familiarité presque provocante. Après une heure de marche, nous atteignons un mamelon qui domine toute la campagne environnante : la vallée de la Nid se déploie à nos pieds avec toutes ses grâces champêtres ; la rivière coule sur un lit de rochers, et forme, en maints endroits, de superbes rapides : elle dessine, entre deux rideaux de collines boisées, un large ruban d'écume blanche, fuit dans la direction de Throndhjem, et va se perdre enfin dans les eaux plus calmes du fjord qui brille là-bas, à une lieue de distance, avec des reflets d'acier. Au bout de la vallée s'estompe en formes indécises la poétique Nidaros : vue à distance, sa vieille cathédrale apparaît comme une de ces images lointaines que l'imagination fait revivre à travers les siècles. Les montagnes bleues qui terminent le fjord forment le dernier plan de cet admirable tableau. Notre contemplation terminée, nous poursuivons notre route, et nous ne tardons pas à percevoir un bruit sourd et continu qui nous annonce que nous ne sommes pas loin de la première chute : la voilà, en effet, qui nous apparaît au moment où nous atteignons le sommet d'un monticule qui lui fait face.

Quelle belle mise en scène! La Nid, resserrée dans une gorge étroite, s'élance sur un énorme tablier de roche, qui gémit sourdement sous le poids de la masse d'eau; puis, d'un bond prodigieux, se précipite avec un fracas étourdissant, avec toute la majesté de la force et de la puissance, dans la vallée qui s'ouvre à cinquante mètres plus bas : là, la rivière se transforme en un vaste lac, au-dessus duquel planent des nuages d'écume; ce lac, paisible et calme, offre un contraste frappant avec la tourbillonnante cataracte qui gronde au-dessus de lui. La chute de Leerfoss, que je mets bien au-dessus de la chute du Rhin, à Schaffouse, occupe le point central d'un magnifique encadrement de montagnes : ces montagnes sont couvertes de superbes forêts de sapins toujours verts, grâce au voisinage de la cascade, qui entretient sous leurs ombrages une éternelle humidité.

Nous restâmes longtemps en admiration devant ce splendide paysage, dont nous essayâmes de prendre un croquis : de jeunes paysans faisaient cercle autour de nous, et suivaient d'un œil ébahi le mouvement trop inhabile, hélas! de nos crayons, que nous aurions volontiers échangés en ce moment contre le crayon d'un Doré. L'aiguillon de la faim nous arracha à notre contemplation; nos petits paysans épiaient depuis longtemps ce moment : en un clin d'œil, ils étaient au fond de la vallée, et c'était à qui arriverait le premier à l'une de ces barrières qu'on rencontre à chaque pas en Norwége; il va sans dire qu'ils nous épargnèrent la peine de l'ouvrir : cette politesse calculée leur valut quelques skillings, qui les mirent au comble de la joie. Il y a de ces traits de mœurs qu'on retrouve sous toutes les latitudes.

A une lieue de Throndhjem, on est déjà en plein pays
sauvage. En Suisse, il n'est pas une cascade à proximité
de laquelle ne soit établi un restaurant; mais en Norwége, qui donc se soucie d'aller voir les cascades! Avant
que la chute de Leerfoss ait son restaurant, il faudra
encore de longues années. Et franchement, j'aime mieux
cela. La belle nature se passe volontiers des raffinements
de la civilisation : en pays de montagnes, il faut savoir
vivre comme les montagnards. Ceux qui aiment à découvrir des sites inexplorés et à rêver dans la solitude, loin
du tourbillon du monde, loin du fracas des villes, loin
surtout de cette pléiade d'importuns qui m'ont gâté la
Suisse, ceux-là trouveront encore en Norwége de quoi
satisfaire leur humeur poétique; mais qu'ils se hâtent,
car bientôt la Scandinavie aura à son tour son réseau
de chemins de fer, et alors, adieu le pittoresque, adieu
l'originalité et l'imprévu, adieu l'antique hospitalité norwégienne!

A défaut de prosaïque restaurant, nous avons frappé à
la porte du premier gaard venu, et, à la façon des bergers
de l'âge d'or, nous y avons partagé avec des hôtes aussi
braves que primitifs du pain et du fromage blanc, ar-
rosés d'un lait savoureux. Ce repas nous fut servi dans
une salle d'un haut goût campagnard, dont les murs
étaient formés de troncs de sapins à peine équarris; une
machine à tisser, un coucou, deux vieux lits qui semblaient remonter au moyen âge, une table et quelques
chaises d'une antiquité non moins respectable composaient tout l'ameublement de ce rustique intérieur norwégien. L'hôtesse n'accepta nos skillings qu'après quelque résistance, s'excusant de n'avoir pu faire mieux, et
nous témoignant sa reconnaissance par une de ces vi-

goureuses poignées de main dont les expansifs Norwégiens sont si prodigues.

Après avoir visité en détail les fabriques de produits chimiques établies sous la chute, nous reprîmes le chemin de Throndhjem et finîmes agréablement la journée au *Hjorten*, sorte de Tivoli en miniature fréquenté par la fine fleur de la bourgeoisie nidarosienne : on y joue les valses de Strauss, les lamentations de Verdi, et les inévitables farces d'Offenbach ; et l'on écoute jusqu'au bout ce charivari en humant le havane, en absorbant le traditionnel tody, et en goûtant les douceurs de la conversation. Nous n'eûmes point la bonne fortune d'entendre *la Marseillaise,* dont nous avions été régalés lors de la première visite que nous fîmes au Hjorten, en 1871. Il y avait là un petit pavillon où l'on exhibait des vues stéréoscopiques, — entrée payante ; — nous entrâmes, intimement convaincus que nous allions voir la Laponie en stéréoscope... ; hélas! c'étaient des vues de Paris!

Le 11 août, nous résolûmes, malgré l'incertitude du temps, de faire une excursion au Dovrefjeld. Nous ne voulions pas quitter Throndhjem sans nous faire une idée de l'intérieur d'une province si célèbre dans l'histoire de Norwége. Un tronçon de chemin de fer de dix lieues de longueur relie l'ancienne capitale à la station de *Stören,* petite localité située à l'entrée du Dovrefjeld. Nous prîmes, pour cette destination, des billets d'aller et retour. A dix heures précises, le train se mettait en marche. En sortant de la gare, on franchit la Nid sur un long pont en bois, d'une hardiesse de construction qui ne le cède en rien aux effrayants ponts de chemin de fer des États-Unis. Puis l'on s'engage à toute vapeur dans la pittoresque vallée que nous avons parcourue hier.

C'est fort drôle de se sentir emporté par une locomotive
entre le 63° et le 64e parallèle, sous une latitude qui est
celle de l'Islande, du Groënland et du Kamschatka! La
ligne de Throndhjem à Stören est la plus septentrionale
qui existe. Elle est le premier tronçon d'un chemin de
fer qui doit relier Throndhjem à Christiania, l'ancienne
capitale à la nouvelle. Cette ligne, décrétée l'année dernière par le Storthing, est actuellement en voie de construction et sera achevée dans trois ans. Une autre ligne
reliera directement Throndhjem à la Suède. Le sifflet
strident des locomotives va donc enfin réveiller la vieille
cité des sagas, si longtemps isolée du reste du monde,
et aujourd'hui encore obscure et ignorée.

Le chemin de fer ici, c'est un monde nouveau, qui
jure avec tout ce qui l'environne : matériel, administration, règlements, tout sent l'importation et trahit l'em-
prunt fait à l'étranger. Les locomotives viennent des
usines de Newcastle : on serait presque tenté de les
prendre pour des jouets d'enfant, tant elles sont petites
et ont l'air neuves. Les voitures sont également de modèle anglais : elles sont assez grossièrement construites
en bois de sapin. Les compartiments n'admettent que
huit personnes, la voie n'ayant pas un mètre de largeur.

Nidaros s'est enfuie derrière nous, et le train court
dans la vallée verdoyante qu'arrose la Nid, cette sinueuse
et capricieuse rivière : tantôt elle coule sans bruit sous
la verdure, tantôt elle bondit sur les rochers et forme
de longs rapides semblables à ceux que l'on rencontre
sur certains fleuves de Suède et de Laponie. Le paysage
est *very pretty*, comme dit un Anglais, qui voyage avec
nous, muni de tous les instruments nécessaires à la

pêche à la ligne. Des collines, parées d'une luxuriante
végétation, s'élèvent à droite et à gauche du chemin de
fer. Les sapins, les pins, les mélèzes, les bouleaux se
groupent sur les pentes en forêts magnifiques. Bientôt
l'on aperçoit dans le lointain, à deux ou trois lieues de
distance, à travers une brume vaporeuse, et fuyant entre
un double rideau de montagnes bleuâtres, la nappe
scintillante du lac de *Selbosjo* : cette vue vaut à elle
seule le voyage. Plus loin, la voie ferrée s'engage dans
des gorges étroites et côtoie d'effrayants rapides, des
gouffres vertigineux : si le train déviait de quelques
pouces, il s'abîmerait inévitablement dans ces précipices au fond desquels mugit la Nid, étroitement resserrée entre deux murailles de granit. Une voyageuse
anglaise, fort peu rassurée, demande naïvement pourquoi l'on n'établit pas des garde-fous qui masquent la
vue de ces horreurs. Cela me rappelle l'autruche, qui
croit échapper au danger en fermant les yeux.

Les stations se succédaient tous les quarts d'heure.
A chaque arrêt, la portière s'ouvrait, et de jolis enfants aux yeux bleus, à la tête blonde, nous présen-
taient en souriant de grandes feuilles vertes chargées
de groseilles et de *moltebeer* fraîchement cueillies. Nous
mîmes ainsi près de trois heures à franchir dix lieues.
Stören est la dernière station. On y trouve un hôtel passable et trois ou quatre maisons. C'est d'ici que partent
les carrioles qui constituent actuellement le seul moyen
de transport pour aller à Christiania, ville située à cent
cinquante lieues au sud. Stören est au milieu d'une vallée
enchanteresse. La Nid, qui tantôt grondait sourdement
dans les sinuosités des précipices, court ici paisiblement
à travers une verte oasis bornée de tous côtés par des

montagnes prodigieusement hautes. De la cime à la
base, ces montagnes sont couvertes de forêts de sapins.
Je doute qu'on puisse trouver ailleurs un paysage plus
charmant et mieux encadré.

Rien n'affame comme un voyage en chemin de fer,
surtout lorsque l'air est vif : aussi nous eûmes bientôt
trouvé le chemin de l'hôtel et commandé notre dîner.
Un trait distinctif des Norwégiens, — et en cela ils ressemblent aux Espagnols, — c'est qu'ils ne sont jamais
pressés. Le dîner se fit attendre pendant plus d'une
heure. Une vieille Anglaise, boiteuse et borgne, vrai type
de sorcière, partageait notre infortune avec moins de
philosophie que nous; à sa demande, nous lui apprîmes
à prononcer les mots *strax spise* (de suite dîner), et il
eût fallu la voir décocher une avalanche de *strax spise*
à la tête de tous les gens de la maison. Le moyen réussit,
et, grâce à l'énergie de cette courageuse enfant d'Albion,
nous nous trouvâmes bientôt en présence d'un magnifique saumon tout fraîchement pêché dans la Nid. La
Norwége est le pays du saumon, comme le Périgord est
le pays des truffes. Les neuf dixièmes des Anglais vont
en Norwége dans l'unique but de pêcher le saumon : pour
eux, toute la Norwége se résume dans le *salmon fishing*.
Après que nous eûmes rendu au produit de la Nid les
honneurs dus à son rang, nous nous mîmes en devoir
d'explorer la vallée qui mène au Dovrefjeld et à Christiania.

Cette vallée est fort belle; mais elle nous eût paru
plus belle encore sans les averses de pluie qui nous livraient de continuels assauts. Ce qu'on ne se lasse point
d'admirer, ce sont les curieux effets de lumière que l'on
observe dans ces montagnes du Nord : tantôt il pleut à

torrents au centre de la vallée, tandis que les deux versants resplendissent dans une atmosphère lumineuse;
tantôt des nuages noirs promènent leurs ombres gigantesques sur les pentes des montagnes, pendant qu'il
soleille au-dessus de nos têtes. Parfois des arcs-en-ciel
doubles se montrent à la fois en plusieurs points, et riva-
lisent d'éclat et de magnificence. Puis toute cette fantasmagorie disparaît, et les nuages amoncelés noircissent
de nouveau le ciel; la pluie brouille tous les objets, le
vent gémit à travers les sapins, les cascades gonflées
dessinent des raies blanches sur les pentes, et le grondement rauque de la Nid, qui se brise furieuse contre
les rochers invincibles, domine toutes les voix de la
nature.

Bientôt la vallée se divise en deux branches : l'une
va vers Röraas, l'autre vers Christiania. Du point de
bifurcation le regard plonge à la fois dans les deux vallées. En ce moment elles présentent un contraste frappant : celle qui mène à Christiania est encore noircie
par la pluie, tandis qu'une lumière jeune joue sur les
cimes humides de la vallée de Röraas, au fond de laquelle luit un clocher blanc sous un rayon de soleil.

Nous explorâmes la première de ces vallées. Elle nous
parut très-retirée et très-solitaire : bien qu'elle soit sur
la route de la capitale du royaume, nous n'y rencontrâmes ni carrioles ni voyageurs. Les perspectives y sont
splendides et les points de vue variés. On ne fait pas dix
pas sans rencontrer une chute d'eau : tantôt ce sont de
grandes cascades bouillonnantes qui se précipitent avec
fracas au milieu de blocs de rochers; tantôt ce sont des
nappes transparentes qui s'étalent en éventail; tantôt des
filets d'écume qui serpentent en raies depuis la cime

jusqu'au fond de la vallée. La Nid roule à gauche du chemin, à travers des quartiers de rochers qui se sont précipités du sommet des monts. Pendant les éclaircies, on voit monter à l'horizon les escarpements des montagnes, les pics crénelés, les crêtes tailladées en scie.

Après avoir marché pendant deux heures, nous entrâmes dans un gaard pour laisser passer une averse : nous trouvâmes tous les gens sortis et toutes les portes ouvertes. Dans la pièce principale grognait un jeune porc, qui nous reçut à sa façon en se frottant familièrement contre nos jambes. Au bout d'un quart d'heure, nous vîmes paraître la dame de ces lieux : c'était une vieille *pige,* toute ratatinée et à demi sauvage. Au moyen de la formule *giv mig noget at drikke,* nous lui demandâmes à boire, ce qu'elle nous refusa carrément, sous prétexte que sa maison n'était pas un *gjestgivergaard* (une auberge). Décidément, son jeune cochon nous montrait beaucoup plus d'humanité.

La pluie, qui ne cessait plus, nous força à rebrousser chemin, et nous revînmes, tout trempés et tout crottés, à l'hôtellerie de Stóren, où nous soupâmes en compagnie d'un savant Hongrois, que nous devions retrouver plus tard en Laponie. A sept heures, nous reprenions le train, et trois heures après nous étions de retour à Throndhjem, fort satisfaits de notre excursion. A minuit, il régnait encore une sorte de crépuscule semblable à celui qui règne à neuf heures du soir dans nos climats au cœur de l'été : nous pouvions aisément lire un journal.

Le 12 août, une température d'une douceur exceptionnelle succéda aux pluies et aux froids des jours précédents. Nous passâmes une partie de la matinée à faire provision de photographies, de tabac, de cigares, de timbres-poste, de billets de banque norwégiens. Puis nous visitâmes en détail la ville et ses monuments. La rue principale de Throndhjem est la *Munkgade,* ou rue des moines. C'est dans cette rue que s'élève le palais du roi, immense édifice en bois qui ne compte pas moins de dix-neuf fenêtres de façade : ces fenêtres sont de style renaissance. La porte principale, à laquelle donne accès un perron, a pour tout ornement un fronton triangulaire. La corniche supporte également un fronton, orné des armes de la Norwége. Le roi Oscar venait de séjourner dans cette résidence.

A l'extrémité de la Munkgade s'élève la cathédrale. La restauration de ce précieux monument n'a guère avancé depuis la première visite que j'y fis en 1871 : je l'ai revu dans le même état de dégradation et de vétusté. La façade principale est entièrement ruinée, et ce qui en reste s'appuie obliquement, comme un mur près de crouler, contre d'affreux contre-forts qui masquent complétement les portails. A l'intérieur, il ne subsiste plus que le chœur et le transsept. La partie du chœur qui autrefois renfermait l'autel a été récemment restaurée. On peut juger par ce spécimen de ce que devait être l'ensemble de l'édifice avant les dégradations qu'il a subies. C'est là, sous ces dentelles de pierre, que furent sacrés tous les rois de Norwége, et en dernier lieu Oscar II : çà et là des tentures de velours rouge et autres vestiges plus ou moins dorés attestaient encore la cérémonie du 18 juillet.

Nous terminâmes notre visite à la cathédrale par une ascension au clocher, au sommet duquel on parvient par des superpositions d'échelles assez roides et d'un aspect

peu rassurant. De là-haut, on jouit d'une vue magnifique. Vers le sud se dessine la verte vallée de la Nid, à
l'entrée de laquelle est sise Nidaros. Vers le nord, l'œil
s'égare sur le fjord et les belles montagnes bleues qui le
terminent. Mais ce qui captive surtout le regard, c'est
l'île de Munkholm et sa vieille forteresse.

Après trois journées passées à Throndhjem, il fallut
retourner à bord du *Nordstjernen*, renoncer aux bons
lits et à la bonne table de l'hôtel d'Angleterre, et s'arracher pour longtemps au bien-être des villes, aux délices de Capoue. Nous allions nous enfoncer dans l'extrême nord de l'Europe, pour ne nous arrêter qu'aux
dernières limites du monde habité et habitable.

LE CERCLE POLAIRE

Le steamer leva l'ancre le 13 août, à une heure du matin. Le nombre des passagers s'était considérablement accru. Les cabines ne suffisaient pas à loger tout ce monde : le soir, le salon se transformait en dortoir, les divans devenaient des couchettes, hommes et femmes dormaient en commun. Il y avait, entre autres, un jeune couple norwégien en voyage de noces : ils allaient goûter en Laponie les douceurs de la lune de miel; le mari, dont le nez allongé servait de support à une paire de lunettes, était un type du genre qui m'est resté en mémoire. Il y avait aussi des Allemands, des Anglais, un Hongrois, et point de Français. Un de ces Anglais, amateur passionné du *shooting* et du *fishing,* se rendait à Namsos, où il avait loué une île afin de pouvoir chasser et pêcher tout à loisir. Quant au Hongrois, c'était un savant de Pesth, fort connu en Europe par ses travaux de linguistique et d'ethnographie : il se rendait à Tromsö, dans le but d'étudier de près les Lapons. Sur mer, la glace est bientôt rompue, et dès le premier jour nous avions lié connaissance avec la plupart de nos compagnons de route.

Au delà de Throndhjem, les côtes de la Norwége offrent à peu près le même aspect qu'entre Throndhjem et Molde. On continue à naviguer dans les *fjords* et les *sunds,* entre les îles et les côtes, à travers les myriades de roches moutonnées, nues et stériles comme les pierres de l'Arabie Pétrée. Ici le désert est le maître : c'est à peine si de loin en loin un pin rabougri s'accroche aux anfractuosités du roc. Çà et là, un petit coin de verdure se cache timidement dans un creux ménagé des tempêtes : c'est le seul sourire de ces tristes lieux. On se lasse bientôt de contempler les éternelles teintes grises de ces rochers déshérités de la nature, et la mélancolie passe promptement des yeux à l'âme. Ces aspects ne manquent cependant pas de grandeur : l'espace immense, destitué de toutes les grâces de la végétation, rappelle la nudité des hauts sommets. Rien qui annonce la présence de l'homme : on parcourt des lieues et des lieues sans rencontrer une masure. Le steamer ne s'arrête qu'à de très-rares intervalles dans quelque petite baie où un peu de verdure attire de pauvres pêcheurs. Puis l'espace reprend ses monotonies et ses aridités. Ce n'est que lorsqu'on pénètre dans le Namsenfjord que la nature change d'aspect : là, mieux abritées contre les vents de l'Atlantique, les montagnes se couvrent de pins et de sapins. Nous naviguons pendant deux heures dans ce superbe bras de mer, qui s'enfonce comme un fleuve à plus de dix lieues dans l'intérieur des terres. Vers son extrémité, le fjord devient fort étroit :

parfois il se contracte à tel point, qu'on se demande
comment le navire pourra s'y frayer passage. Rien n'a
horreur de la ligne droite comme un fjord norwégien :
le Namsenfjord se perd en festons, en courbes sinueuses,
en capricieux méandres qui en font un vrai labyrinthe;
à chaque détour s'ouvrent des aspects nouveaux, toujours gracieux, toujours pittoresques. Les enchantements
succèdent aux enchantements. On se croirait sur une de
ces rivières du nouveau monde décrites par Mayne Reid
ou Fenimore Cooper.

A quatre heures du soir, le steamer jeta l'ancre dans
la rade de Namsos. Cette petite ville, situé à l'embouchure du fleuve Namselv, à peu près sous le 65ᵉ parallèle, est en train de se relever de ses cendres plus belle
que jamais. Le 28 juin 1872, elle fut entièrement consumée par un terrible incendie favorisé par un vent fort
qui soufflait de la mer. Comme toutes les villes norwégiennes, Namsos était entièrement construite en bois :
aussi le feu eut promptement raison des habitations, des
chantiers, des scieries mécaniques, des approvisionne-
ments de bois. Tout fut anéanti en quelques heures, tout,
jusqu'aux navires qui se trouvaient dans le port. Nous
pouvions voir encore leurs carcasses informes émerger
en maints endroits comme de gigantesques cadavres. Les
forêts de sapins qui couvraient les pentes des montagnes
environnantes furent entièrement consumées par les étin-
celles que le vent chassait à une demi-lieue à la ronde.
A treize mois de distance, les traces du feu se voyaient
partout comme au lendemain de l'incendie : tous les
arbres étaient dépouillés de leurs branches : ce n'étaient
plus que des troncs nus, noirs et calcinés; la terre, le
roc même, tout était couleur de cendre, tout avait rôti

sur une étendue de plus de mille hectares. Il faudra des
années avant que cette nature désolée reprenne son aspect d'autrefois. Quant aux villes de bois, elles repoussent
beaucoup plus vite que les forêts : aussitôt détruites, aussitôt reconstruites. Une cité toute neuve et toute proprette,
aux murs de bois bien frais, aux toits bien rouges, s'est
élevée en quelques mois sur l'emplacement de l'ancienne
Namsos : la plupart des constructions sont encore ina-
chevées ; les rues sont encombrées d'immenses tas de
sapins coupés, qui se transforment comme par enchantement en maisons spacieuses, car ici le terrain n'est pas
rare : charpentiers et menuisiers ne manquent pas de
besogne ; partout l'on entend le bruit sec du marteau, le
grincement monotone de la scie et le chant grave de
l'ouvrier norwégien. Et peu à peu la ville renaît de ses
cendres, et bientôt Namsos sera une miniature de Chi-
cago. Les nouvelles rues sont droites et bien alignées ;
mais les constructeurs n'ont tenu aucun compte des
accidents de terrain : les rues sont inclinées en largeur
comme en longueur, en sorte qu'il n'est pas deux maisons dans toute la ville qui soient bâties au même niveau.

Nous fûmes témoins à Namsos d'une scène assez ori-
ginale. Un homme, qui venait sans doute de commettre
un mauvais coup, s'était précipité dans une petite embarcation et se disposait à prendre la fuite : quelques vigoureux gaillards ne lui laissèrent pas le temps d'exé-
cuter son dessein. Ils tombèrent sur le malheureux au
moment où il allait se jeter à l'eau, et, bien qu'il se dé-
battît comme un poisson pêché à l'hameçon, ils le saisirent qui par les pieds, qui par les cheveux, qui par
les bras, et transportèrent notre énergumène à la prison,
suivis de toute la population de Namsos.

Le 14 août, nous nous éveillons dans la rade de Bronö, vers le 66° parallèle. Non loin de là s'élève, au milieu de la mer, le célèbre Torghattan, une des cent merveilles du monde. Le Torghattan est un énorme rocher de gneiss, de plus de mille pieds de hauteur, dont la cime arrondie simule la forme de ces chapeaux que portent les matelots : c'est cette ressemblance qui lui a valu le nom de Torghattan (chapeau de l'île Torget). Mais telle n'est pas la seule particularité de ce curieux rocher : miné par le travail des siècles, le gneiss s'est désagrégé, et une immense caverne s'est fait jour dans le roc, traversant de part en part le colossal chapeau de pierre, si bien qu'à certaine heure du jour on peut voir le soleil rayonner à travers ce tube naturel : ce rayonnement est, dit-on, un des plus surprenants spectacles qu'il soit possible de contempler. Cette étrange grotte du Torghattan est d'une telle régularité, qu'il semble que des géants y aient appliqué l'équerre et le cordeau : vue de la mer, elle affecte la forme d'un carré long. D'un bout à l'autre, la galerie mesure près de trois cents mètres de longueur; sa hauteur est de plus de cinquante mètres. Le roi de Suède, accompagné de toute sa suite, avait, quelques jours auparavant, traversé à cheval ce merveilleux tunnel. Pour nous, moins heureux, nous dûmes nous borner à le contempler de la mer.

Le Torghattan a sa légende. On raconte qu'un géant vivait autrefois dans ces parages : un jour, un Trolle parvint à lui enlever sa bien-aimée; le géant, furieux, saisit une flèche et la lança contre le Trolle; mais celui-ci l'esquiva adroitement, et la flèche, allant frapper le Torghattan, y perfora cette immense ouverture qu'on voit encore aujourd'hui. A ceux qui seraient tentés de ré-

voquer en doute cette histoire, on pourrait montrer, dans
l'île de Lek, la jeune fille qui fut changée en pierre, et à
quelques lieues du Torghattan un autre rocher qui affecte une forme humaine : ce rocher n'est autre que le
géant pétrifié dont parle la légende. Résister à de tels
arguments, ce serait faire preuve de mauvaise volonté.

Le Torghattan est en quelque sorte la porte d'entrée,
le vestibule naturel de cette province de Norwége connue sous le nom de *Nordland,* ou terre du Nord. Borné
au nord par le Finmark, à l'est par la Suède, à l'ouest
par l'Océan, le Nordland s'étend depuis le 65ᵉ jusqu'au
69° degré de latitude : sa longueur est donc de cent lieues
environ. Cette immense province est à peine peuplée : on
n'y trouve qu'une seule ville, qui ne serait qu'un village
dans un pays moins désert. Les Norwégiens occupent
les côtes, où ils se livrent à la pêche de la morue. Quant
à l'intérieur du Nordland, c'est une sorte de *terra in-
cognita.* On n'y rencontre guère que des Lapons nomades
qui errent avec leurs troupeaux de rennes à travers les
affreuses solitudes des fjelds, où ils ont à se défendre
contre les ours et les loups. Aucune route ne traverse
ces contrées sauvages.

Non loin de Bronö, le steamer mouille à Sjóvigen.
C'est là que résidait, au xiᵉ siècle, le célèbre capitaine
Haarek, contemporain de saint Olaf. A part ce souvenir
historique, cette localité ne mériterait pas une mention
si elle n'était située au pied d'une magnifique chaîne de
montagnes, que les Norwégiens appellent *Syv Söstre* (les
sept sœurs). Jamais décorateurs de théâtre n'ont imaginé une toile plus pittoresque et mieux entendue que
cette rangée de pics escarpés, dont on ne peut se lasser
d'admirer les silhouettes grandioses. On dirait d'une

mer soulevée, dont les vagues énormes auraient été
figées, frappées d'immobilité au plus fort de la tempête. Ces vagues s'élèvent à plus de quatre mille pieds
de hauteur, et se présentent de front comme une armée
de géants. Au milieu d'elles se dressent, comme des
têtes curieuses, deux cimes réunies, remarquables entre
toutes par leurs formes étranges et leurs escarpements.
On les appelle « les deux jumelles ». De larges plaques
de neige s'étendent sur leurs flancs abrupts.

Viigholmen fut la dernière station où nous relâchâmes
dans cette partie de notre hémisphère qu'on est convenu
d'appeler « la zone tempérée ». Sept ou huit misérables
maisons de bois disséminées au pied d'une montagne
couverte de bouleaux nains; voilà le site. Triste site !
Et pourtant, si près de la zone glaciale, il y avait là,
au bord de l'eau, de maigres prairies où paissaient
quelques vaches et des moutons blancs. Le bruit de
leurs clochettes arrivait jusqu'à nous. Ce tableau alpestre me ramena un moment au cœur de la Suisse :
ces bestiaux broutant l'herbe au bord de la mer me
rappelaient les scènes pastorales du lac des Quatre-
Cantons, et il me semblait que j'allais voir apparaître la
chapelle de Guillaume Tell à un détour du fjord. Dans
les contrées montagneuses, on est souvent surpris de
rencontrer des sites qui offrent une analogie frappante
avec certains sites qu'on a vus ailleurs, dans des régions
bien différentes. Pour peu qu'on soit familiarisé avec les
montagnes et les vallées, on fait presque à chaque pas
de semblables rapprochements.

Comme je faisais part de cette observation à mon compagnon de voyage, on vint nous avertir que la table
était dressée à la salle commune. Ce jour-là, nous de-

vions dépasser le cercle polaire, et à cause de cette circonstance, le capitaine Roland présida à la table d'hôte.
Le dîner fut un peu plus copieux que d'habitude, les
libations eurent libre cours, et un gigantesque pudding
à la norwégienne, véritable montagne de pâte, où chacun
pratiquait des précipices plus ou moins larges, clôtura
dignement cette fête gastronomique que n'eussent pas
dédaignée les anciens héros scandinaves. Au dessert,
l'un des convives porta au capitaine, en norwégien, un
toast fort long où intervint plus d'une fois le nom de
Dieu : cette invocation de la Divinité est fréquente chez
ces peuples du Nord, dont le sentiment religieux est
profondément développé. En cette circonstance comme
en d'autres, nous remarquâmes que les Norwégiens ont,
en général, la parole facile et abondante.

Nous comptâmes ce jour-là plus de quarante convives.
Certes, je ne me serais guère attendu à trouver dans
ces contrées lointaines, reléguées aux dernières limites
de l'Europe, à peu près autant de voyageurs que sur le
Rhin et sur le Danube. Mais aujourd'hui y a-t-il encore
des contrées reculées? A l'exception du pôle Nord, y a-t-il
encore des pays, y a-t-il des déserts où l'on ne voyage
pas ? Avant l'invention des navires à vapeur, un voyage
en Finmark était une entreprise plus gigantesque que
d'aller aux Indes : il fallait des mois entiers pour longer
d'une extrémité à l'autre, du cap Naze au cap Nord, ces
côtes interminables de la Norwége, pour se frayer une
route à travers ces myriades d'îles et de récifs qui forment comme un dédale inextricable. Le voyage était hé-
rissé de tant d'obstacles, mêlé de tant de péripéties, qu'il
appartenait seulement à quelques touristes intrépides
d'en braver les fatigues et les dangers. Qu'on en juge

par le tableau suivant, dû à la plume de M. Marmier.
« Autrefois on ne traversait l'Archipel qu'en s'en allant
d'île en île avec une barque de pêcheurs. L'absence de rameurs, la brume, l'orage et les vents contraires arrêtèrent
souvent plusieurs jours le passager à la même station. Il
fallait un mois au moins pour aller de Hammerfest à
Drontheim, et il en coûtait 500 francs pour voyager ainsi
sur un bateau découvert, les genoux serrés l'un contre
l'autre, les pieds dans l'eau, le corps livré à toutes les
intempéries de l'air. Alors il n'y avait point de jour de
poste déterminé. La poste arrivait selon le bon vouloir
du temps, une semaine ou l'autre : on calculait la célé-
rité de sa marche par la direction du vent ou la hauteur
du baromètre ; mais souvent elle trompait toutes les espérances, et le marchand qui venait l'attendre sur la grève
s'en retournait la tête baissée et l'esprit inquiet. L'évêque
de Tromsö me disait qu'une lettre partie de cette ville au
mois de mars n'était arrivée à Christiania qu'au mois de
juin. Si le correspondant de Christiania mettait le moindre
retard à répondre, c'était l'affaire d'un an. »

Qu'il y a loin de ce bon vieux temps, où ce qui con-
stituait le principal plaisir du voyageur, c'était l'obstacle,
la fatigue, le péril même, où l'on n'était jamais sûr d'arriver à destination, où l'on avait à enregistrer dans le
journal de voyage mille incidents, mille aventures im-
prévues ! Aujourd'hui la Norwége a sa ligne de steamers,
comme le Nil, le Gange et le Mississipi, et l'on va en
quinze jours de Bergen à Vadsö, la ville la plus proche
de la mer Blanche. Un voyage en Laponie n'est plus une
entreprise aventureuse et lointaine. Le cap Nord lui-
même, le redoutable cap battu par les tempêtes de l'océan
Glacial, a perdu la moitié de son prestige depuis qu'il

est permis au plus vulgaire touriste de l'aborder et d'y vider la coupe de champagne traditionnelle.

A peine eûmes-nous dépassé les îles de *Thrœnen*, qui s'élèvent au milieu des eaux comme des tours inaccessibles, que nous franchîmes le cercle polaire arctique. L'île de Hestmandso est située précisément sur le cercle, comme une colossale pierre milliaire destinée à avertir le voyageur qu'il entre dans la zone glaciale. Cette île ressemble, dit-on, à un cheval nageant dans la mer et portant un cavalier, d'où son nom de *Hestmandsö* (île du cavalier). J'avoue humblement n'y avoir vu qu'un immense rocher taillé en pyramide, et surmonté, comme le *Peterbotte*, d'un piton bizarre qui se maintient, on ne sait comment, en équilibre sur la cime pointue. Les pêcheurs norwégiens, qui sont des hommes superstitieux, ne passent jamais devant l'île de Hestmandsö sans se découvrir respectueusement.

Pour nous, qui n'avions jamais été si loin dans le Nord, le passage du cercle fut une véritable fête. Si l'on ne nous baptisa point, comme les novices qui franchissent pour la première fois l'équateur, c'est qu'on ne voulut point nous exposer à gagner un rhume, conséquence inévitable d'une semblable immersion à pareille latitude. La longue-vue du capitaine fut apportée sur le pont, et l'on fit voir le cercle polaire aux passagers naïfs, en plaçant un cheveu tendu devant la lentille.

On sait que le cercle polaire, éloigné du pôle de 23° ½, forme cette limite mathématique qui sépare les climats d'heure des climats de mois. Sous cette latitude, le plus long jour de l'année est de vingt-quatre heures. A partir de ce point, nous cessions d'être des *hétérosciens* pour devenir des *périsciens,* c'est-à-dire que notre ombre tournait autour de nous en l'espace d'un jour. Par un autre phénomène physique, plus nous nous élevions vers le pôle, plus nous augmentions en pesanteur, par suite de la diminution progressive de la force centrifuge, qui devient tout à fait nulle au pôle.

IV

LA ZONE GLACIALE

La zone glaciale, dans laquelle nous entrions, s'annonce
vraiment bien. Après l'île de Hestmandsö, voici le pic
de *Lovunden,* immense cône taillé en pain de sucre,
autour duquel volent des nuées d'oiseaux de mer. L'ensemble du paysage est d'une sauvagerie indicible. Partout des montagnes abruptes, nues et sévères comme
les pics décharnés du Spitzberg. D'énormes nuages noirs
s'amoncellent au-dessus de nos têtes, et donnent à cette
sombre nature un aspect presque terrible. Par moments,
les nuages se résolvent en pluie glacée, tous les objets
se brouillent, et dans le chaos brille soudain un radieux
arc-en-ciel. Plus nous voguons vers le Nord, plus les
montagnes grandissent et le pays s'accentue. Ce ne sont
plus les roches basses et moutonnées du pays de Throndhjem, mais d'énormes murailles perpendiculaires, qui
surplombent au-dessus des fjords et du haut desquelles

s'élancent d'un seul jet les cataractes provenues de la
fonte des neiges. Parfois les quatre coins de l'horizon sont
bornés par des montagnes d'une hauteur effroyable, dont
les crêtes couronnées de neige décrivent dans le ciel les
silhouettes les plus fantastiques, les plus variées, les plus
invraisemblables. D'énormes glaciers, dont les teintes se
confondent avec les nuages, descendent de leurs cimes
et s'étendent en éventails, en nappes immenses, sur leurs
vastes flancs. Oh! que l'on se sent subjugué, annihilé
par cette mâle et farouche nature polaire, et que ne
peut-on trouver des mots qui puissent en donner une
idée!

Des légions innombrables de mouettes, de goëlands,
errent autour du navire, rasant de l'aile les cordages, et
jetant au plus haut des airs leur cri long et plaintif: parfois un aigle se met à la poursuite de ces pauvres animaux, et toute la troupe s'enfuit effarée. Des myriades
d'*eiders,* ou canards polaires, nagent sur la mer : ils sont
souvent si serrés, qu'on les prendrait de loin pour des îles
flottantes. A l'approche du navire, ils plongent dans l'eau
pour reparaître plus loin.

Les eiders, ces oiseaux précieux qui produisent l'é-
dredon, sont protégés par une loi qui défend de les tuer
sous peine d'une amende assez élevée. Il y avait à bord
du *Nordstjernen* trois jeunes étudiants qui, en leur qualité d'Anglais, se croyaient tout permis. Postés à l'avant
du navire, ils tiraient à coups de revolver, — cet âge est
sans pitié! — sur les troupes d'eiders. Heureusement
pour les eiders, les chasseurs étaient d'une maladresse
consommée. Un Norwégien, que révoltait ce barbare
amusement, leur administra, en bon anglais, un salutaire avertissement. En dépit de cette leçon, nos étourdis

devaient se signaler plus tard par de nouvelles prouesses et faire parler d'eux dans toute la Norwége. Le récit de cet incident trouvera sa place ailleurs.

Vers le soir, nous entrâmes dans la rade de *Bodö*, la capitale et aussi la seule ville du Nordland, si l'on peut donner le nom de ville à une cinquantaine de maisons de bois, où s'abrite une population de trois cents âmes. Il y a là trois ou quatre marchands, un amtmand (bailli) et un sorenskriver (juge). Bodö est une ville de fondation récente. Elle est située à l'entrée du Saltenfjord. Il y a quelques années, le gouvernement norwégien voulut y établir un entrepôt de commerce, à cause de la situation heureuse de la localité et de la proximité des îles Loffoden, où se fait la grande pêche; mais, en dépit de ces avantages, les espérances qu'on avait fondées sur la jeune ville nordlandaise ne se sont pas réalisées : Bodö est restée stationnaire, éclipsée par Tromsö, sa rivale.

Le *Nordstjernen* faisait ici escale depuis neuf heures du soir jusqu'à minuit. Voulant nous dégourdir les jambes sur la terre ferme, nous sautâmes dans une nacelle qui contenait une quinzaine de personnes. De petites vagues faisaient invasion dans l'embarcation déjà trop surchargée, et je dois avouer que la perspective de chavirer dans l'océan Glacial ne me souriait guère. Aussi ce fut avec un véritable soulagement que je gravis avec mon compagnon les degrés de l'échelle verticale par laquelle on grimpe sur le quai de Bodö.

Notre premier soin fut de nous rendre au bureau de poste. Nous y confiâmes à un employé, que nous trouvâmes plongé dans un profond sommeil, des lettres qui ne devaient, hélas! partir pour notre cher pays que dans une semaine. En voyage, cette préoccupation de lettres est une sorte de maladie. Qu'un voyageur arrive dans une ville, que cette ville soit sous l'équateur ou près du pôle, le premier objet de sa visite est toujours le bureau de poste, s'il y en a un. Heureux encore quand les communications postales sont faciles et rapides; mais en Norwége, on est si loin de chez soi, qu'on est réduit à vivre sans cette chère pâture que l'on appelle les nouvelles du pays. Du moins, celles que l'on reçoit sont bien vieilles. En revanche, la Norwége a aujourd'hui un service télégraphique parfaitement organisé. Depuis six ans, un fil électrique de six cents lieues de longueur relie Christiania à l'extrême nord de la péninsule, et pour la modique somme de six marks (7 francs), on peut télégraphier en Europe du fin fond de la Laponie. Le télégraphe est partout une bénédiction, quoi qu'en disent les grincheux qui méprisent les bienfaits de la civilisation.

Bien qu'il fût neuf heures du soir, il faisait complétement jour comme à neuf heures du matin. Dans les premiers temps, nous avions peine à nous faire à ces lumineuses nuits du Nord, et nous nous demandions souvent si nos montres ne nous induisaient pas en erreur. Profitant de cette clarté propice, nous fîmes une promenade dans les campagnes qui environnent la ville. Quelle douce jouissance de humer l'air des champs après quelques jours de navigation! Une belle route conduit de Bodö à l'église, située à une demi-lieue de la ville. Nous suivions cette route, en nous arrêtant presque à chaque pas pour contempler les beautés du paysage. Non loin de nous brillait, comme un lac, la nappe paisible du Saltenfjord. Dans la distance, nous apercevions les monts lointains qui séparent la Norwége de la Suède : leurs cimes

neigeuses me rappelaient le magnifique panorama de
Molde. La plus haute de ces montagnes est le pic de
Sulitjelma[1], qui s'élève à six mille pieds au-dessus du
niveau de la mer. La mélancolie des soirs s'étendait sur
la campagne et sur les cimes sublimes. Le ciel pâlissait
au couchant, et le superbe glacier du *Blaamandsfjeld*
passait tour à tour par les teintes les plus riches et les
plus variées. En contemplant cette scène intraduisible,
je pensais au *never* du poëte. *Never oh! never more!* —
Ne reverra-t-on cela « plus jamais » ?

Après une demi-heure de marche, nous arrivâmes au
pied d'une colline verdoyante couverte de bouleaux à
têtes rondes. C'est au milieu de ce site plein de fraîcheur
et de silence qu'est sise la jolie église de Bodö, bâtie sur
l'emplacement d'une chapelle fort ancienne qui portait
au moyen âge le nom de *Halogaland,* nom souvent cité
dans les sagas islandaises. L'église actuelle est construite
en pierres et en briques : c'est un luxe fort rare en Norwége. Vu l'heure avancée, nous ne pûmes pénétrer dans
ce rustique temple du Nordland. A l'extérieur, nous vîmes,
adossée au mur, une vieille pierre sépulcrale ornée du
portrait sculpté d'un personnage qui tient une main ap-
puyée sur la poitrine, l'autre sur une Bible. L'inscription
de ce curieux monument, à demi effacée, est écrite en
latin et en caractères gothiques, et porte la date de 1666.

Pendant notre inspection, nous fûmes agréablement
surpris par l'arrivée du capitaine Roland et de quelques
passagers du *Nordstjernen.* Sur la proposition du capitaine, nous entrâmes dans un gaard où nous bûmes du
lait à la façon des anciens patriarches. Le lait, — dont

---

[1] Cette dénomination est évidemment laponne.

tout le monde fit l'éloge, — nous fut servi dans un immense bol en bois, qui passa de main en main. Chacun aspira à longs traits le liquide savoureux, si bien qu'au troisième tour de scrutin il ne resta plus rien au fond du bol.

Comme nous reprenions le chemin de Bodö, nous fûmes témoins d'un phénomène fréquent dans ces contrées septentrionales. Un immense cercle lumineux brillait dans le ciel; son éclat offusquait les étoiles. Au contraire de ce qu'on observe dans les halos et les aurores boréales, ce cercle était d'une teinte uniformément blanche, et son intensité variait de minute en minute. Le phénomène ne dura guère plus d'un quart d'heure : à onze heures du soir, tout était fini.

Nous traversâmes la longue rue de Bodö. A pareille heure, cette ville avait un air mystérieux et fantastique. Une lumière crépusculaire, pareille à celle qui précède le lever du soleil, éclairait la scène. La ville était profondément endormie. Vers minuit, nous revînmes au canot qui devait nous ramener à bord du *Nordstjernen*: nous y descendîmes au moyen d'une échelle roide. Un jeune rameur, en voulant sauter de l'échelle dans le canot, prit si mal son élan, qu'il glissa : nous le vîmes disparaître dans l'eau calme et glacée... Il y eut un moment d'angoisse, qui heureusement se dissipa lorsque notre homme reparut à la surface. On le repêcha par la peau du dos, tout haletant, tout transi et claquant des dents. Brrr! on s'imagine ce que doit être un bain dans la mer Glaciale, à minuit! Cependant l'imprudent ne songea même pas à changer de vêtements, et comme j'en témoignais ma surprise, quelqu'un me dit : « Que cela ne vous étonne point! ça leur arrive tous les jours.

Les Norwégiens ne meurent pas de ça ! » Un fait curieux, c'est que les Norwégiens, qui sont nés marins, ne savent pas nager, à de très-rares exceptions près.

Le 15 août, nous entrions dans le *Vestfjord*. C'était le jour de l'Assomption, le jour où étudiants, avocats, magistrats entrent en vacances et se disposent à prendre leur vol vers des contrées plus en vogue que la Norwége. Que nous étions loin déjà de cette bonne ville de Rotterdam, où nous nous étions embarqués le 31 juillet ! En quinze jours, nous avions franchi plus de cinq cents lieues par mer. Et que nous étions loin encore du terme de notre voyage ! Chaque tour de l'hélice nous emportait vers cet inconnu dont l'homme a soif, et nous éloignait davantage de la patrie.

Le Vestfjord, dans lequel nous naviguâmes une journée entière, est le plus vaste fjord qu'on trouve sur les côtes occidentales de la Norwége. Jamais, non jamais, je n'oublierai les aspects grandioses, surprenants qui s'offraient à nos regards à mesure que nous avancions dans ce magnifique détroit : comme vue de mer, c'est peut-être ce qu'il y a de plus beau en Europe. L'entrée du fjord a plus de vingt lieues de largeur; au nord, il se rétrécit peu à peu et forme une sorte de canal compris entre la Norwége et le grand archipel des Loffoden, dont les hautes montagnes se distinguent vers l'ouest, comme une longue chaîne de cimes dentelées, tailladées en scie. A l'est, on aperçoit les sommets neigeux des monts lointains qui forment la frontière naturelle de la Suède. Ces grands paysages du Nord ont un caractère sublime qu'il est impossible de décrire. Il faut les avoir vus pour croire à leur réalité. Les montagnes et les rochers resplendissent de glaces et de neiges. Ces neiges, en fondant, des--

cendent sur leurs flancs, et forment de superbes cascades qui vont mourir en écume blanche dans la mer immense. Qu'on ajoute à cela les magiques nuances du ciel du Nord, l'aspect sombre et morne de l'océan Glacial, les formes fantastiques des rochers, les teintes azurées des glaciers, le silence solennel qu'interrompent seulement le bruit des cascades et le cri rauque et plaintif des oiseaux de mer ; qu'on se représente enfin le merveilleux éclat du soleil polaire, lorsqu'il éclaire de sa lumière la plus vive ce magnifique ensemble de flots soulevés, de neiges, de glaces, de pics et de rochers, et l'on n'aura qu'une bien faible idée de la grandeur, de l'écrasante majesté de ce tableau qui ne porte d'autre nom d'auteur que Dieu !

Ile de Vaage dans l'archipel des Loffoden.

V

LES LOFFODEN

 Le groupe des Loffoden est situé presque à l'extrême
nord de l'Europe. Il s'étend, sur un espace de plus de
cinquante lieues, le long des côtes de la Norwége, du
sud-ouest au nord-est. Ces îles, fort rapprochées les
unes des autres, forment une sorte de barrière qui protége le Vestfjord contre les tempêtes de l'Océan. La
plupart de ces îles sont habitées par une population de
pêcheurs et de pilotes; quelques-unes sont tout à fait
désertes. Andenaes, dans l'île Andö, est considéré comme
la capitale des Loffoden. Presque toutes ces îles sont
d'un accès difficile et dangereux, à cause des rochers,
des écueils et des bancs de sable. Les Loffoden sont
stériles vers l'ouest, mais fertiles vers l'est. On y trouve
de bons pâturages, qui nourrissent des chèvres et de
petits moutons. Le point le plus élevé du groupe est à
plus de trois mille pieds au-des us du niveau de la

mer. Vers le sud, l'archipel dégénère en rochers bas et stériles, où d'innombrables oiseaux de mer ont élu domicile.

Il existe des courants entre la plupart des îles Loffoden, tels que le Galström, le Napström et le Gimström ; mais le courant le plus dangereux se trouve entre l'île Moskenaes et l'île Vaerö. C'est le fameux *Malström*, situé par 9º 20' long. E. et 67º 20' lat. N. On a dit et écrit bien des exagérations sur le Malström, qui n'est ni un gouffre ni un tourbillon, comme son nom pourrait le faire croire [1], mais bien un violent courant dont la vitesse dépend tout à la fois du vent, de l'état du temps et de la marée. Quand le vent souffle du nord-ouest et rencontre le reflux dans le détroit, la mer est dans une telle agitation entre l'île Moskenaes et l'île Vaerö, que les navires ne pourraient y tenir un seul instant. Par un temps calme, les marins ne peuvent s'aventurer dans le détroit que pendant les trois quarts d'heure qui précèdent la marée montante. Alors même que la mer est tranquille comme un lac, le Malström est toujours dangereusement agité, si ce n'est pendant cette courte période. L'agitation du courant provient de l'immense masse d'eau qui, à la marée montante, est forcée de se livrer passage dans l'étroit canal resserré entre les deux îles. En outre, la profondeur de la mer décroît tout à coup à l'endroit où elle entre dans le détroit. A l'ouest des Loffoden, le sondage accuse une profondeur de cent à deux cents brasses, tandis que dans le détroit et dans le Vestfjord on ne trouve plus que seize à trente brasses : en sorte que toute la masse

---

1 Malström est un mot norwégien qui signifie tournant, gouffre.

d'eau de l'Océan se trouve tout à coup comprimée entre les rochers de Moskenaes et de Vaerö. Quant aux histoires de navires engloutis par le tourbillon, ce sont là tout simplement des fables ; mais si un navire venait à être entraîné dans le courant, il irait probablement se briser contre les rochers et les récifs du détroit, s'il n'était immédiatement submergé par les vagues en furie. Le Malström est d'ailleurs complétement hors de la route suivie par les joegts du Nordland, et les vaisseaux ne sont pas obligés d'aller par cette voie. Les hardis marins qui connaissent ces parages font si peu de cas du Malström, que par les beaux temps ils passent et repassent le détroit au moyen des frêles barques du pays. Les pêcheurs s'aventurent même sur de petits bateaux et se livrent à la pêche au centre du canal. Les poissons, loin de redouter le Malström, s'y plaisent beaucoup, et les malins pêcheurs, qui savent cela par expérience, y tendent leurs filets. Tout le monde sait que les poissons de mer, aussi bien que les poissons de rivière, hantent volontiers les courants et les ressacs.

Que les baleines qui s'aventurent dans le Malström soient condamnées à périr englouties par le tourbillon, c'est encore là une fable qu'on trouve dans tous les manuels de géographie. Voici ce qui a donné lieu à cette légende. Près de l'île de Flagstadt, située un peu au nord de Moskenaes, il y a une passe étroite appelée Qualviig, entre les rochers qui font face à la ferme de Sund. Cette passe est d'abord très-profonde, puis tout à coup sa profondeur se réduit à seize pieds. De tout temps, un très-grand nombre de baleines ont échoué dans cette étroite crevasse. On ignore quelle puissance attractive peut attirer dans cette crique ces animaux en

général si prudents ; mais une fois engagée dans le canal,
la baleine se trouve dans l'impossibilité d'en sortir, parce
qu'il lui faut un grand espace pour se retourner, espace
qui lui fait défaut dans cet étroit passage. A marée
basse, l'énorme monstre est abandonné là, sur le sable,
à son malheureux sort. De grandes baleines ont vécu
huit jours dans ce piége naturel, et les gens du pays
disent qu'elles se débattaient en poussant d'affreux mu-
gissements. Au commencement de ce siècle, un mâle
gigantesque y fut emprisonné : la femelle l'y vint rejoindre avant le coucher du soleil, et les malheureuses
bêtes moururent ensemble. Ceci se passait à l'époque où
un Norwégien du nom de Sverdrup occupait la ferme
de Sund : par un heureux hasard, plus de vingt baleines
échouèrent dans la passe pendant le temps qu'il y habi-
tait, et cette circonstance lui valut le surnom de *Roi des
Loffoden* [1].

Quand on parle des Loffoden, les deux premières
idées que ce mot éveille dans l'imagination sont le
Malström, dont je viens de parler, et la pêche de la
morue, dont je dirai quelques mots. Telle est l'importance de cette pêche, qu'on peut dire que c'est d'elle
que dépend la prospérité de la Norwége. En effet, c'est
par elle que subsiste toute la population répartie sur
les côtes occidentales de cette partie de la péninsule
scandinave. La grande pêche commence en février et
finit en avril, à l'époque des froids et des longues nuits.
Elle se fait dans le Vestfjord, sur les côtes occidentales
des Loffoden. C'est là qu'on trouve les bancs de pêche,
indiqués sur les cartes que le gouvernement norwégien

[1] Edward Charlton, *Notes and Queries*, april 1858.

a fait publier récemment à ses frais. Ces cartes indiquent non-seulement la nature des bancs, mais aussi leur profondeur et leur étendue. Les bancs des Loffoden se composent de trois lits ou terrasses : ces terrasses, loin de descendre en pentes insensibles, sont disposées comme les degrés perpendiculaires d'un escalier. La première terrasse se trouve à la profondeur d'une trentaine de brasses, et immédiatement au-dessous vient la seconde, dont la profondeur est de quarante à cinquante brasses. Le troisième banc se présente aussi subitement, sans inclinaison, à une profondeur d'environ cent vingt brasses. La morue se rend sur ces bancs pour y déposer son frai et pour y trouver un abri contre les vents et les vagues. On sait que c'est vers la fin de l'hiver que les morues quittent le grand banc de Terre-Neuve. Elles s'approchent alors des rivages de la Norwége, et leur affluence est prodigieuse dans les Loffoden, dont les fonds de sable et les eaux tranquilles les attirent par millions. L'abondance de ces poissons migrateurs est due à leur extrême fécondité. Leuwenhoeck, qui l'a constatée, a trouvé que l'ovaire d'une morue de moyenne grandeur renfermait neuf millions trois cent quatre-vingt-quatre mille œufs! Cette fécondité vraiment prodigieuse assure aux pêcheurs d'inépuisables ressources, malgré les énormes quantités de morues dont ils dépeuplent la mer.

Il a été constaté, d'après les rapports officiels, que la pêche de la morue occupe quinze à seize mille hommes. Près de trois mille bateaux de pêche visitent chaque année les Loffoden. Le produit de la pêche, dans les années ordinaires, est de quinze à dix-huit millions de poissons, vingt mille barils d'huile, et six mille barils de rogue [1]. Il n'y a pas encore là le produit de deux morues, en supposant que tous les œufs aient pu éclore!

Ce qui rend si productive la pêche des morues, c'est que tout, dans ces poissons, est utilisé : on sait quelle immense consommation on fait de leur chair; leur foie fournit une huile excellente employée dans l'industrie et administrée en médecine; leur vessie natatoire donne une bonne colle; leur langue est un mets délicat; de leurs têtes on fait un engrais nommé fiskeguano.

On se sert, pour la pêche de la morue, de filets et de lignes. Le meilleur appât est le hareng frais. Les morues, à peine sorties des filets, sont décapitées. Une partie de la pêche ne va pas directement aux séchoirs : elle est vendue fraîche aux marchands de Throndhjem, de Bergen, et même de Christiansand. Ceux-ci viennent acheter le poisson sur les lieux, le salent, le transportent sur leurs navires, et à leur retour le font sécher au soleil sur les rochers plats ou *klipper,* d'où le nom de *klip-fish* par lequel on désigne le poisson qui a subi la salaison. Celui qu'on prépare sans faire usage de sel s'appelle *stock-fish* : on le suspend à des perches après l'avoir vidé, on ne le retire du séchoir qu'au mois de juin.

L'organisation actuelle des pêcheries des Loffoden se ressent encore du système qui était en vigueur au temps de la Hanse. Le commerce se fait par voie d'échange : le marchand reçoit du pêcheur le nombre de poissons convenu, et paie en nature. Les marchands font souvent crédit aux pêcheurs, en sorte que ceux-ci

[1] *Laing's Norway,* c. vi.

se trouvent être presque toujours en dette, et alors que la misère les presse, ils ne peuvent compter sur le produit de leur pêche, qui appartient à leurs créanciers. On conçoit quelles tristes conséquences amène un pareil système. Aujourd'hui encore, comme au temps de la Hanse, nul ne peut être marchand s'il n'a subi un examen sur la tenue des livres et sur une langue étrangère. Ce sont là de déplorables restrictions apportées à la liberté du commerce. Qu'on exige des garanties de capacité dans le cas où l'exercice d'une profession met en jeu les intérêts d'autrui, rien de plus rationnel; mais je ne vois pas en quoi l'ignorance d'un marchand pourrait nuire à autrui : s'il tient mal ses livres, tant pis pour lui; il ne nuit qu'à lui-même, ce à quoi la société n'a absolument rien à voir.

Les pêcheurs qui arrivent aux Loffoden se répartissent en groupes et choisissent leurs stations. Chaque groupe élit dans son sein un patron, dont le rôle consiste à juger les contestations, à consulter le temps, à diriger les opérations de la pêche. C'est lui qui commande l'expédition, qui donne le signal du départ, qui sonde la mer, et ne s'arrête pour commencer la pêche que lorsque la sonde rebondit sur le dos des morues entassées les unes sur les autres comme des harengs. Le règlement de 1830 veut que ce patron soit réélu chaque année : il reçoit de chacun de ses hommes un tribut de deux poissons. Les pêcheurs apportent avec eux leur provision de biscuit et d'eau-de-vie. Dans chaque île, il y a un marchand qui est obligé de subvenir à leurs besoins imprévus. Ce marchand leur loue, moyennant un impôt de vingt-quatre poissons par tête, les séchoirs et les misérables baraques où ils se reposent la nuit des rudes travaux de la journée. Mal vêtus, mal nourris, mal logés, sans cesse exposés au froid et à l'humidité, la plupart de ces pauvres pêcheurs sont accablés de rhumatismes, et ceux-là sont les moins à plaindre : car beaucoup contractent des maladies bien autrement terribles, le scorbut, la gale, l'éléphantiasis et la lèpre [1].

Les parages des Loffoden ont été connus dès la plus haute antiquité. Au moyen âge, la Hanse y avait établi de grandes pêcheries. En l'an 1120, le roi Eystein y avait fondé une église et bâti quelques maisons. Alors comme aujourd'hui, c'étaient les parages de l'île de Vaage qui étaient réputés les meilleurs. Les Loffoden étaient connues des anciens. Ce qui le prouve, c'est que les écrivains de ce temps parlent du Malström, qu'ils appelaient, dans leur langue imagée, le *nombril de la mer*. On prétend même que les Phéniciens et les Carthaginois visitèrent ces parages. Tout porte à croire que c'est à l'extrême nord de la Norwége que Strabon fait allusion lorsqu'il parle de l'*extrema Thule,* où règne un jour de plusieurs mois en été et une nuit de plusieurs mois en hiver.

Comme nous voguions sur les eaux du Vestfjord, qui est grand comme une mer, un vent violent faisait vibrer les cordages comme des cordes de violon. Le navire oscillait sous l'influence du roulis et du tangage. Le professeur hongrois, assis sur le pont, fut renversé deux fois avec son inséparable pliant. Un garçon de service, en portant le café sur le pont, laissa échapper

---

[1] On peut lire, sur la pêche en Norwége, un intéressant article de la *Revue britannique* paru en 1874

plateau et tasses, et la liqueur fumante se répandit sur
l'escalier, au grand amusement de tous les Anglais qui
se trouvaient à bord. Le mal de mer fit maintes victimes.

Après avoir dépassé le *Foldenfjord*, un des principaux bras du Vestfjord, nous fîmes une courte escale
dans la baie de Grötö. En cet endroit le paysage est
d'une grande beauté. De tous côtés s'élèvent des montagnes prodigieusement hautes, dont les formes bizarres et tourmentées semblent dénoter une origine volcanique. A la distance de dix milles norwégiens (115
kilomètres), on aperçoit distinctement la longue chaîne
des Loffoden, dont les montagnes dentelées échancrent
le ciel comme les dents pointues d'un requin. La comparaison n'est pas neuve, mais elle est fort juste.

En quittant le petit port de Grötö, nous fûmes tout
à coup enveloppés par les brouillards et la pluie, qui
surviennent souvent inopinément dans ces parages. Un
voile épais nous cacha pendant quelques heures les lignes
vaporeuses des Loffoden. Les côtes du continent se lais-
saient voir plus distinctement : de temps à autre nous
apercevions par une éclaircie de magnifiques glaciers
qui descendaient de la cime des montagnes jusque dans
la mer.

Si inconstante est la température des régions polaires,
qu'un nouveau changement de temps s'opéra tandis que
nous dînions dans la salle commune. Lorsque nous re-
montâmes sur le pont, à trois heures, nous étions en
rade de Lödigen. Je n'oublierai jamais l'agréable surprise que j'éprouvai au moment où je gravissais le dernier degré de l'escalier roide qui mène au tillac. Un ciel
presque bleu avait succédé à la brume qui, une heure

auparavant, enveloppait toute la nature. Ce fut comme
un lever de rideau splendide; comme si la baguette
d'une fée nous eût transportés en un clin d'œil des
brumes du Nord sous le ciel radieux du Midi. Quelques
montagnes étaient coiffées d'une calotte de nuages qui
affectaient la forme de leurs cimes. A l'horizon on dis-
tinguait toujours les monts lointains des Loffoden, d'une
magnifique teinte bleu foncé. Les montagnes les plus
éloignées se fondaient dans l'azur du ciel par des dégradations insensibles. Mais ce qui m'enchantait le plus,
c'était le petit fjord au fond duquel on découvre les
maisons blanches de Lödigen. Je voudrais pouvoir rendre
ce tableau par la parole; mais toutes les paroles réunies n'ébaucheraient pas même le site. Qui s'attendrait
à trouver, en pleine zone glaciale, le plus vert paysage
que la main de Dieu ait jamais formé? On est à se
demander par quel enchantement, par quel contraste
indicible on se trouve ainsi transporté subitement, sans
transition, au beau milieu d'un lac de la Suisse. Au
point central de ce lac se découvre une charmante petite île où se cache timidement l'humble maison d'un
pêcheur, qui est roi dans son petit empire; n'est-il pas
plus heureux qu'un prince? Une chose pourtant me
dit que la Suisse est bien loin : j'ai beau chercher les
sapins à la fine colonne, à l'aiguille élancée, ils ont
disparu depuis le cercle polaire. Cette pâle verdure qui
égaie le paysage n'est autre que celle des bouleaux nains,
le seul arbre qu'on rencontre encore dans ces latitudes
déshéritées de la nature.

A peine a-t-on dépassé Lödigen, que le Vestfjord se
contracte entre la Norwége et l'île *Hindö*, la plus
grande du groupe des Loffoden : cette île est grande

comme une de nos provinces. Le Vestfjord, qui ailleurs a vingt lieues de largeur, n'est plus ici qu'un canal étroit, à peine assez large pour laisser passer de front deux navires. Il faut toute l'habileté d'un pilote exercé pour mener le steamer par les sinuosités de ce fleuve marin, au-dessus duquel surplombent à droite et à gauche des rochers nus et escarpés qui semblent vouloir nous menacer d'un effroyable ensevelissement. Ailleurs reparaissent les pentes herbeuses et les bouleaux; à chaque instant l'oasis succède au désert : il y a alors comme une recrudescence de végétation favorisée par le brûlant soleil du Nord, qui en cette saison reste presque en permanence au-dessus de l'horizon. Mais ces scènes riantes ne sont que passagères, et le désert nu et désolé ne tarde pas à reprendre son empire.

Au sortir du détroit, le steamer pénètre dans l'*And-fjord* et continue à côtoyer la partie septentrionale de l'île Hindö, dont les rochers, riches en oxyde magnétique, ont la propriété d'agir sur l'aiguille aimantée et d'affoler la boussole.

VI

HISTOIRE D'UN LAPON

Vers cinq heures du soir nous relâchions à Arstadham, près de Sandtorv. C'est la première station du
Finmark. Le Finmark est la province la plus septentrionale non pas seulement de la Norwége, mais de tout
le continent européen. L'arrivée du steamer dans ces
lointaines contrées du Nord est une fête : le pavillon
norwégien flotte sur la maison du marchand, la population se presse sur les quais, et les barques affluent
autour du bateau à vapeur pour recevoir les lettres et
les marchandises. On aime à considérer ces beaux hommes
du Finmark, vêtus de la traditionnelle veste de vadmel.
Avec quelle dextérité ils manient la rame ! le vieux sang
normand coule dans leurs veines. Ce sont bien là les
descendants de cette forte race scandinave, de ces Vikings qui tant de fois se ruèrent sur l'Europe. Mal-
avisé eût été celui d'entre nous qui eût voulu se me-
surer avec ces robustes athlètes.

Notre attention fut détournée de tout ce monde par l'arrivée d'une barque qui nous amenait les plus étranges personnages que j'aie jamais vus. Ils étaient deux. L'un portait une blouse de vadmel rouge à bordure bleue : sa longue chevelure noire flottait sur un large collet; ses jambières, fixées au moyen de rubans rouges enroulés autour de la cheville, s'engageaient dans de grossières chaussures faites de peau de renne; il portait à la ceinture un énorme coutelas dont le manche était en os de renne; une mitre d'étoffe rouge, carrée comme la coiffure des Polonais, et bourrée de plumes, couronnait sa bizarre personne. Son compagnon portait une blouse de laine blanche et un vieux chapeau gris tout déformé, dont quelque Norwégien lui avait sans doute fait cadeau. A première vue, nous reconnûmes que nous avions devant nous des Lapons. Ces braves gens avaient l'air intelligent et bon. Bien qu'ils ne fussent pas des Lapons vulgaires, comme nous l'apprîmes bientôt, tous deux étaient d'une saleté repoussante. Suivant l'usage des Lapons, ils ne portaient pas de linge, et leur personne exhalait au loin une odeur *sui generis* qui, je vous le jure, ne flattait l'odorat en aucune façon. Piqués par une curiosité bien naturelle, nous les accablâmes de questions, à l'aide d'un interprète, et ils se prêtèrent bien volontiers à notre indiscrétion. L'un s'appelait *Lars Haettaa* : ses petits yeux gris lançaient des regards pleins de vivacité, et l'ensemble de sa physionomie dénotait une rare énergie et beaucoup de perspicacité. Il était blond, assez petit de taille, et pouvait être âgé d'environ quarante ans. Celui qui l'accompagnait était son serviteur. Le serviteur était mieux habillé que le maître. Nez aquilin, bouche démesurément

large, pommettes saillantes, front fuyant, orbites profondes, cheveux d'un brun foncé et barbiche brune, tels
étaient les traits caractéristiques de sa physionomie. Ses
bras étaient d'une longueur exceptionnelle. Il portait le
nom de *Henrik Penthaa*. Nous eûmes la chance de trouver
à Tromsö son portrait. Nous lui achetâmes, pour quelques marks, sa ceinture et son couteau, magnifique
spécimen de fabrication laponne : on y voit gravés sur
la lame de grossiers caractères assez semblables aux
anciennes runes scandinaves.

L'histoire de Lars Haettaa est fort étrange. C'est un
homme d'un esprit très-remarquable. Il est originaire
de Kautokeino, pauvre bourgade située au centre de la
Laponie, et qui en est en quelque sorte la capitale, si
l'on peut donner ce nom à un groupe de vingt à trente
maisons qui ne sont habitées que pendant une partie
de l'année. Dans le temps où les missionnaires protestants commençaient à prêcher en Laponie, quelques
païens se soulevèrent contre eux. A Kautokeino, il y
eut du sang versé. C'était en 1852. Jacobsen Haettaa,
le père de Lars Haettaa, était le chef de la révolte. Un
marchand norwégien, qui résidait à Kautokeino, fut
lâchement assassiné avec le landsmann; quant au ministre, il parvint à se sauver. Lars Haettaa, qui n'avait
alors que dix-huit ans, trempa dans le meurtre. Son
père et les autres complices furent condamnés à mort
et décapités à Bosekop, en 1854. On conserve encore,
au musée de Bergen, leurs têtes moulées en plâtre.
Lars Haettaa fut également condamné à mort; mais, en
considération de son jeune âge, on commua sa peine
en celle des travaux forcés à perpétuité. On l'envoya à
Christiania, où il expia son crime dans la forteresse

d'Aggerhuus. Le jeune Lapon s'instruisit en prison. Lui qui avait passé son enfance dans les fjelds déserts du Finmark, au milieu des troupeaux de rennes, lui qui n'avait connu jusqu'alors que l'existence nomade, la libre et indépendante vie pastorale, il se consola de la liberté perdue en apprenant à lire! Il étudia la langue norwégienne, lut la Bible, et la traduisit en langue laponne sur une version protestante. Il composa des hymnes et des poésies d'une facture admirable. Sa traduction de la Bible est aujourd'hui universellement répandue en Laponie. A Hammerfest, nous en avons eu un exemplaire entre les mains. Après avoir expié son crime par dix années de détention, Lars Haettaa obtint sa liberté. Par sa conduite le meurtrier d'autrefois mérita si bien les sympathies de tous, que le professeur Fries, de l'université de Christiania, de tous les Norwégiens le mieux versé dans la langue laponne, n'hésita pas à le prendre pour compagnon de voyage : ils parcoururent ensemble la Laponie tout entière, depuis les côtes norwégiennes jusqu'à la mer Blanche. Au terme du voyage, Fries et Haettaa se séparèrent, et cette séparation dut être touchante; l'un revint à Christiania, l'autre retourna à sa vie nomade dans les déserts glacés de la Laponie. Le traducteur de la Bible redevint le berger d'autrefois, mais il n'oublia point la poésie; et aujourd'hui encore, quand il mène paître par les fjelds ses troupeaux de rennes, il chante les beautés de son pays et célèbre les louanges de la vie nomade.

Telle est, en deux mots, la curieuse histoire du Lapon Lars Haettaa. Cette histoire nous fut racontée en anglais par un des passagers du *Nordstjernen*, le pasteur de Talvik : comme tous les pasteurs du Norland et du

Finmark, il parlait la langue laponne. Lars Haettaa répondait avec beaucoup de bon sens aux questions que nous lui adressions par l'intermédiaire du pasteur. Il nous apprit qu'il se rendait à Tromsö dans le but de demander à l'Amtmamd l'autorisation de s'établir avec ses troupeaux de rennes sur les pâturages qui avoisinent Arstadham. Cette autorisation est nécessaire chaque fois qu'un Lapon veut se fixer sur les côtes; dans l'intérieur, il est libre de s'établir où il veut. C'est la grande question des empiètements des deux races. Les Lapons nomades se prétendent les maîtres de tout le pays qui porte le nom de Laponie, et ils revendiquent le droit de mener paître leurs troupeaux sur les côtes dont ils se sont vus dépossédés par les Norwégiens. Ceux-ci, au contraire, se prétendent les seuls maîtres des côtes et ne veulent laisser aux Lapons que les déserts de l'intérieur. Les Lapons se fondent sur le droit du premier occupant, et les Norwégiens leur répondent par le droit de conquête. Comme les juges norwégiens et lapons pourraient bien mettre en doute notre compétence, nous nous abstiendrons de nous prononcer en pareille matière. Quoi qu'il en soit, il serait à désirer que cette question, qui préoccupe depuis si longtemps le gouvernement norwégien, fût enfin résolue d'une manière équitable. Lars Haettaa nous développa à ce sujet ses idées, qu'il serait trop long d'exposer ici. L'entretien terminé, j'offris à mon intéressant interlocuteur un cigare qu'il accepta de grand cœur; il m'offrit du feu en échange, et je sympathisais déjà avec cet homme, à qui le fanatisme et l'ignorance avaient fait commettre une faute dont il n'avait sans doute point compris la portée.

VII

TROMSÖ

Le 16 août, vers sept heures du matin, nous jetâmes l'ancre dans la rade de Tromsö, où le steamer devait relâcher pendant une journée entière.

Tromsö n'est pas une ville bien ancienne. Au siècle passé, ce n'était encore qu'une misérable bourgade. Mais depuis quelques années elle a pris un mouvement rapide et considérable, et elle est aujourd'hui le chef-lieu du Finmark, ou Laponie norwégienne. Elle est le siége d'un tribunal, d'un amtmamd (gouverneur de province) et d'un évêque protestant. Elle envoie un député au Storthing : ce député a plus de cinq cents lieues à parcourir chaque fois qu'il doit aller occuper son siége à Christiania. Il y a actuellement à Tromsö deux médecins, quatre avocats, et deux prêtres catholiques, un Belge et un Allemand. Tromsö ne compte pas moins de cinq mille âmes, chiffre fort respectable pour une ville

située près du 70ᵉ degré, à plus de cinquante lieues au
delà du cercle polaire : cette latitude est celle du détroit de Melville, de la baie de Franklin, de l'île Discoo
et des établissements les plus reculés du Groënland.
Les gens du pays, qui n'ont jamais vu de plus grande
ville que Tromsö, lui décernent le titre pompeux de
Paris du Nord. Les Parisiens de l'endroit sont pour
la plupart des marchands de stock-fish. C'est aux pêcheries des Loffoden que Tromsö doit toute sa prospérité.
Le séjour de cette ville est, dit-on, fort supportable en
hiver : le froid n'y est pas aussi rigoureux qu'on serait
tenté de le croire ; grâce au voisinage de la mer, grâce
surtout à l'influence du gulf-stream, la température y
est infiniment plus douce que dans toutes les autres contrées situées à pareille latitude. Les maladies épidémiques
y sont à peu près inconnues. Les habitants sont vigoureux et de haute stature : on prétend qu'ils atteignent
presque tous un âge très-avancé. Malheureusement ils
sont ignorants, superstitieux et adonnés à l'ivrognerie,
cette plaie des pays du Nord.

Tromsö est une cité de bois, comme la plupart des
villes qu'on trouve en Norwége et en Suède. La ville est
située dans une délicieuse petite île qui lui a donné son
nom, au pied d'un coteau verdoyant, et à l'entrée du
large Balsfjord si bien décrit par l'auteur d'*Afraja* :
c'est un large canal encaissé entre des montagnes
grandioses : leurs cimes sourcilleuses, au milieu des
quelles trône le mont *Kilpis*, sont couvertes de neiges
perpétuelles. Cette situation de Tromsö est vraiment
merveilleuse, et l'on n'est pas peu surpris de rencontrer
sous une latitude aussi septentrionale, et au milieu des
glaciers éternels, un véritable paradis terrestre. Les mai-

sons, en général fort élégantes, se déploient en amphithéâtre depuis le fjord jusqu'à la colline. Cette colline,
boisée de bouleaux et semée de gracieuses villas, m'a
rappelé involontairement la célèbre colline de Turin. Il
n'y a, à proprement parler, qu'une seule rue, longue
d'environ un kilomètre : elle est macadamisée, bordée
de trottoirs et d'égouts; à chacune de ses extrémités elle
aboutit à un glacier. Vers le centre de la rue, au milieu
d'une petite place carrée, s'élève l'église protestante, dont
la flèche élancée se distingue de loin, soit qu'on vienne
du sud ou du nord. C'est dans cette cathédrale de bois,
modeste construction sans style ni prétention, que l'é-
vêque officie lorsqu'il n'est pas en tournée dans son vaste
diocèse : on prétend que l'inspection complète de l'évêché ne demande pas moins de quatre années. L'évêché
de Tromsö est peut-être le plus vaste de l'Europe, mais
aussi le moins peuplé. Non loin de l'église protestante
se trouve une petite chapelle desservie par deux missionnaires catholiques : il y a deux cents catholiques à
Tromsö.

La rue de Tromsö présente une certaine animation.
Chaque maison est une boutique. On y vend des poissons, des fourrures, des denrées, des objets de fabrication laponne. Les marchands ignorent les séductions
de l'étalage. De cent lieues à la ronde, les Lapons viennent ici se pourvoir des objets dont ils ont besoin : ils
troquent des peaux de renne contre de l'eau-de-vie et
du tabac. On les reconnaît à leur costume bizarre et
à leur type tout particulier. Les marchands ont.pour
eux la même aversion que les Yankees à l'égard des
Indiens de l'Amérique. Je n'en citerai qu'un exemple.
Un marchand traitait fort durement un de ces pauvres

Lapons qui osait se permettre de marchander; témoins
de cette scène, nous offrîmes un cigare au Lapon: il
accepta sans songer à nous remercier, ce qui lui valut
de la part du marchand deux ou trois coups de pied
qu'il accepta comme le cigare, sans remercier, mais
aussi sans murmurer. Les Norwégiens considèrent les Lapons comme une race fort inférieure à la leur, et les
Lapons se courbent devant leur suprématie. Lorsqu'un
Lapon entre dans la demeure d'un Norwégien, il affecte la plus grande humilité: lui offre-t-on un siége,
il se reconnaît indigne de s'y asseoir, et s'accroupit
par terre. Les Norwégiens d'ailleurs évitent autant que
possible les relations avec les Lapons.

Tromsö fait un commerce assez considérable avec la
Russie. Le pavillon de cette nation flottait au mât de la
plupart des vaisseaux qui se trouvaient dans le port.
Ces bâtiments viennent d'Arkhangel et des autres ports
de la mer Blanche; ils apportent à Tromsö du blé, des
fourrures, en échange de la morue. Ces bateaux russes
sont de faible tonnage, et l'on a peine à comprendre
comment ils peuvent affronter les tempêtes de l'océan
Glacial. Nous remarquâmes aussi dans le port un petit
yacht de plaisance, au pavillon anglais: ce yacht, qui
avait nom *Hyacint,* venait d'accomplir le voyage du
Spitzberg. Le port de Tromso est large et profond. Le
long du rivage règne un quai de bois, où les magasins se penchent sur l'eau pour recevoir la cargaison.

Les environs de Tromsö sont peu fertiles, et les habitants seraient bien malheureux s'ils étaient livrés à
eux-mêmes. Le blé est importé de Russie par la voie
d'Arkangel; les légumes viennent de Hollande; les bestiaux arrivent du Danemark; la bière vient des excel-

lentes brasseries de M. Schou, à Christiania; enfin les navires espagnols et portugais apportent à Tromsö le xérès et le porto, ce soleil en bouteille qui réchauffe le Nord glacé, suivant l'expression pittoresque d'un romancier.

Le bouleau nain est le seul arbre que nous ayons vu aux environs de Tromsö. Si la végétation n'est pas riche, en revanche elle se développe avec une rapidité dont on ne peut se faire une idée dans nos contrées tempérées. L'orge est semée et récoltée dans l'espace de trois mois, et l'on prétend qu'elle croît de deux pouces et demi en vingt-quatre heures. Ceci d'ailleurs s'explique facilement quand on songe qu'en été le soleil ne disparaît pas de l'horizon pendant dix semaines, et que la fraîcheur des nuits n'est pas là pour tempérer la chaleur excessive qui règne à cette époque dans la zone polaire.

Si la nature a imposé des limites à la végétation, elle n'en a imposé aucune à l'esprit humain. Tromsö, bien que reléguée au bout du monde, n'est pas dépourvue de tout mouvement intellectuel. Il y a à Tromsö un collège où l'on enseigne les sciences usuelles, les langues modernes, et aussi le latin, le grec et l'hébreu. Le collége de Tromso reçoit les enfants du Finmark qui se préparent à suivre les cours de l'université de Christiania. Outre ce collége, il y a à Tromsö et dans chaque localité importante de Tromsöstift un certain nombre d'écoles primaires. Je tiens de bonne source que dans le canton de Tromsö les écoles sont fréquentées par vingt-quatre mille enfants, dont cinq mille Lapons et cinq cent vingt-neuf Qvènes. Ce chiffre de cinq mille écoliers lapons suppose une population de plus de vingt-cinq mille Lapons pour le seul canton de Tromsö. Qui

donc a dit que la race laponne est en voie de s'étein-
dre ! Encore n'y a-t-il que les Lapons qui ont une
demeure fixe qui puissent envoyer leurs enfants à l'é-
cole. Ceux-là vivent de la pêche, et établissent leur tente
au bord de la mer, sur les rives des fjords. Ce sont les
Söfinner, ou Lapons de mer. Ils sont plus sédentaires
que les *Fjeldfinner,* ou Lapons des montagnes, qui errent sans cesse avec leurs troupeaux, et qui sont de
loin les plus nombreux. Les *Fjeldfinner,* en leur qualité
de nomades, ne peuvent guère fréquenter l'école; mais
ils ne sont pas privés cependant de tout moyen de s'in-
struire : des maîtres d'école ambulants parcourent le
pays, aux frais du gouvernement, à certaines époques
de l'année, et se rendent au milieu des campements
lapons pour donner à ces nomades quelques notions
élémentaires de grammaire et de calcul.

Les *Qvènes,* dont j'ai cité tantôt le nom, sont les véritables Finois [1]. Bien qu'ils portent le même costume
que les Lapons, ils forment un peuple à part. Leur type
diffère entièrement du type lapon. Ce sont des hommes
grands et forts, tandis qu'en général les Lapons sont
frêles et de petite taille.

Tromsö n'a pas seulement des écoles, mais aussi une
bibliothèque qui compte déjà bon nombre de volumes. Elle
a une petite salle de théâtre où l'on joue des traduc-
tions de pièces étrangères et les vieilles comédies de
Holberg, ce Molière du Nord. Elle possède une société
musicale, qui occupe un magnifique local, tout fraîchement peint, puis une société littéraire formée par

---

[1] Les Norwégiens appellent indistinctement *Finner* tous ceux qui portent
le costume lapon.

les marchands de l'endroit : on y reçoit les journaux
de Christiania et de Bergen, et quelques journaux illustrés parmi lesquels trône l'inévitable *Illustrated London
News*. Enfin, qui le croirait ! il se publie actuellement
à Tromsó deux gazettes locales qui ont respectivement
pour titre : *Tromsöposten*, et *Tromsö Stiftstitende*. Ce
sont de petites feuilles in-quarto, qui paraissent deux
fois par semaine, chacune à des jours différents. Ces
deux organes de la presse hyperboréenne n'appartiennent
pas au même parti politique, et par conséquent se livrent une guerre à outrance. Parmi nos souvenirs de
voyage, nous conservons encore précieusement des numéros du Tromsöposten et du Tromsö Stiftstitende, pu-
bliés précisément en temps d'élection. Si je pouvais mettre
ces échantillons sous les yeux du lecteur, il pourrait
s'assurer que la polémique, en Laponie, dépasse tout
ce qu'on peut imaginer de mieux en ce genre. Où donc
encore cette turbulente politique ira-t-elle se nicher !

Durant notre court séjour à Tromsö, nous fîmes la
connaissance de la plupart des notabilités de l'endroit.
Nous fûmes fort bien reçus chez M. Tack, le consul
français, un des plus riches marchands de Tromsö. Il
nous montra ses vastes magasins, qui s'avançaient au
milieu de la mer sur de solides pilotis. Nous vîmes là
des milliers de morues sèches, quantité de peaux de
phoques, des dents de morses, et toutes sortes de fourrures qui se vendent à un prix fabuleusement modique.
En Norwége, le titre de consul est la plus haute distinction à laquelle puisse aspirer un marchand.

Nous ne nous attendions guère à trouver à Tromsó
un restaurant tenu par un Marseillais, M. F***. Cet
homme s'est acclimaté en Norwége depuis dix-huit ans.

Il a perdu tout son avoir dans des spéculations malheureuses, et se propose de retourner en France dès
qu'il aura amassé un pécule. Entre temps, il donne
là-bas des leçons de français : il a écrit une grammaire
franco-norwégienne. Pauvre homme ! s'imagine-t-il
qu'on s'enrichit à donner des leçons et à tenir un restaurant en Laponie !

Une des plus agréables rencontres que nous fîmes
à Tromsö fut celle de notre compatriote le *pastor* de
K***, prêtre catholique. Nous trouvâmes en lui un homme
très-intelligent et fort affable, et il nous parut doué
d'autant de tact que d'énergie, qualités indispensables
chez le missionnaire. Il nous parla beaucoup de l'Islande,
où il a été en mission pendant de longues années. Il
venait de Christiania, où il avait appris le norwégien,
et n'était fixé dans sa nouvelle résidence de Tromsö que
depuis quinze jours.

Dès qu'il aura acquis des notions suffisantes de la
langue laponne, il visitera l'intérieur du Finmark et
évangélisera les Lapons. Les Lapons ne sont pas dé-
pourvus de sentiments religieux. Ils observent le repos
du dimanche et visitent, quand ils le peuvent, les églises
norwégiennes protestantes. Ils conservent d'ailleurs des
superstitions et des pratiques païennes. Ils appellent
Dieu du nom de Jumal, nom qu'ils donnaient à leur
ancienne divinité. Un des traits distinctifs des Lapons,
c'est leur amour désordonné des liqueurs fortes. Les
femmes, sous ce rapport, ne le cèdent en rien aux
hommes; mais on peut dire, à leur décharge, qu'elles
sont bonnes mères de famille. Les Lapons sont si naturellement enclins à la funeste habitude de l'ivrognerie, qu'il est fort difficile de les en guérir. Il y a quel-

ques années, on éleva dans le luthéranisme, à Tromsö, un jeune orphelin lapon : on voulut en faire un pasteur et l'envoyer en qualité de missionnaire parmi ses compatriotes. Il étudia la théologie, il arriva même au grade de ministre et se mit à prêcher; mais il conserva si bien l'habitude de s'enivrer, que ses protecteurs durent l'abandonner en désespoir de cause et le renvoyer à sa tribu : le drôle se remit à mener les troupeaux de rennes par les montagnes.

VIII

CHEZ LES LAPONS

Nous avions entendu dire qu'il y avait aux environs de Tromsö un campement de Lapons. L'occasion était trop belle pour la laisser échapper. Aussi nous ne voulûmes point quitter Tromsö sans faire cette visite obligée. Nous recueillîmes des renseignements, et nous apprîmes que le campement était situé à une lieue de la ville, au fond de la vallée du Tromsdal, qui s'ouvre à peu près en face de Tromsö, sur la rive opposée du Balsfjord. Le roi, qui avait passé à Tromsö trois semaines avant nous, avait visité ce même campement, et, à cette occasion, les Lapons y avaient réuni un grand nombre de rennes. On nous dit aussi que pendant le jour les rennes étaient disséminés dans les pâturages, et que si nous voulions les voir, le mieux était d'attendre l'heure où les Lapons les rassemblent pour les traire, opération qui a lieu d'ordinaire entre six et huit heures du soir.

Nous nous mîmes donc en route vers quatre heures et demie pour le pays des Lapons. A une matinée pluvieuse avait succédé une après-dînée splendide. Nous louâmes un canot et passâmes le fjord, dont les eaux d'un vert bleuâtre miroitaient comme une glace au soleil. Ce fjord calme comme un lac, ces imposantes cimes neigeuses qui fermaient partout l'horizon, cette verdoyante colline au pied de laquelle s'étagent les riantes maisons de bois de la plus grande ville de Laponie, tout cela formait un ensemble magnifique, un tableau saisissant dont il me serait impossible de perdre le souvenir. Au bout d'une demi-heure, nous débarquons sur la rive opposée. Nous donnâmes congé au rameur, en lui recommandant d'être à son poste à huit heures du soir. Puis nous nous engageâmes dans la vallée du Tromsdal, au fond de laquelle nous devions trouver nos Lapons. Nous suivons d'abord un chemin planté de bouleaux; puis le chemin disparaît pour faire place à un mauvais sentier, et nous pénétrons dans un bois de bouleaux. Là règne un silence absolu, interrompu seulement par le cri sinistre de la gelinotte, qui imite à s'y méprendre le sifflement humain. Le sentier court au milieu des fougères et des myrtilles, et nous éprouvons une jouissance inexprimable à contempler ces derniers vestiges de végétation qui nous rappellent la patrie absente, et que nous ne verrons plus lorsque nous irons plus au nord. Au bout d'un quart d'heure nous sortons du bois; nous n'apercevons encore aucune trace des Lapons : c'est à croire que nous nous sommes trompés de chemin. Nous rencontrons un renne sauvage, qui s'enfuit à notre approche. Le pays a véritablement l'aspect de la Laponie. Nous marchons sur un sol noir et humide, où le pied s'en-

fonce comme dans la tourbe. L'étroite vallée me rappelle
celle de Vestfjordal en Thélémark; mais elle est plus
sauvage et plus solitaire. Quelques bouleaux nains croissent sur les deux versants. Nous suivons un torrent
rapide qu'il nous faut traverser maintes fois sur un frêle
tronc de bouleau jeté en travers en guise de pont.

Après une heure de marche, j'aperçois au loin une
fumée bleuâtre : je la signale à mon compagnon en poussant un cri de joie; nous ne nous sommes donc pas
perdus, c'est là que doit se trouver le campement. Nous
pressons le pas. Bientôt nous rencontrons les enclos où
les rennes sont parqués chaque soir: ils sont vides, car
les troupeaux sont encore aux pâturages. Ces enclos sont
de forme circulaire, ont dix à douze ares d'étendue,
et sont fermés par une palissade construite de troncs de
bouleaux fichés en terre et réunis par des branchages. A
quelques pas de là, nous apercevons une femme laponne
accroupie par terre et occupée à fabriquer un berceau :
nous l'accostons, et elle nous souhaite la bienvenue par
de bruyants éclats de rire qui témoignent de la joie
qu'elle éprouve à contempler deux étrangers. Nous voilà
aussitôt entourés d'une foule de Lapons, hommes, femmes
et enfants, sortis je ne sais d'où : ils braquent les yeux
sur nos poches, curieux de savoir ce qui en sortira, et
des éclairs de bonheur illuminent leur visage au moment où nous leur présentons des cigares ; ils s'empres-
sent d'en allumer un et le passent de bouche en bouche.
Ils nous vendent, pour une bagatelle, des souliers d'enfant, sortes de sacs en peau de renne bourrés de foin, des
cuillers en corne de renne grossièrement sculptées, et
d'autres objets de fabrication laponne. Puis ils nous
invitent du geste à passer dans leur habitation. Le cam-

pement se compose de trois huttes habitées chacune par
une famille. Nous pénétrons dans la plus grande. La
construction en est aussi simple que primitive : il n'y
entre ni briques ni mortier. Quelques troncs de bouleau plantés en terre sur un espace circulaire de quatre
mètres de diamètre forment la carcasse de l'édifice, qui
a la forme d'un pain de sucre. Cette carcasse est re-
couverte de terre gazonnée ; au sommet, à trois mètres
de hauteur, s'ouvre un large trou, par où s'échappe la
fumée. La porte est si basse, qu'il faut se plier en deux
pour pénétrer dans l'intérieur. Nous avons passé une
heure entière dans cette hutte puante et enfumée, au
milieu d'une famille de sept ou huit Lapons qui s'y trouvait entassée. Il y avait parmi eux une vieille grand'-
mère, au moins octogénaire, qui me faisait songer aux
sorcières de Macbeth. Sa fille semblait non moins vieille.
Nous leur offrîmes un cigare, qu'elles savourèrent avec
délices. Elles ne cessaient de rire en nous voyant considérer tous les objets que nous avions sous les yeux.
Il n'y avait là ni table, ni chaises, ni lits, ni meubles d'aucune sorte : les Lapons se passent volontiers de tout ce luxe inutile, inventé par la civilisation
moderne. De grosses pierres nous servaient de siéges,
tandis que nos hôtes s'asseyaient à la manière orientale
en se croisant les jambes sur le sol jonché de bruyères.
Tout autour de la hutte étaient rangées des peaux de
renne : ce sont les seuls lits en usage chez ces sauvages.
Hommes, femmes et enfants dorment dans la même
hutte, les uns à droite du foyer, les autres à gauche.
Nos Lapons n'avaient d'autres ustensiles que quelques
pots de bois de bouleau, dans lesquels ils conservent une
sorte de fromage blanc fait du lait de leurs rennes. Ils

mangent ce fromage à l'aide de petites cuillers plates
en os de renne. Au milieu de la hutte flambait un grand
feu de bois, dont la fumée s'échappait avec peine par
l'ouverture pratiquée au sommet de l'habitation. Dans la
marmite, suspendue à une branche de bouleau munie
d'un crochet en guise de crémaillère, cuisait je ne sais
quel horrible breuvage : c'était leur *suppa*. Mon compagnon en prit une gorgée, et déclara que c'était tout uniment une *soupe* à la farine : sur quoi nos Lapons s'excla-
mèrent tous ensemble : *Suppala! suppala!* tout jubilant
de retrouver dans la langue que nous parlions leur mot
suppa. Ces braves gens avaient chacun leur occupation :
l'un confectionnait un grossier fourreau en bois destiné
à recevoir son couteau; un autre, accroupi dans un coin,
travaillait à une paire de souliers en peau de renne tout
en fumant silencieusement sa pipe; une jeune mère,
sans doute la petite-fille de l'octogénaire, allaitait son
enfant et lui ôtait de petits cosmopolites qu'elle appelait
loo. Une autre femme fabriquait, avec les dents, du fil
de nerf de renne, dont nous eûmes beaucoup de peine
à obtenir un échantillon : ce fil est d'une solidité à toute
épreuve, et les Lapons s'en servent non-seulement pour
coudre leurs habits, mais même pour joindre les planches
de leurs huttes : l'usage des clous leur est inconnu. Une
jeune Laponne confectionnait un berceau d'enfant : ces
berceaux lapons sont faits de planchettes de bouleaux,
garnis de cuir de renne, et bourrés de foin.

La frugalité est une vertu laponne : nos hôtes n'eurent
à nous offrir que du renne fumé, du fromage de renne,
et une sorte de galette grossière, extrêmement dure, qui
rappelle le fladbröd des paysans norwégiens; cette galette
semblait être leur principale nourriture : ils ne cessaient

d'en grignoter. Ces Lapons connaissaient quelques mots de norwégien : ils nous demandèrent en cette langue de quel pays nous étions. Nous sûmes plus tard que l'un d'eux, qui s'appelle *Henrik Amma*, remplit auprès de sa tribu les fonctions de *kirkevœrge,* ou économe de l'église : c'est lui qui assiste le pasteur lorsqu'il fait sa tournée, et qui recueille parmi les Lapons les dons destinés à l'église.

Vers sept heures du soir, un Lapon vint nous dire : *Rensdur Komme,* pour nous annoncer l'arrivée des rennes. Nous sortîmes de la hutte par la petite porte de bois qu'il faut passer en courbant le dos, et nous vîmes descendre de la montagne un immense troupeau de trois à quatre cents rennes : ils étaient conduits par de jeunes Lapons; leurs énormes bois, qui avaient atteint à cette saison toute leur croissance[1], formaient une véritable forêt mouvante. Ils faisaient entendre, en courant, un craquement particulier provenant du mouvement des articulations. En moins de cinq minutes, toutes les bêtes furent parquées dans l'enclos, grâce à l'activité d'une demi-douzaine de chiens qui harcelaient les récalcitrants. Alors nous assistâmes à une autre opération : il s'agissait de traire les femelles. Un petit Lapon de six ans à peine lançait une sorte de lazo aux cornes de la bête qu'il fallait traire, et l'amenait ainsi jusqu'à un pieu situé au centre de l'enclos : l'animal était prestement attaché à ce pieu; une femme recueillait le lait dans une grande jarre de bois, puis frottait la mamelle avec de la mousse dont les brins tombaient dans le vase pour y former un mélange assez peu ap-

---

[1] On sait que le bois de renne se renouvelle chaque année.

pétissant; l'opération terminée, l'animal était délivré, et le jeune enfant prenait au lazo un autre individu. Tout cela se passait en moins de temps qu'il n'en faut pour le dire; si bien qu'en moins d'un quart d'heure toutes les femelles eurent donné leur lait. Nous fûmes surpris de voir quelle faible quantité de lait donne une renne : c'est tout au plus si chaque bête fournit un quart de litre. Nous bûmes une gorgée de ce lait : il est épais, âcre, et d'une digestion difficile.

Le renne est au Lapon ce que le phoque est à l'Esquimau, ce que le chameau est à l'Arabe. A lui seul le renne suffit à tous les besoins d'un Lapon. Son lait et sa chair lui fournissent une bonne nourriture; avec ses nerfs les Lapons fabriquent du fil et des cordes; avec ses cornes, ils font des cuillers, des manches de couteau, et d'autres ustensiles de ménage; sa peau leur fournit des vêtements très-chauds et des lits moelleux. Tout le monde sait que le renne remplace avantageusement le cheval comme bête de trait : attelé au traîneau du Lapon, il franchit sur la neige des distances immenses avec une rapidité inconcevable. Le renne est aussi frugal que le chameau du désert : il ne se nourrit guère que de mousse. La mousse de renne croît partout en Norwége, même sur les rochers les plus stériles. Cette plante paraît morte et desséchée pendant les chaleurs persistantes de l'été; mais il suffit d'un peu de pluie pour la faire revivre instantanément. En hiver, le renne creuse la neige avec ses pieds jusqu'à deux mètres de profondeur pour trouver cette nourriture. Les Lapons ne sont nomades que parce que les rennes le sont: suivant les diverses saisons, ces animaux recherchent des régions différentes. En été, il leur faut les pâturages

des montagnes, où ils trouvent un air plus frais et moins
de moustiques, ce fléau de la Laponie. La Norwége,
avec ses montagnes et ses rochers, est alors leur terre
de prédilection. En hiver, ils émigrent en Suède, où la
neige est moins abondante, et où ils trouvent plus facilement leur nourriture. Les *Finners*, ou Lapons norwégiens, paient au gouvernement suédois, pour le droit
de pâture, une redevance de trois skillings par mille
rennes. Ils séjournent trois mois en Norwége et neuf mois
en Suède. Les *Laplœnders*, ou Lapons suédois, ont aussi
le droit de mener leurs troupeaux en Norwége moyennant la même redevance. Le renne, c'est toute la richesse du Lapon; sa fortune se calcule d'après le nombre
de rennes qui forment son troupeau. Les Lapons ne sont
pas tous pauvres : il en est qui possèdent jusqu'à deux
à trois mille rennes. On en cite un qui n'en a pas moins
de dix mille, ni moins de quarante chiens pour garder
ce bétail. Cet homme opulent ne se distingue point de
ses frères et n'étale point son luxe comme font ailleurs
les gens parvenus : il endure les mêmes fatigues, mène
la même vie de travail, porte les mêmes habits sordides
que les plus pauvres de sa race. L'existence du Lapon
est si intimement liée à celle du renne que, le jour où
le renne disparaîtrait, la race laponne serait condamnée
à périr.

Les gouvernements norwégiens et suédois ont compris depuis longtemps qu'ils ont tout intérêt à favoriser
l'existence de ces animaux si éminemment utiles. C'est
pourquoi ils abandonnent aux Lapons, moyennant une
redevance presque illusoire, le droit de mener paître
leurs troupeaux sur toutes les terres du territoire qui
n'appartiennent pas à des particuliers. On a dit que la

race laponne s'éteint : cela ne sera vrai que lorsque les rennes disparaîtront.

On a beaucoup discuté sur l'origine des Lapons. Les uns les considèrent comme une branche de la famille celtique. D'autres, au contraire, les rattachent aux Hongrois : cette opinion était celle de M. H***, le savant ethnologiste hongrois que nous eûmes pour compagnon de route; son grand argument était l'analogie de l'idiome lapon avec la langue hongroise. Mais à cet argument on peut opposer l'opinion de certains savants qui ont prétendu découvrir une parenté entre l'idiome lapon et les dialectes des sauvages australiens. La conclusion qui me paraît se dégager de là, c'est que les Lapons, comme les Hongrois, et comme tant d'autres rameaux détachés du grand tronc de l'humanité, remontent tous à la race mongole. D'ailleurs la taille, le teint, les traits du visage, tout dénote chez les Lapons une origine semblable : pommettes saillantes, nez aquilin, yeux bruns, fort petits, obliquant vers la tempe comme chez les Chinois, joues aplaties, bouche large, menton proéminent, teint brun olivâtre, cheveux foncés, taille petite, tels sont les traits caractéristiques de la race.

Vers huit heures du soir, nous quittâmes le campement lapon du Tromsdal et reprîmes le chemin solitaire par lequel nous étions venus. Une heure après, nous retrouvions à l'entrée de la vallée notre rameur endormi dans sa barque : le brave homme nous attendait depuis huit heures, et si nous n'étions pas venus, il aurait probablement passé toute la nuit à son poste.

IX

LE FINMARK SEPTENTRIONAL

Je ne quitterai point Tromso sans parler d'un incident qui fit grand bruit non-seulement dans la capitale du Finmark, mais dans toute la Norwége. Il s'agit
de ces trois jeunes Anglais qui s'étaient déjà fait remarquer à bord du *Nordstjernen* en ne se faisant pas
faute de tirer sur les eiders, que la loi défend de tuer.
A peine débarqués à Tromsö, ils eurent la fantaisie
d'aller à la chasse aux gelinottes. Comme l'île de Tromsö
abonde en ce genre de gibier, ils se promettaient belle
chasse. Malheureusement, le droit de chasse dans l'île
de Tromsö est loué à un particulier. Nonobstant cette
circonstance, ils n'en persistèrent pas moins dans leur
dessein et prirent à leur service un jeune interprète:
celui-ci eut beau leur faire remarquer qu'ils seraient
mis à l'amende, ils répondirent qu'ils étaient à même
de la payer. Ils firent si bonne chasse, qu'en moins

d'une heure ils ne tuèrent pas moins de cinquante gelinottes. Ils va de soi qu'ils encoururent la peine pro-
noncée par la loi et eurent à payer une amende de
vingt-cinq specie-dollars (142 francs 50 centimes). Chaque gelinotte leur coûta un demi-species (2 fr. 85 c.).
Ils commencèrent par jurer leurs grands dieux qu'ils ne
paieraient point; quand ils comparurent devant le juge,
ils ne voulurent point décliner leurs noms : l'un se fit
passer pour Anglais, l'autre pour Écossais, le troisième
pour Irlandais; mais le juge reconnut à leur accent
qu'ils étaient tous les trois de Londres. Comme moyen
de justification, ils alléguèrent que les touristes anglais
apportent leur argent dans la « pauvre Norwége », qui
sans eux mourrait de faim, et ils firent le serment qu'ils
publieraient dans toute l'Angleterre le « misérable procédé » dont ils étaient victimes. Le juge dut les calmer
en les menaçant de la prison. Bon gré, mal gré, il fallut
acquitter l'amende, que le juge, par pure bienveillance,
avait fixée au minimum. Les héros de cette aventure
n'eurent rien de plus pressé que de quitter Tromsö au
plus vite, honteux comme trois renards qu'une poule
aurait pris. Le lendemain, le *Tromsöposten*[1] racontait à
ses lecteurs tous les détails de cette curieuse affaire, et
huit jours après son article était reproduit dans les
journaux de Christiania et de toute la Norwége. Rude
leçon pour ces fiers gentlemen !

A minuit l'ancre dérapa, et le *Nordstjernen* quitta la
rade de Tromso. Nous allions voguer vers des latitudes
encore plus septentrionales. Bien qu'il fût minuit, nous
n'avions nulle envie de nous livrer au sommeil, tant la

---

[1] Numéro du 20 août 1873.

nuit était belle et lumineuse. Il faisait si clair, que mon
compagnon lisait un roman, couché au pied du grand
mât et enveloppé dans sa couverture. Pour ma part, je
ne me lassais pas d'admirer cette grandiose nature polaire. Les pics neigeux resplendissaient comme d'immenses flambeaux à la lueur du soleil de minuit qui
se tenait un peu au-dessous de l'horizon. La présence
de la lune ajoutait à l'étrangeté du spectacle : de ce
côté le ciel était glacé d'argent, tandis que vers le couchant les nuées étaient d'un rouge incandescent. C'était
un combat entre le roi du jour et la reine des nuits.
L'âme pleine de ces douces et grandes émotions que
vous laissent les splendeurs de la nature, nous ga-
gnâmes à regret notre triste cabine.

Le lendemain matin, nous dépassions l'entrée du Lyngenfjord; nous y admirâmes deux magnifiques glaciers
qui descendent, comme des fleuves gelés, jusqu'au niveau de la mer : les vagues baignent leur surface azurée. Le Lyngenfjord est un des parages les plus poissonneux de la Norwége : il abonde spécialement en seis.
On nous a raconté que des pêcheurs y avaient pris tout
récemment huit mille seis d'un coup de filet! En tout
autre pays, ce serait là une pêche prodigieuse; mais ici
de pareilles captures ne sont pas rares : lorsqu'un coup
de filet ne rapporte que cinq mille seis, c'est une pêche
ordinaire. Les pêcheurs ont un moyen facile de reconnaître la présence de ces poissons: là où il y a beaucoup d'oiseaux de mer, on peut être sûr qu'il y a beaucoup de seis. On se sert, pour pêcher ces poissons, de
filets qui n'ont pas moins de cent mètres de longueur
sur dix mètres de largeur. Dans un endroit où le Lyngenfjord est fort étroit, on tend le filet d'une rive à l'autre.

Ce dernier mode de pêche est le plus productif. Il y a
dans le Lyngenfjord des paysans qui se font par la
pêche un revenu annuel de cinq mille specie-dollars
(28,500 fr.).

On prétend que la Russie a des visées sur le Lyngenfjord. Elle voudrait avoir là un port sur l'océan Glacial,
qui ne gèle jamais sur ces côtes, grâce à l'influence du
gulf-stream. Il n'y a guère que sept à huit lieues de
distance entre la frontière occidentale de la Russie et
l'extrémité du Lyngenfjord. Si l'on jette un coup d'œil
sur la carte de ces régions, on peut voir que la Russie
s'avance en cet endroit, entre la Norwége et la Suède,
comme une patte de lion : or cette patte n'a plus qu'une
petite enjambée à faire pour atteindre le Lyngenfjord.
De là aux Loffoden il n'y a pas loin, et l'on sait que les
Russes sont les meilleurs pêcheurs du Nord.

A quelques milles du Lyngenfjord, nous saluâmes l'île
de Loppen, célèbre par ses myriades d'oiseaux de mer.
Le *Nordstjernen* y stoppa dans une petite baie au fond
de laquelle est situé un riant village, au pied d'une montagne couverte de bouleaux nains. Nous vîmes, dans la
baie de Loppen, quelques bateaux au pavillon russe : tous
ces bateaux russes sont peints en bleu.

C'est dans cette île de Loppen que se pratique la chasse
aux *lummes,* sorte de canards sauvages qui nichent dans
les anfractuosités des rochers : ils se blottissent là en
nombre très-considérable, et si le chasseur parvient à
en saisir un, tous les autres tombent en son pouvoir ;
dès que le premier se sent pris, il mord la queue de
l'autre ; celui-ci en fait autant de son voisin, et le chasseur attire ainsi à lui toute la chaîne. Mais si ces stu-
pides animaux se laissent prendre facilement, il n'est

pas aussi aisé d'atteindre leurs nids : ils ont toujours soin de se nicher sur les falaises les plus escarpées, et à une hauteur très-considérable. Les chasseurs attachent au sommet de la falaise une longue corde par laquelle ils se font descendre jusqu'à ce qu'ils atteignent les fentes de rochers où sont blottis les lummes. Souvent le vertige leur fait tourner la tête, et bien des malheureux ont ainsi trouvé la mort.

Non loin de Loppen, le capitaine nous fit remarquer, au sommet d'une falaise, une petite troupe de rennes sauvages : ils nous regardaient passer, l'œil fixe et la tête immobile, et leurs grands bois bruns, largement palmés et dentelés, se découpaient nettement sur le ciel bleu.

Vers midi le steamer fit escale à Bergsfjord. Cette petite localité est située à l'entrée du fjord d'Alten, au milieu d'un des plus beaux sites que j'aie jamais vus. Le village est posé, comme un nid d'aigle, au fond d'une gracieuse vallée, pleine de fraîcheur et de verdure, que domine un rocher prodigieusement haut ; sur son flanc s'étend un énorme glacier bleuâtre, pareil à la mer de glace de Chamounix. Le fjord, qui rappelle les lacs de la Suisse, est encaissé entre des montagnes à pic dont les formes âpres et abruptes ont un caractère de sauvagerie indescriptible. Un soleil flamboyant rehaussait encore la beauté du paysage ; une température d'une douceur exceptionnelle augmentait la somme des jouissances que fait naître la vue de ces belles scènes alpestres. Nous n'aurions jamais osé espérer trouver un si beau soleil, un ciel si bleu, une atmosphère si pure à l'extrémité septentrionale du continent européen. Mais ce qui nous surprenait bien davantage, c'était de retrouver sur cette côte d'Alten, au sein de la nature polaire, la végétation des climats doux et tempérés : le pin, le sapin, le mélèze, le bouleau, le frêne, le saule reparaissent ici comme par l'enchantement de quelque fée invisible. Ce bizarre phénomène ne peut s'expliquer que par l'heureuse exposition de la vallée, qui se trouve abritée contre les vents du nord et les froides émanations du Spitzberg par les hautes montagnes qui l'enveloppent de toutes parts : en sorte que le climat d'Alten ne diffère pas beaucoup de celui de certaines vallées de la Suisse ou de l'Écosse. Au milieu des neiges et des glaces de la Laponie, l'apparition inattendue de cette verte oasis nous causa un plaisir inexprimable.

A Bergsfjord descendirent quelques passagers qui se rendaient à Talvik, à Bosekop, et à Kaafjord, localité célèbre par ses mines de cuivre exploitées depuis 1833 par une compagnie anglaise. Le nombre des passagers diminuait à vue d'œil à mesure que nous avancions vers le nord. Le professeur hongrois avec lequel nous nous étions liés d'amitié était resté à Tromsö dans le but d'y faire une étude ethnographique des Lapons, sur lesquels il publiera un jour un livre. Presque tous nos autres compagnons de route étaient descendus dans la même ville. En revanche, une avalanche d'Anglais avait fait invasion dans la cabine à douze lits que nous occupions : c'étaient les passagers de *l'Hyacint,* le yacht de plaisance que nous avions vu en rade de Tromsö. Ils revenaient en droite ligne du Spitzberg, et se rendaient à Hammerfest pour faire l'ascension du cap Nord. Lord *** était parmi eux. Une jeune et intéressante lady était de l'expédition : elle ne paraissait sur le pont qu'en robe de soie bleue et en gants blancs d'une fraîcheur irréprochable.

A Londres, va pour les gants blancs; mais en Laponie! Ce trait peint bien les Anglaises : elles font un voyage au Spitzberg exactement comme une promenade à Hyde-Park. L'heureux époux de cette intrépide enfant d'Albion me donna d'intéressants détails sur le Spitzberg, cette terre inhabitée, grande comme l'Angleterre, et dont l'extrémité septentrionale touche, pour ainsi dire, au pôle Nord. C'est une erreur de croire qu'il y fait froid en été : nos voyageurs y avaient joui d'une température aussi douce que celle de la Norwége. Le *shooting* et le *fishing* étaient leur principal amusement. Ils tuèrent deux ours, huit cachalots, et quantité de rennes sauvages. Ils ramenaient avec eux, en guise de trophée, les quatre pieds, la peau et la tête d'un ours, les cornes d'un renne, et... huit saumons qui séchaient sûr le pont! Ces saumons du Spitzberg ne s'étaient sans doute jamais imaginé qu'ils auraient été mangés à Londres!

Après avoir dépassé le large détroit compris entre l'île Seiland et l'île Sorô, où se dresse une montagne qui n'a pas moins de trois mille cinq cents pieds de hauteur, le steamer jeta l'ancre, le 17 août, à six heures du soir, dans la rade de Hammerfest.

X

HAMMERFEST

Hammerfest, située par le 70º 40’ de latitude nord,
à trente lieues du cap Nord, est la ville la plus septentrionale de la Norwége et *du monde entier*. De même que
Tromsö, cette ville n’était au commencement de ce siècle
qu’un groupe de cabanes. L’Italien Acerbi, qui la visita
le 19 juillet 1799, la décrit en deux mots : « Hammerfest
est un endroit où sont deux ou trois marchands, un
ministre et quelques familles [1]. » Léopold von Buch,
qui la visita deux ans plus tard, en a tracé le tableau
suivant : « Toute la ville, dit-il, y compris la demeure
du prêtre, se compose de neuf habitations, quatre marchands, une maison de douane, une école et un cordon-

---

[1] *Voyage au cap Nord.*

nier. Sa population ne s'élève pas à plus de quarante personnes. On n'y trouve aucune subsistance, pas même du bois pour se chauffer [1]. » Depuis cette époque, Hammerfest a pris un développement considérable. Je m'attendais à trouver ici une misérable bourgade, et j'y ai trouvé une véritable petite ville, qui compte déjà deux mille âmes, et qui continue à grandir et à prospérer de jour en jour.

Hammerfest est devenu l'entrepôt du Finmark. Son port est sûr et commode : chaque année, il y entre plus de deux cents navires venant de Hambourg, de la Hollande, du Danemark, de l'Angleterre et de la Russie. Ils prennent, en échange du blé, des légumes, des étoffes qu'ils apportent, du poisson séché, des fourrures, de l'huile de foie de morue et de baleine, et de l'édredon. Ce sont spécialement les navires d'Arkhangel qui affluent ici durant les trois mois que dure l'été. La Russie a accaparé presque à elle seule tout le commerce du Finmark. Presque tous les bâtiments que nous vîmes dans le port portaient le pavillon de cette nation : nous en comptâmes une vingtaine. Nous y vîmes aussi quelques *joegts* norwégiens.

Les expéditions du Spitzberg forment une des principales branches du commerce de Hammerfest. Chaque année, à partir du mois de mai, de hardis marins entreprennent ce voyage périlleux pour le compte de quelques marchands : là ils livrent la chasse aux *valros* (morses), aux ours blancs et aux rennes sauvages, dont la fourrure est plus estimée que celle des rennes de Laponie. Les bâtiments qui servent à ces expéditions ne jaugent

---

[1] *Reise nach Norwegen*, von Leopold von Buch; ii⁰ th.

guère plus de trente à quarante tonnes, et sont montés par un capitaine et cinq ou six matelots.

Hammerfest est située au fond d'une baie, sur une île déserte appelée *Kvalo* (île de la baleine). Non loin de la ville on trouve une petite rivière appelée *Kemi*. Les eiders et les autres oiseaux de mer abondent dans l'île Kvalö. On prétend que cette île, qui est très-montagneuse, était boisée autrefois; mais les habitants l'ont défrichée pour se procurer du bois de chauffage, et les arbres n'y ont point repoussé. Mais la nature, cette bonne mère toujours prévoyante, fournit aux pêcheurs du Finmark un autre genre de bois de chauffage : le gulf-stream leur apporte les arbres séculaires que les ouragans arrachent chaque jour aux forêts vierges qui croissent sur les bords des fleuves du nouveau monde.

Lorsque nous débarquâmes à Hammerfest, mon compagnon conçut une idée vraiment folle : il me proposa très-sérieusement d'aller prendre un bain dans la mer Glaciale. Comme je m'étais baigné dans beaucoup de mers, il ne m'était guère permis de refuser cette faveur à la mer Glaciale : elle se fût peut-être vengée de cet oubli, car nous avions encore à compter avec elle jusqu'à Vadsö, et il fallait nous la rendre propice. Nous sortîmes donc de la ville, grimpâmes à travers des blocs géants qui ont roulé un jour du sommet de la montagne jusque dans le sein d'Amphitrite, et nous finîmes par trouver un lieu convenable pour nos ablutions. Ce n'est pas que nous eussions à craindre les regards indiscrets de la foule, comme sur nos côtes; mais il s'agissait de trouver une plage propice. Nos ablutions ne durèrent que quelques secondes; brrr! J'en frissonne encore. La température de l'eau, excellente pour les cabillauds et les baleines, n'était guère tenable pour nous. N'importe, un bain dans l'océan Glacial arctique a tout au moins l'avantage de l'originalité... et de la fraîcheur, et j'ai tout lieu de croire que l'occasion de renouveler l'expérience ne se représentera pas de longtemps.

Sortis de l'eau, nous nous mîmes à gravir une falaise qui se dressait devant nous. Mon compagnon grimpa d'un pas plus leste, et je le perdis bientôt de vue. Je comptais bien le retrouver au sommet; mais, lorsque j'y arrivai, je fus fort surpris de m'y trouver aussi seul que Robinson dans son île.

Par quel enchantement mon camarade avait-il disparu, c'est ce qu'il m'était impossible de m'expliquer: la montagne était absolument nue, pas un arbre ne barrait la vue; et cependant j'eus beau épier les quatre coins de l'horizon, je ne parvins point à découvrir celui que je cherchais. Pendant quelque temps je me trouvai très-perplexe. Le vent, — un vent glacé, — soufflait avec rage. Je m'assis sur une pierre, au pied d'un tumulus. Le site étrange qui se déroulait à mes yeux chassa un instant mes préoccupations. Perdu, seul, absolument seul, à l'extrémité de l'Europe, au bord de la mer *polufloisboio*, — comme dit le vieil Homère, — je me laissai aller à une rêverie toute naturelle et pleine d'émotion. Mille pensées traversaient mon esprit. Tantôt je promenais mes regards vers l'Europe, vers la patrie absente, dont j'étais à plus de six cents lieues; tantôt, l'œil tourné vers le nord, je regardais cette mer qui m'avait porté jusqu'ici. Derrière moi, tout un monde, dont je croyais parfois saisir les rumeurs lointaines; devant moi, le désert, l'inconnu, l'Océan sans bornes, sans limites, *boundless, endless!* Et ma pensée, franchissant

l'immensité de cette mer Glaciale, allait jusqu'au Spitzberg, jusqu'à l'infranchissable banquise au delà de laquelle est le pôle nord. Je ne voyais pas Hammerfest,
cachée au pied de la falaise que j'avais gravie ; nulle trace
de l'homme, nul indice de vie, pas un chant d'oiseau.
Les rafales rugissaient autour de moi avec un épouvantable acharnement. Il était huit heures du soir. Au couchant, les montagnes brillaient d'une couleur rouge de
sang. Le fjord d'Hammerfest était calme, et sa nappe
tranquille brillait au soleil d'un éclat mat, comme une
immense dalle de tombeau. Au milieu du fjord, sortait
du sein des eaux un gigantesque rocher noir, taillé à
pic. Vers l'est, les montagnes de l'île Sorö, coiffées d'é-
normes glaciers, se pourpraient aux derniers rayons de
l'astre, dont l'orbe descendait lentement dans le ciel.
Vers le sud, se profilaient mille cimes d'un violet foncé.

Ce spectacle était sublime. L'œuvre de Dieu écrase
véritablement l'homme qui le contemple, et rien ne fait
deviner l'infini, l'éternel, comme ces grandes scènes
de la solitaire nature.

Je me croyais seul, et je me trompais. Comme je venais de quitter mon observatoire, j'aperçus, à quelque
cent mètres de distance, au fond d'un ravin, une forme
humaine : je ne doutai pas un instant que ce ne fût
mon compagnon ; mais en m'approchant je reconnus,
à mon grand désappointement, qu'il y avait en réalité
deux personnages qui n'étaient ni l'un ni l'autre celui
que je cherchais : immobiles comme des statues, ils semblaient m'observer avec une scrupuleuse attention et
épier tous mes mouvements. En un pareil endroit, et
par un si grand vent, cette rencontre me parut étrange:
ayant oublié de me munir de mon revolver, je crus

prudent de ne pas m'approcher davantage de ces inconnus.

Tout en m'éloignant, je cueillis quelques plantes chétives et souffreteuses qui croissent timidement dans les anfractuosités de ces rochers : j'y trouvai, entre autres, la renoncule glaciale. Puis j'errai un peu à l'aventure, à la grâce de Dieu. Je rencontrai en chemin un petit lac de montagne : j'y trempai mes mains dans l'onde glacée qui reflétait comme un miroir le paysage sombre et morose qui lui servait de cadre. Non, il n'y a pas dans toute la Norwége, ni peut-être dans toute l'Europe, un site d'une grandeur plus sauvage, une solitude plus désolée. J'étais subjugué, annihilé, saisi d'effroi et de stupeur en face de ce tableau que je me sens incapable de décrire.

En descendant la montagne, je rejoignis bientôt une route qui contourne un lac de trois à quatre hectares de superficie. Ce lac dort dans une vallée solitaire et silencieuse. Son eau est douce, et il est au même niveau que la mer Glaciale, dont il n'est séparé que par une étroite langue de terre. Il gèle en hiver, tandis que la mer ne gèle jamais, grâce à l'influence du gulf-stream. Aussi ce lac est-il le rendez-vous habituel des patineurs de Hammerfest.

J'en fis le tour, et, bien qu'il fût neuf heures du soir, j'entrepris l'ascension d'une montagne beaucoup plus élevée que celle que je venais de quitter : elle s'élève à l'ouest de Hammerfest. L'ascension fut assez rude. J'attaquai le colosse par son flanc le plus abrupt ; il fallut m'élever pendant plus de trois quarts d'heure à travers d'énormes blocs de rochers éboulés. Je luttais de tout mon pouvoir contre la force du vent :

19

plus d'une fois je faillis être précipité dans les abîmes,
ce qui fût infailliblement arrivé si je n'avais pris soin
de me coucher par terre aux passages dangereux, afin
de donner moins de prise aux rafales. J'étais forcé de
marcher tête nue, pour ne pas voir mon couvre-chef
emporté au plus haut des airs. J'en fus quitte pour
un rhume des plus soignés. J'atteignis la cime vers
dix heures du soir. J'y trouvai un de ces antiques tumulus érigés par les anciens Scandinaves aux divinités
païennes, et que les Norwégiens désignent sous le nom
de *vaarder*.

Du haut de cette cime, qui peut avoir mille pieds de
hauteur, la vue est fort étendue. C'est de là qu'on découvre le mieux le panorama de la ville, dont les maisons de bois peintes en blanc se déploient en croissant
autour de la petite baie qui lui sert de port. L'église,
avec sa flèche en bois, s'élève sur une éminence, à
l'extrémité de la ville, et se voit de la mer comme un
phare; les montagnes de l'île Sorö, couvertes de neiges
éternelles, bornent l'horizon du côté du golfe. Vers le
nord, on aperçoit le cap *Fuglenaes*, qui protége la baie
contre les lames de l'Océan. Partout ailleurs, l'œil se
heurte contre un chaos de montagnes frappées d'une
éternelle stérilité. On se sent bien ici au bout de l'Europe! les lueurs étranges du soleil nocturne jetaient sur
cette scène de désolation une teinte d'une tristesse infinie.

Je dus quitter mon belvédère au bout de deux minutes, tant le vent était violent. Je descendis en ligne
droite sur Hammerfest par des rochers où des chèvres
auraient hésité à poser le pied. A onze heures du soir,
je me trouvais attablé avec le capitaine Roland dans le

salon du *Nordstjernen* : j'étais mort de soif et de fatigue. Personne ne put me donner des nouvelles de mon compagnon : j'éprouvai de mortelles angoisses. Ce ne fut que vers minuit qu'il revint à bord : son retour fut salué par de joyeux hourras. Il avait erré comme moi à l'aventure ; au moment où il s'était vu séparé de moi, il avait déchargé son revolver ; mais le mugissement du vent m'avait empêché d'entendre le bruit de l'arme. Nous ne pûmes jamais comprendre comment nous nous perdîmes de vue, alors que nous étions tous deux sur une même montagne.

Le lendemain, notre premier soin fut de faire des acquisitions. Quand on va si loin que Hammerfest, c'est bien le moins qu'on rapporte des fourrures. Nous entrâmes donc chez le pelletier Leo et lui achetâmes ses plus beaux articles. Ce brave homme nous raconta qu'il avait demeuré pendant seize ans à Cadix avant de venir s'établir à Hammerfest : certes, voilà un amateur de contrastes s'il en fut ! Il n'y a que l'amour du lucre qui puisse ainsi inspirer à un homme l'idée de renoncer au ciel de l'Espagne pour aller s'ensevelir au fin fond de la Laponie. Chez un autre marchand nous achetâmes des peaux d'ours blanc ; chez un troisième, de magnifiques défenses de morses : on sait que cet ivoire est plus estimé que l'ivoire d'éléphant.

Ces marchands de Hammerfest, comme tous ceux que nous avons rencontrés en Norwége, ont reçu une éducation soignée : ils sont particulièrement aimables à l'égard des étrangers ; les langues allemande et anglaise leur sont familières. Les affaires ne se traitent ici que pendant la courte saison de l'été, qui ne dure

guère que trois mois. Dès qu'arrive l'hiver, avec son
interminable nuit [1], les navires étrangers s'en vont, le
port se vide, les magasins se ferment, et cette petite
ville de Hammerfest, si animée en été, est morte et
silencieuse. Les plus riches s'en vont alors en voyage
et visitent les contrées méridionales : Rome est leur
séjour de prédilection. Au printemps, ils reviennent
dans leur froide patrie, et mettent toujours leur *Gamle
Norge* au-dessus de tous les pays du monde.

D'autres, moins favorisés de la fortune, passent la
rude saison à Hammerfest. Ils se créent des distrac-
tions, ils ont une société de lecture, ils boivent du
tody, ils fument, ils jouent aux cartes. Pendant cette
longue nuit d'hiver, la lampe est toujours allumée, et
comme il est impossible de lire longtemps à la lumière,
on chausse les grands patins de bois [2], et l'on court les
montagnes sur la neige durcie, par une température
de 30 à 35 degrés au-dessous de zéro, à la faible lueur
des aurores boréales, qui sont alors presque permanentes.
Le soir, on organise des dîners, des parties dansantes,
et ainsi l'hiver se passe sans que l'on ait le temps de
s'ennuyer.

Le marchand qui nous avait vendu les peaux d'ours
nous offrit de nous montrer un ours vivant arrivé la
veille du Spitzberg. Il nous pria de prendre place dans
un de ses canots, et nous mena à bord d'un petit *joegt*
si vieux, si usé, qu'on frémit à l'idée seule d'entre-

---

1 En hiver, le soleil ne paraît pas à l'horizon pendant trois mois.

2 Il ne faut pas confondre ces patins avec nos patins d'acier : ce sont de
simples planchettes plates au moyen desquelles les Lapons et les Norwégiens
franchissent de grandes distances sur la neige.

prendre un voyage au Spitzberg dans une pareille bicoque. Et c'est sur ces frêles esquifs, vraies coquilles de noix, que les intrépides marins de Hammerfest affrontent les tempêtes de l'océan Glacial !

A l'intérieur nous vîmes une petite salle basse et puante où gisaient par terre quatre. ou cinq matelas : c'était la chambre des matelots. Le capitaine, qui voyage pour le compte de notre marchand, était à son bord : c'était un homme court et trapu, à la physionomie mâle et énergique, ce qu'on appelle un loup de mer. Il nous montra sur le pont une affreuse cage en bois, raffermie par des chaînes de fer : c'était là qu'était emprisonné notre ours blanc, et si étroitement emprisonné, qu'il se trouvait dans l'impossibilité de faire un mouvement. La pauvre bête avait été prise au lazo. Elle était âgée de deux ans à peine. A en juger par ses gémissements plaintifs, elle semblait regretter sincèrement les icebergs du Spitzberg. On la nourrissait de morue fraîche, qu'elle dévorait avec avidité. Nous demandâmes le prix de cet intéressant individu : on nous l'offrit pour cinquante specie-dollars (285 fr.). C'était vraiment pour rien, et n'eût été la difficulté de le transporter et de le nourrir, nous n'aurions pas hésité à en faire notre compagnon de voyage.

Hammerfest n'est pas une bien grande ville. De même que Tromsö, elle n'a qu'une rue, resserrée entre la mer et les hautes falaises qui s'élèvent à pic à quelques mètres du rivage. Tout autour du port sont les magasins qui se penchent au-dessus de l'eau pour recevoir la cargaison : de sorte qu'il est impossible de se promener le long du port, comme à Naples. Les maisons sont toutes construites

en bois : la pierre ne résisterait pas à un pareil climat;
les terribles gelées d'hiver ne tarderaient pas à la dés-
agréger et à la fendiller. Du côté de l'église se trouve
une jolie petite place triangulaire : c'est là que se trouvent les hôtels des plus gros marchands de l'endroit.
Et voyez donc où le luxe va se nicher : la place est
ornée d'un petit jet d'eau et... d'un square ! Voilà qui
est prodigieux dans un pays où la moyenne de la température pour toute l'année est d'un degré au-dessous
de zéro ! Il est vrai que le square n'existait que depuis
trois semaines : Hammerfest venait de recevoir la visite
du roi Oscar, et à cette occasion l'édilité locale n'avait
cru pouvoir faire de plus grand plaisir à Sa Majesté
qu'en lui offrant un square dans la ville·la plus septentrionale de ses États. Ce square, qu'on ne s'y trompe
point, n'était pas un jardin d'Armide : c'était tout uniment une petite pelouse de gazon transporté à grands
frais de bien loin. Mais les gens du pays font plus de
cas d'un carré de gazon que nous n'en faisons d'une forêt de palmiers ou de lauriers-roses. Pour eux, une fleur
a autant de valeur qu'un diamant.

Au bout de la ville se trouve le cimetière. Je n'en ai
jamais vu de plus triste. Pas la moindre verdure n'é-
gaie ce lugubre carré de terrain, aussi désert que les
noirs rochers qui le surplombent. On n'y voit point de
tombes de pierres, mais de simples tertres de tourbe,
nus comme le néant. Ce séjour de la mort pourrait s'appeler la Vallée du désespoir. Pas une fleur, pas une feuille,
pas un brin d'herbe; rien qui puisse modérer l'afflic-
tion, rien qui parle à l'âme le langage doux et conso-
lant des emblèmes.

En sortant de là, nous fîmes une promenade aux environs de la ville, en suivant une route qui côtoie le fjord. Le long de cette route on rencontre de distance en distance des huttes construites en tourbe : elles ne diffèrent de celles des Lapons que par leur forme carrée ; elles ont de plus une cheminée. C'est dans ces affreux trous que les familles les plus pauvres de Hammerfest affrontent les terribles froids de l'hiver. Le cœur se serre à la vue d'une si grande misère. Que sont les souffrances des indigents dans nos zones tempérées en comparaison de celles que ces malheureux doivent endurer ici pendant neuf mois d'hiver, et quel hiver ! Presque tous les pêcheurs de Hammerfest dépendent de quelques marchands, qui ont en quelque sorte le monopole de la pêche : en été, on leur paie de fortes journées ; mais dans leur imprévoyance ils dissipent tout leur gain, et quand vient la saison morte, ils vivent pour la plupart dans le plus complet dénûment.

Nous atteignîmes bientôt l'extrémité de l'île Qvalö : là se dresse, au sommet d'une éminence qui domine la mer Glaciale, une petite colonne en granit de Finlande : son chapiteau est en bronze et porte un globe terrestre du même métal. Le corps de la colonne est poli ; la base est en granit brut. Ce monument a été érigé, il y a quelques années, pour marquer l'extrémité septentrionale de l'arc du méridien qui s'étend de Hammerfest jusqu'au Danube, à travers la Norwége, la Suède et la Russie. Cette triangulation, la plus longue qui ait été faite sur le globe terrestre, a nécessité la coopération d'un grand nombre de géomètres, et un travail incessant de trente-six années, comprises entre 1816 et 1852.

Le monument porte deux inscriptions, l'une en latin, l'autre en norwégien. Voi i l'inscription latine :

TERMINUS SEPTENTRIONALIS

ARCUS MERIDIANI 25-20

QUEM

INDE AB OCEANO ARCTICO

AD FLUVIUM DANUBIUM USQUE

PER

NORVEGIAM, SUECIAM ET ROSSIAM

JUSSU ET AUSPICIIS

REGIS AUGUSTISSIMI

OSCARI I

ET IMPERATORUM AUGUSTISSIMORUM

ALEXANDRI I

ATQUE

NICOLAI I

ANNIS MDCCCXVI AD MDCCCLII

CONTINUO LABORE EMENSI SUNT

TRIUM GENTIUM GEOMETRÆ

—

LATITUDO 70. 40. 11. 3 [1]

Hammerfest possède une auberge qui se décerne le titre d'hôtel, et où l'on trouve un piano qui n'a pas été accordé depuis dix ans. Nous y dînâmes d'une *ölsupe*,

[1] Extrémité septentrionale de l'arc du méridien, 25-20 s'étendant de l'Océan arctique jusqu'au fleuve Danube, à travers la Norwége, la Suède et la Russie. Par ordre et sous les auspices du roi très-auguste Oscar Ier et des empereurs très-augustes Alexandre Ier et Nicolas Ier, de 1816 à 1852, les géomètres des trois nations mesurèrent cet arc de méridien par un travail incessant. Latitude 70-40-11-3.

horrible mélange de bière et de lait, d'une tranche de
saumon cru et salé, et d'un morceau de viande salée que
je n'ai pu définir. De délicieuses *pannekaken* (crêpes)
nous furent servies en guise de dessert. En Norwége, les
pannekaken sont la seule ressource du voyageur : en général, les autres plats ne sont pas mangeables. En cette
circonstance, nous eûmes l'occasion de parler français
avec un jeune missionnaire de France établi à Hammerfest depuis une année. Il n'avait pas encore réussi à
faire des prosélytes, car à cette époque on ne comptait
pas un seul catholique à Hammerfest. Il nous conduisit
à sa demeure, où il a installé une petite chapelle, qu'il
entretient avec un pieux amour et qu'il nous montra avec
une douce satisfaction : il y prêche le dimanche en norwégien pour un public composé de protestants et de
Lapons. Il nous montra une Bible écrite en langue laponne et une autre en langue finnoise, et nous donna des
numéros du *Finmarksposten*, petite feuille hebdomadaire
qui s'imprime à Hammerfest.

LE CAP NORD

Le 18 août, le *Nordstjernen* leva l'ancre à minuit; — il faut lire *en plein jour*. — Un quart d'heure après avoir quitté la rade de Hammerfest, nous aperçûmes des Lapons campés au sommet d'un rocher qui surplombe le fjord : ils nous saluèrent au passage par des cris prolongés qui semblaient sortir de gosiers d'enfants.

Quand il fait jour, on n'a nulle envie d'aller au lit. Aussi, depuis que nous avions dépassé le cercle polaire, depuis que nous naviguions dans les contrées où règne le jour éternel pendant cette partie de l'année, nous ne dormions presque plus. Nous passions la plus grande partie de la nuit sur le pont, enveloppés dans nos couvertures, lisant ou contemplant les splendeurs de ces nuits polaires qui nous semblaient si merveilleuses, si extraordinaires, à nous qui n'avions jamais été si loin dans le Nord. Lorsque la pluie ou le froid nous obligeaient à rentrer à la maison (un navire n'est-il pas une maison?), le capitaine, un homme d'une exquise courtoisie, nous invitait le plus souvent à passer la soirée dans sa cabine : là nous savourions le punch, le tody, le havane. Le capitaine, qui parlait fort bien l'anglais, nous initiait avec une bonhomie charmante à tous les détails de sa vie de marin et de chasseur, nous racontait ses voyages dans l'Amérique du Sud, ses chasses à l'ours dans le canton de Bergen; et ces intéressantes causeries se prolongeaient souvent jusqu'à une et deux heures du matin.

Nous saluâmes bientôt Havosund et Maasö, où Louis-Philippe passa la nuit chez le sacristain lors de son voyage au cap Nord. Aujourd'hui, ce sacristain est mort, l'église n'existe plus, les pêcheurs ont émigré, et l'île est déserte.

Au delà de Maasö, les îles disparaissent vers le nord, et nous entrons en pleine mer. Nous contournons la dernière île de l'Europe, la sombre Magerö (île Maigre), qu'on aurait pu nommer la Terre de désolation. Partout les rochers nus et stériles, dans les anfractuosités desquels croît à peine une maigre mousse de renne. Leurs cimes se découpent en tours, en pointes aiguës, en dents de scie, et se perdent dans les nuages qui les enlacent comme un linceul glacé. Cette île, perdue comme un point sur la carte de l'immense Norwége, est grande comme une de nos provinces : le navire met plusieurs heures à la contourner. Exposée à tous les vents du nord, à tous les ouragans qui se déchaînent sur l'océan

Glacial, l'île Maigre ne produit pas un seul arbre, pas
même le bouleau nain. Et cependant ce pays déshérité
est habité : nous y avons vu, au fond d'une anse abritée
contre les vents du nord, un village affreusement pauvre
qu'on nomme *Kjelvik* : ce village, qui compte une trentaine d'habitants, se compose de sept ou huit maisons
et d'une chapelle. Grâce à leur exposition, les montagnes
situées au fond de l'anse portent une maigre verdure ;
nous remarquâmes sur leurs pentes quatre hommes occu-
pés à couper cette herbe si précieuse. Sur d'autres points
de la côte, des Finnois demeurent dans des huttes couvertes de terre. Ces malheureux vivent de la pêche. Ils
se chauffent avec le bois que leur apportent les courants
de l'Océan. Les poissons et les oiseaux sauvages, qui
abondent dans l'île, leur fournissent leur principale nourriture : cette nourriture leur est disputée par l'aigle et
le faucon. On trouve encore dans l'île Maigre quelques
rennes qui errent en liberté dans les campagnes, des
lièvres, des hermines, qui parviennent, on ne sait comment, à subsister sur ce sol stérile. Les animaux mal-
faisants y sont inconnus.

Vers neuf heures du matin nous vîmes se dresser devant nous un immense rocher, dont la masse imposante
s'avance au loin dans la mer. Debout sur son énorme
base, il semble défier les flots de l'Océan. Ce rocher,
c'était le promontoire du monde, c'était le *cap Nord*.
Nous touchions enfin au but de notre voyage. Nous étions
parvenus plus haut que le septante et unième parallèle,
nous avions atteint une latitude qui est celle de la Nouvelle-Zemble, des îles Liverpool et Jean Mayen, de la
grande banquise, et du pôle magnétique. Notre ambition
de voyageurs était satisfaite, et nous pouvions redire avec

Regnard cette gasconnade restée célèbre : *Sistimus hic tandem, nobis ubi defuit orbis*[1].

Le petit nombre de voyageurs qui ont vu le cap Nord l'ont dépeint comme un roc sans cesse battu par la tempête : nous ne l'avons pas vu sous cet aspect. L'océan Glacial était calme comme un lac, et sa nappe limpide réfléchissant un ciel d'azur me rappelait la Méditerranée par un beau jour d'été. Rien de voilé, rien que l'astre radieux n'éclairât de sa lumière la plus vive. Le cap Nord, au milieu de ces célestes clartés, dessinait sa large silhouette sur un fond bleu et sans nuages. Cette scène, si paisible qu'elle fût, ne laissait pas d'être grandiose et de nous impressionner vivement. Que doit donc être l'aspect du cap Nord en hiver, quand les montagnes de glace s'accumulent sur l'Océan, quand le rauque vent du nord se déchaîne sur cette formidable citadelle, sur laquelle les siècles passent d'un pas plus léger que les années sur le reste du monde! Que doit être ce cap Nord, quand les immenses lames venues du pôle, du Groënland, du Spitzberg, de tous les points à la fois, viennent expirer contre ce grand arc-boutant que Dieu a placé au bout du globe, quand une nuit de quatre mois s'étend sur l'immensité des flots soulevés, quand les pâles clartés de l'aurore boréale éclairent cette scène sublime et sans témoins!

Le cap Nord, pointe la plus septentrionale de l'île Maigre, est une muraille à pic d'environ mille pieds de

---

1 « Nous nous sommes enfin arrêtés ici, où la terre nous a manqué. » On sait que Regnard n'a pas atteint le cap Nord. Il s'arrêta à Jukkasiervi, localité située en Laponie, à deux cents lieues au sud du cap. Le poëte comique aurait donc pu parcourir encore une jolie étendue de pays avant que la terre lui manquât !

haut : son sommet est une plaine unie comme une
table. Le rocher, long d'un quart de lieue, s'avance en
promontoire; sa façade du côté de la mer peut avoir
cinq cents mètres d'étendue. Du large, on dirait d'une
immense tour flanquée d'épais bastions. Le cap ne
forme qu'un bloc, inaccessible, inexpugnable. Ses as-
sises massives sont assurées d'une stabilité inébran-
lable. Là finit l'Europe. Derrière cette barrière éternelle,
opposée aux flots de l'Océan, le monde peut dormir en
paix.

Même par un brillant jour d'été, le cap Nord est sombre
et austère. Le soleil a beau tomber de toute sa force sur
ce mur de granit, il ne parvient pas à le faire chatoyer :
le roc garde son aspect grisâtre et mat, sa froideur
impassible, son immuable sécheresse. Pas la moindre
végétation ne pare ses parois nues et pelées, et pendant que la mer scintille et resplendit, de grandes
ombres humides rampent au pied de l'immense muraille.

Nous eussions voulu humilier sous la semelle de nos
bottes le front sublime du cap Nord; mais il fallut nous
borner à le contempler du large, car l'ascension prend
ordinairement quatre heures, et le steamer, dont les
heures étaient comptées, ne pouvait subir un pareil retard. Ce fut d'ailleurs grâce à l'obligeance du capitaine
que nous pûmes doubler le cap : les bateaux à vapeur, au
lieu de gagner la haute mer, vont toujours par le détroit
compris entre l'île Magerö et le continent, route moins
périlleuse et beaucoup plus courte.

Nous restâmes en vue du cap pendant plus de deux
heures. Quand on a dépassé le cap Nord, le paysage perd
tout à coup de sa majesté. Plus de rochers escarpés,

taillés en clochetons et en forteresses, plus d'aiguilles élancées, mais des collines nues, aux formes arrondies, sans grandeur et sans caractère.

XII

LE PAYS DES BALEINES

Bientôt nous quittons la haute mer pour nous engager
dans le Porsangerfjord, golfe large et profond, qui pénètre à plus de trente lieues dans l'intérieur du Finmark.
Ce fjord est, dit-on, le séjour de prédilection des baleines : ces cétacés affectionnent les eaux tranquilles et
profondes. Le *Nordstjernen,* en sa qualité de bateau-
poste, et par conséquent d'*omnibus* du Finmark, est
obligé de faire escale à Kistrand, pauvre station située
au bout du fjord, et doit ensuite revenir sur ses pas. Il
fait ainsi un détour d'une cinquantaine de lieues, et perd
presque un jour entier à porter des lettres et des marchandises à un malheureux village de cinq ou six maisons.
On conçoit par là combien ces côtes septentrionales de
l'Europe sont désertes et inhabitées! Ce n'est que depuis
quelque temps que ces contrées reculées sont visitées
par les bateaux à vapeur norwégiens. Autrefois les stea-

mers n'allaient pas plus loin que Hammerfest. Aujour-
d'hui ils ne s'arrêtent qu'à Vadsö, la ville la plus lointaine de la Norwége, et leur parcours est allongé de plus
de deux cents lieues. Depuis quelques années, le gouvernement russe avait établi également une ligne de
steamers entre Vadsö et Arkhangel sur la mer Blanche.
Croyant que cette ligne existait encore, nous avions formé
le projet d'aller à Arkhangel et d'effectuer notre retour par
la Russie; mais la ligne venait d'être supprimée parce
qu'elle ne faisait pas ses frais, et cette circonstance renversa nos projets.

Après une navigation de douze heures dans le monotone Porsangerfjord, nous débouchâmes de nouveau en
pleine mer Glaciale. Le soleil était près de se coucher.
L'air était d'une limpidité parfaite; le vent, qui s'était
levé pendant le jour, était complétement tombé, et le cri
aigu des goëlands qui fendaient l'air à tire-d'aile troublait
seul de temps à autre le formidable silence qui planait
sur l'Océan. Le soleil descendait à l'horizon dans un ciel
d'une couleur sulfate de cuivre, où semblaient dormir
immobiles de petits nuages roses et floconneux. Les falaises prenaient à leur base des teintes violettes, tandis
que leurs cimes brillaient d'un rouge vif. La mer incan-
descente semblait une immense nappe de métal en fusion : elle avait tour à tour des reflets de rubis, d'émeraude, d'opale; et quand le disque de l'astre plongea
dans son sein, il y dessina une tremblante colonne de
feu. Cette scène, prodigieuse dans sa solennité, dans sa
tristesse, me fit tomber en extase. C'est dans de pareils
moments qu'on croit saisir et palper l'infini; mais, hélas!
ces sensations sont fugitives, on retombe bientôt dans le
monde réel, on courbe la tête dans sa faiblesse, et l'on

s'humilie devant le Dieu caché qui révèle ainsi sa puissance.

Un incident vint me tirer de ma rêverie. Mon compagnon me signala, à dix mètres du steamer, une masse noire et allongée qu'il prit à première vue pour un écueil. Mais tout à coup cette masse disparut, puis reparut, et nous reconnûmes le dos d'une énorme baleine : elle n'avait guère moins de trente mètres de longueur. Le monstre plongea dès qu'il nous eut aperçus. Au bout d'une minute, la mer se souleva en bouillonnant à cent mètres plus loin, et le dos prodigieux du cétacé émergea une troisième fois au-dessus des flots. Pendant quelques instants nous vîmes des gerbes d'eau s'élever dans l'air et retomber en pluie : la baleine *soufflait*. Bientôt elle fit un dernier plongeon, et nous ne la revîmes plus.

Un quart d'heure après cette apparition nous doublions le cap *Svœrholt*, qui s'avance en promontoire allongé entre le Porsangerfjord et le Laxefjord. Ce qu'il y a ici d'oiseaux de mer dépasse l'imagination. Les goëlands se comptent par milliards. Tantôt ils rasent la mer par troupes immenses, tantôt ils se laissent tomber sur l'eau : grâce à leur plumage blanc, on les prendrait alors pour des îlots de craie flottant sur l'élément liquide. A l'approche des steamers ces îlots s'élèvent en l'air, et la gent ailée s'enfuit vers les falaises. Parfois de grands cormorans, au plumage noir, au long cou, aux larges ailes, planent solitairement au-dessus d'eux. Parfois aussi un grave pélican se montre sur le rivage, sans que le passage du steamer le tire de la méditation profonde où il semble plongé.

Sur l'ordre du capitaine, les matelots saluèrent le cap

Svœrholt à coups de canon. Un écho prolongé, semblable à un roulement d'orage, répondit au bruit formidable de la décharge, et tous les oiseaux s'enfuirent effarés. Rien de solennel comme ce tonnerre inattendu au milieu du silence de la nuit.

A minuit le ciel paraissait tout en feu. Les nuits de la Méditerranée n'ont pas cette splendeur, cette limpidité. Pas un brouillard, pas un léger voile de vapeur ne troublait l'atmosphère. Les objets les plus éloignés étaient nets et distincts. A seize lieues de distance nous apercevions encore la silhouette allongée du cap Nord, devant lequel nous avions passé le matin : l'île Maigre, avec ses falaises taillées en ligne droite, se profilait tout entière dans la pure atmosphère.

Les rochers granitiques affectent ici les formes les plus variées, les plus bizarres. A quelque distance du cap Svœrholt le capitaine nous fit remarquer un promontoire droit comme une muraille basaltique : à son extrémité se dresse un roc taillé en forme d'église gothique, avec ses deux flèches carrées et son toit aigu. Les marins l'ont appelé *Finkirken* (église du Finmark). Non loin de là, nous vîmes un rocher monstrueux connu sous le nom d'*Éléphant*, parce qu'il représente la tête de cet animal.

Après quelques heures de sommeil, nous nous réveillâmes dans les eaux du Laxefjord. La pluie fouettait, une pluie glacée. Le ciel était sombre, et il faisait froid comme par une matinée d'hiver. A deux heures du matin nous nous étions couchés par une de ces nuits d'été qui font époque, et à huit heures toute cette brillante fantasmagorie s'était dissipée comme un beau rêve. Voilà la zone glaciale! La température varie d'un instant à l'autre, et en moins d'une nuit une saison succède à une autre.

Le Laxefjord, malgré les brouillards, ne manquait pas de caractère : il ressemble à un immense fleuve, deux fois large comme le Saint-Laurent. Sur chaque rive court une chaîne de montagnes couvertes de neiges. Les nuages rampaient à mi-côte, et leurs formes fantastiques variaient à chaque instant. Après avoir déposé quelques marchandises à Lebesby, la seule localité qu'on trouve dans ce golfe, qui n'a pas moins de vingt lieues de longueur, le steamer remonta vers le nord. A la sortie du golfe nous touchâmes à *Kjöllefjord*, village affreusement pauvre, situé dans une anse de la presqu'île *Kjorgosj-Njarg*, qui ne tient au continent que par un isthme étroit. C'est, je crois, le village le plus septentrional de la péninsule scandinave : on n'y trouve que six maisons et une vingtaine d'habitants. L'arrivée du steamer est, pour ces malheureux, le seul événement qui vienne les distraire chaque semaine. La presqu'île Kjorgosj-Njarg se termine par le promontoire appelé *Nordkyn*. Situé à une vingtaine de lieues du cap Nord, Nordkyn est la pointe la plus septentrionale du continent européen. (On sait que le cap Nord n'appartient pas au continent). Le cap Nordkyn est aussi imposant que le cap Nord : c'est une forteresse de granit contre laquelle se brisent en volutes blanches les flots de l'océan Glacial.

Lorsque nous eûmes doublé Nordkyn, nous commençâmes à naviguer franchement vers l'est. D'ici à Vadsö nous n'allions plus quitter la pleine mer; car cette partie des côtes n'est plus protégée par une ceinture d'îles comme les côtes occidentales. Ces parages passent pour les plus dangereux du monde ; en cas de mauvais temps, les vaisseaux, complétement à découvert, sont exposés à être jetés contre les rochers : nulle baie, nul détroit, où ils puissent trouver un refuge pendant la tempête. Cette route d'ailleurs n'est guère fréquentée que par les rares vaisseaux qui vont à Arkhangel. Nous naviguions des journées entières sans apercevoir une voile à l'horizon. Un trois-mâts naviguant sous le pavillon russe fut le seul bâtiment que nous croisâmes de Hammerfest à Vadsö, sur un parcours de plus de deux cents lieues. Malheur aux vaisseaux qui se trouvent en détresse dans ces parages ! Ils n'ont guère de chance d'être secourus.

Le climat de cette partie du Finmark est sensiblement plus froid que celui du Finmark occidental. Ces côtes ne sont plus sous l'influence des eaux tièdes du gulf-stream : à partir du cap Nord, ce courant cesse de longer le continent et se perd dans l'océan Polaire. Aussi la température de ces contrées ne diffère-t-elle pas de celle de la Russie septentrionale. En hiver, l'Océan y gèle de même que la mer Blanche [1]. Nous ne tardâmes pas à éprouver cette différence de température.

Au point où nous étions parvenus, les méridiens sont fort rapprochés les uns des autres, à cause de la proximité du pôle où ils convergent tous. Aussi étions-nous complétement désorientés quant à la question du temps. Comme nous naviguions de l'ouest à l'est, et que nous faisions chaque jour un trajet de soixante à quatre-

1 On sait que l'eau de mer, contenant du sel en dissolution, est plus dense et plus difficile à congeler que l'eau douce.

vingts lieues, il en résultait que l'heure indiquée par le
soleil avançait chaque jour d'environ trentes minutes
sur celle indiquée par nos montres. De là cette conséquence bizarre que les jours n'étaient plus pour nous de
vingt-quatre heures, mais bien de vingt-trois heures
et demie !

Nous dépassâmes bientôt le Tanafjord, dont les montagnes fuyaient dans un ciel nuageux comme des dé-
cors de théâtre. Ce fjord emprunte son nom à la rivière
Tana-Elv, qui s'y jette. C'est une des plus grandes rivières de la Laponie : elle forme la limite naturelle
entre la Laponie russe et la Laponie norwégienne. Le
Tana-Elv est très-poissonneux, et charrie des sables
aurifères. M. Dahl, savant géologue de l'université de
Christiania, que nous eûmes l'occasion de rencontrer à
notre retour, venait d'être envoyé dans ces contrées par
le gouvernement norwégien, chargé d'une mission scien-
tifique. Ses travaux d'exploration avaient éveillé l'attention des Russes : ceux-ci se mirent également au
travail, et découvrirent sur leur territoire d'importants gisements aurifères. Les recherches faites par
M. Dahl sur le territoire norwégien ont été à peu près
stériles.

Vers trois heures nous eûmes du roulis. Nous nous
trouvâmes enveloppés tout à coup par d'épais brouillards:
nous ne pouvions plus apercevoir les côtes, qui n'étaient
pas à trois cents mètres de distance. Le voile de vapeurs devint si opaque, que le capitaine donna l'ordre
d'arrêter la machine et de jeter l'ancre; car continuer
à naviguer dans ces conditions devenait périlleux, si-
non impossible. Nous n'eussions pu découvrir un navire
à dix mètres de distance; nous ne pouvions même dis-

tinguer que vaguement les matelots postés à l'avant du
Nordstjernen. Cette situation, en plein océan Glacial,
n'avait rien de bien séduisant, et nul d'entre nous ne
pouvait prévoir quand elle finirait. Dans ces parages les
brouillards sont fréquents, et persistent parfois pendant
plusieurs jours. Pour comble d'infortune, il faisait froid,
excessivement froid : on se serait cru en plein mois de
décembre. La veille on se promenait sur le pont en léger costume d'été; maintenant on ne pouvait plus s'y
aventurer sans un triple vêtement de laine, si l'on ne
voulait s'exposer à geler tout vif. Dans la salle commune même le froid nous glaçait, et c'était à peine si
nous pouvions écrire. Cette fois la mer Glaciale justi-
fiait son nom.

Au plus fort de la brume, nous fûmes témoins d'un
curieux phénomène météorologique. Vers le nord se
dessinait dans le brouillard un immense demi-cercle
lumineux : sa lumière, blanche et vive comme celle des
étoiles, se répandait de haut en bas du sommet de l'arc
jusque dans la mer, par des dégradations insensibles,
à peu près comme on le voit dans les halos et les aurores polaires. Le phénomène dura environ une demi-
heure.

Pendant notre stationnement forcé, nous réchauffâmes
nos membres engourdis en nous livrant avec le capitaine et ses officiers aux plaisirs émouvants de la pêche.
Pour donner une idée de l'incroyable abondance pois-
sonneuse de la mer Glaciale, il me suffira de dire que
nous nous servions d'un grand hameçon double, sur
lequel était grossièrement figurée, en plomb, la forme
d'un hareng : nous le laissions descendre à une quaran-

taine de mètres de profondeur, puis nous lui imprimions de vives secousses en élevant le bras de seconde en seconde, et, au bout d'un certain nombre de secousses, nous ne manquions jamais d'accrocher un poisson par quelque partie du corps, tantôt par la bouche, tantôt par la queue. En terme de pêche, c'est ce qu'on appelle *meie* (faucher). Si grossier que soit ce mode de pêche, nous n'en prîmes pas moins, en deux heures, trente-deux *torsk* (cabillaud), trente-six *seis* (morue noire), vingt-cinq *hyse* (poisson inconnu dans nos mers), et deux *helleflynder* (flétan), soit quatre-vingt-quinze poissons, dont la plupart mesuraient environ un mètre. Les flétans mesuraient près de deux mètres. Moi qui n'avais jamais eu un hameçon en main, je fus assez heureux pour prendre trois seis et cinq cabillauds : l'un d'eux, qui n'avait guère moins de deux mètres et demi de longueur, parvint à s'échapper au moment où je le soulevais hors de l'eau et où j'appelais à mon aide un matelot. Un flétan, en tombant sur le tillac, faillit me renverser d'un coup de queue.

La pêche terminée, tous les poissons furent massacrés : on leur ouvrit le ventre, et c'était un spectacle horrible à voir. Trois ou quatre matelots étaient à la besogne. Bientôt le tillac ne fut plus qu'une mare de sang. Les pauvres poissons furent mis à fond de cale, pour être salés. Il y avait là de quoi nourrir tout l'équipage pendant trois semaines. Ce jour-là nous pûmes dîner de poisson frais.

Les brouillards persistèrent pendant quatre heures. Vers sept heures du soir, il y eut une éclaircie qui nous permit de lever l'ancre et de nous remettre en route.

Nous pouvions distinguer vaguement les côtes. Nous dépassâmes Makue et Havningsberg, nous vîmes quelques baleines, et à neuf heures du soir nous entrâmes en rade de Vardö.

———

XIII

VARDÖ

Vardö est la ville la plus orientale de la Norwége, si l'on peut donner le nom de ville à une pauvre bourgade de cinq cents âmes. Les horloges de Vardö avancent d'environ deux heures sur celles des côtes occidentales de la Norwége.

Dès que les matelots eurent déroulé la chaîne de l'ancre, nous nous fîmes conduire en canot vers la terre ferme que nous n'avions plus foulée depuis Hammerfest. Comme le *Nordstjernen* avait jeté l'ancre à une assez grande distance des quais, nous pensâmes geler vifs pendant le trajet. Notre rameur pouvait à peine conduire sa lourde barque, et cette promenade sur l'eau, par un froid d'un à deux degrés sous zéro, n'avait rien de très-réjouissant. Au bout d'un quart d'heure nous abordâmes. Vardö n'a point de débarcadère, et il nous fallut escalader les quais au moyen d'une échelle roide et fort dangereuse. Les quais, formés de poutres juxtaposées, sont bâtis sur pilotis. A peine y eûmes-nous fait quelques pas, que nous faillîmes être suffoqués par les odeurs infectes qui s'exhalaient des magasins et des ateliers. Ici fermentait, dans d'immenses cuves de cinq pieds de profondeur, je ne sais quel horrible mélange de foie de morue dont on fait l'huile si recommandée par les disciples d'Hippocrate : quiconque a vu comment on prépare cette affreuse boisson n'y portera jamais les lèvres ! Plus loin étaient rangées des tonnes pleines d'une matière noire qui n'est autre que le guano des oiseaux de mer. Ailleurs c'étaient des échafaudages où séchaient, enfilées comme des chapelets, des myriades de têtes de morues. Ailleurs étaient entassés des peaux de phoques et de morses, d'énormes ossements de baleine, des cornes de renne. Toutes ces richesses, qui flattaient aussi peu la vue que l'odorat, étaient étalées sur la voie publique, à la portée de tous les passants, et, chose curieuse, jamais il ne se commet de vol.

Vardo a plutôt l'air d'une ville russe que d'une ville norwégienne. Les maisons sont construites dans le style des habitations qu'on rencontre dans le nord de la Russie. Elles ont d'ailleurs la plus pauvre apparence : leurs murs de planches ne sont pas même revêtus d'une couche de peinture. La plupart sont couvertes d'un toit de gazon. Tous les jours on hisse les chèvres, au moyen d'une échelle, sur ces prairies suspendues, les seules où les pauvres bêtes puissent trouver un peu de nourriture fraîche. Dans la principale rue nous rencontrâmes deux petits jardins : j'appelle ainsi deux morceaux de terre de dix mètres carrés d'étendue, où crois-

saient, à force de soins, de timides marguerites blanches
et quelques légumes qui courbaient tristement la tête,
comme pour demander grâce au climat impitoyable qui
les faisait tant souffrir. Ces deux jardins, si misérables
qu'ils soient, sont considérés par les indigènes comme
les merveilles de Vardö. Il n'y a peut-être pas de ville
au monde où l'on fasse plus de cas des fleurs : à toutes
les fenêtres se montrent des roses, des géraniums, des
fuchsias, qu'on entoure d'une tendre sollicitude comme
des enfants chétifs que la moindre négligence peut faire
mourir.

A dix heures du soir nous trouvâmes encore ouverte
la boutique d'un pharmacien : nous lui achetâmes des
cigarettes russes et des pastilles de menthe. Les phar-
maciens sont bien obligés ici de cumuler les profes-
sions, sans quoi ils feraient fort peu d'affaires. Le brave
homme nous montra ses vêtements d'hiver, entre autres
un magnifique paletot en peau d'ours. Ce vêtement de
fabrication russe coûtait, tout confectionné, quarante
species.

Bien qu'il fît parfaitement clair, toute la ville était
plongée dans un profond sommeil. Une rue silencieuse
et solitaire nous conduisit au fort de Vardohuus. Oui,
dans ce pays désert perdu au bout de l'Europe, où tout
parle de paix, il y a un fort, très-probablement le seul
qui existe à pareille latitude. Le fort de Vardöhuus fut
construit, il y a plus de deux cents ans, par un roi de
Danemark, Christian IV [1], dans l'unique but de protéger
les pêcheries et de les garantir contre les empiétements
des Russes dans le Varangerfjord. D'après le droit des

---

[1] A cette époque, la Norwége était sous la domination du Danemark.

gens, les pêcheurs russes doivent se tenir à une portée de canon des côtes de la Norwége. Or il arrivait souvent, et il arrive encore que les Russes franchissent cette limite fictive et pénètrent même dans les fjords, qui sont plus poissonneux que l'Océan. Le gouvernement norwégien laisse faire, parce qu'il sait trop bien que le premier coup de canon parti du fort de Vardöhuus fournirait à la Russie un excellent prétexte pour enlever à la Norwége quelque portion de son territoire, et notamment le Lyngenfjord, qu'elle convoite depuis longtemps. Aussi le fort de Vardöhuus a-t-il toujours été parfaitement inoffensif.

Nous n'y avons pas rencontré un seul soldat; mais nous y avons compté dix-huit magnifiques pièces de canon, la plupart dirigées vers la mer. Du haut de ce fort désert on domine toute la campagne environnante. On ne saurait rien imaginer de plus désolé, de plus sombre et plus de triste que l'horizon qui se déroulait à devant nos yeux. Il est difficile de concevoir comment des hommes peuvent vivre dans un pays aussi laid, aussi déshérité de la nature, dans un pays auprès duquel la Sibérie doit être un paradis terrestre. Accoudé contre un mortier, j'observais l'immense étendue de cet océan Glacial qui ne finit qu'au pôle, et je me sentais si loin de mon pays, dans cet affreux désert situé aux limites du monde, qu'une profonde mélancolie s'empara de tout mon être. Ce ciel brumeux et sombre, si différent de ce qu'il était la veille, ce froid glacial au cœur de l'été, cette solitude, ce silence formidable qui pesait sur nos têtes, tout cela me jetait dans une sorte d'abattement. Je me demandais avec épouvante ce que doit être ici l'hiver ! J'éprouvais un secret désir de

fuir ce pays que je voyais et que je ne devais probable-
mènt plus jamais revoir.

C'est ici que l'on comprend tout ce qu'il y a de tou-
chant dans ces paroles d'un poëte allemand :

« Mon sein palpite; mon cœur est lourd dans ces lieux
solitaires, sur cette route inconnue. Où vais-je, et que
vais-je trouver? Est-ce la joie, est-ce la douleur?

« Petites étoiles d'or, vous êtes si loin, si loin, et
j'aimerais tant à me fier à vous. »

Longtemps je fus sous la pénible étreinte d'une émotion que je n'avais pas encore éprouvée dans ma vie de
voyageur, et il fallut, pour que je sentisse renaître mon
courage, que mon œil s'arrêtât sur le *Nordstjernen*, dont
les grands mâts me faisaient songer à la patrie absente
et semblaient me murmurer ces douces paroles :

« O homme, tu es loin et près de nous, et tu n'es
pas seul. Aie confiance, tourne tes regards vers notre
lumière. Les petites étoiles d'or ne seront pas éternelle-
ment à une longue distance de toi; les petites étoiles
d'or pensent à toi [1]. »

Il pouvait être onze heures du soir lorsque nous revînmes à bord du *Nordstjernen*. Je me retirai dans ma
cabine, et m'endormis en songeant à mon poëte Tieck
et à son chant rêveur.

---

[1] Louis Tieck.

XIV

VADSÖ

Le lendemain, à sept heures du matin, nous nous éveillâmes devant Vadsö, la dernière ville de la Norwége. C'est une misérable bourgade peuplée d'environ huit cents âmes. Elle est située sur le Varangerfjord, dans la presqu'île Vargak-Njarg. L'été y dure six semaines, et l'hiver dix mois. L'été venait de finir. Le ciel était serein, l'atmosphère pure, mais il faisait froid comme la veille. La bise soufflait, la froide bise du nord, venue en droite ligne du Spitzberg, piquante et glacée comme au cœur de l'hiver dans nos régions tempérées. Vadsö touche à la frontière russe et n'est pas loin de la mer Blanche. Ses environs sont presque absolument infertiles : on compte les années extraordinaires où l'on peut récolter quelques pommes de terre.

Vadsö offre à peu près la même physionomie que Vardö. La ville est laide et triste, quoiqu'un peu moins pauvre. Elle se compose d'une rue unique, longeant la

mer, et bordée de baraques en planches. Les plus riches
habitent des maisons plus élégantes, dont les toits en
saillie et les fenêtres encadrées de sculptures en bois rappellent les isbas russes. Comme à Vardò, les fleurs apparaissent à toutes les fenêtres. Les Russes forment la
majeure partie de la population : on les reconnaît immédiatement à leur frac long et boutonné, à leur casquette
plate et à leur physionomie particulière. Ils sont plus
forts, plus grands, plus barbus que les Norwégiens, et
paraissent supporter mieux qu'eux les rigueurs du climat. Nous rencontrions aussi des Lapons, vêtus déjà du
costume en peau de renne qu'ils portent en hiver. Les
Norwégiens portent ici des coiffures d'astrakan ou de
peau de chien. Nous fîmes l'acquisition de semblables
bonnets. Ces articles russes, qui coûtent à Paris 20 à
30 francs, se vendent ici un species. Nous achetâmes
aussi, à des prix fabuleux, des peaux d'ours blanc du
Spitzberg, de loup blanc, de renne, etc.

A l'extrémité de la ville se trouve une assez vaste
construction de bois qui s'annonce de loin comme une
fabrique. C'est là, en effet, que l'on prépare le *fiskeguano*
(guano de poisson). Des millions de têtes de morues
séchées y sont moulues par de grandes meules mues
par l'eau et la vapeur, et transformées en une sorte de
farine blanche qui offre à peu près la même apparence
que la farine de grain moulu. On la renferme dans des
sacs, et on l'expédie principalement en Danemark et en
Belgique. Ce guano est excellent pour la culture, et vaut,
dit-on, le guano du Pérou. On nous dit que la fabrique
de Vadsö produit chaque année dix mille quintaux de
fiskeguano, ce qui représente plus de 142,000 francs. Le
quintal se vend deux species et demi (14 fr. 25 c.). A

Vadsö, les têtes de morues servent de nourriture aux bestiaux, à défaut de pâturages.

Comme nous sortions de là, mon compagnon fit la proposition d'aller dîner. Il y avait si longtemps que nous vivions à bord de poissons séchés et de viandes conservées, que le moindre morceau de viande fraîche eût bien fait notre affaire. Mais nous eûmes beau arpenter la ville, nous ne découvrîmes rien qui ressemblât à un restaurant. En désespoir de cause, nous eûmes recours à l'obligeance d'un monsieur charitable qui se mit en devoir de nous conduire dans une petite maison sans enseigne où nous expédiâmes, d'une façon qui dut scandaliser l'hôtesse, un succulent gigot de renne aux pommes de terre russes.

Celui qui nous avait fait faire l'heureuse trouvaille de ce restaurant n'était ni plus ni moins que M. J. W***, qui exerce à Vadsö les fonctions de *overretssagforer,* ce qui se traduit par « avocat de haute justice ». C'est une sorte de procureur du roi, avec cette différence que l'overretssagförer n'a dans ses attributions que les affaires criminelles. Dans le canton de Vadso, qui est grand comme la Suisse, le nombre des causes est, en moyenne, de quarante par an. Ce n'en sont pas moins de rudes fonctions que celles de procureur du roi à Vadsö. De même que les juges ambulants en Angleterre, les magistrats, en Norwége, doivent, à certaines époques, parcourir leur district pour y rendre la justice.

Chaque année, au fort de l'hiver, M. J. W*** doit entreprendre un voyage à *Karasjok,* village situé au cœur de la Laponie, à 27 milles de Vadso (63 lieues). C'est un voyage pénible, qui se fait tout entier en traîneau, par un froid dont il est impossible de se faire une idée. L'hiver dernier, le thermomètre descendit à Karasjok jusqu'à 41° centigrades. M. J. W*** nous conduisit chez lui, et nous montra l'attirail qu'il se jette sur le corps pour faire cette terrible tournée. C'est d'abord un frac en peau de mouton, puis une tunique en peau de renne, puis un manteau en peau d'ours muni d'une capuche qui se rabat sur la tête de manière à ne laisser apercevoir que les yeux et le nez. Les pieds sont chaussés de bottes en peau de renne bourrées de foin, et les jambes s'engagent dans des jambières de la même peau fabriquées par les Samoïèdes de la Nouvelle-Zemble. Avec un pareil costume on peut dormir impunément dans la neige par les froids les plus terribles.

M. J. W*** n'était que depuis deux ans à Vadsö; il fut avocat pendant six ans à Hammerfest. Natif de Christiania, il n'avait plus revu depuis huit ans sa ville natale. Bien qu'étant d'une robuste constitution, il avait peine à supporter les rigueurs du climat : depuis quelques mois il souffrait de la poitrine. Aussi aspirait-il au jour où, délivré de son affreux exil, il pourrait aller dans le sud. Le sud, c'était pour lui Throndhjem, ville située à quelque cent lieues plus au nord que Saint-Pétersbourg! Tout est relatif : il ne s'agit que de s'entendre.

Nos fonctionnaires se plaignent parfois d'être relégués bien loin de la capitale, dans une petite ville de province. Qu'ils songent donc à ces malheureux magistrats norwégiens, qui doivent subir là-bas, au fond de la Laponie, à six cents lieues de Christiania, les rigueurs d un climat bien autrement cruel que celui de Tobolsk en Sibérie!

La principale industrie de Vadsö est la fabrication de l'huile de baleine. Elle occupe environ une centaine d'ouvriers. La fabrique, vaste ensemble de bâtiments en bois dominés par une haute cheminée, d'où s'échappent incessamment d'épaisses fumées noires, est située au milieu d'une île, à cinq cents mètres de la ville. On l'a sans doute installée en cet endroit pour préserver la ville des émanations dangereuses que répandent autour d'eux les immenses cadavres dépecés des baleines.

Nous passâmes le fjord. Débarqués sur l'autre rive, nous franchîmes une porte d'un genre aussi nouveau qu'original : elle était formée de deux énormes mâchoires de baleine se rejoignant par le haut et formant ogive. Les ossements de baleine servent ici aux usages les plus divers : on en fait des meubles de toutes espèces. Les ouvriers s'asseoient sur les vertèbres en guise de chaises. Nous jetâmes un coup d'œil sur les différents ateliers. Ici l'on prépare la peau, espèce de caoutchouc gris foncé, mou et flexible, où le couteau pénètre aussi facilement que dans un fromage de Hollande : nous en voulûmes rapporter des échantillons, mais ils se gâtèrent au bout de quelques jours.

Ailleurs on travaille les fanons, sortes de lames minces, dures et flexibles, formées d'une corne fibreuse, effilées à leurs bords et garnies d'un poil long et noir semblable au crin du cheval : ce sont ces fanons qui sont si connus dans le commerce sous le nom de baleines.

Dans un autre bâtiment on prépare l'huile. Les procédés employés sont si grossiers, qu'il s'en perd une grande partie. On jette la graisse dans d'immenses fourneaux d'où s'échappe une fumée fétide et nauséabonde; sous l'influence d'un feu ardent, la graisse fond lente-

ment et s'écoule, au moyen de rigoles inclinées, dans de
grandes cuves; des ouvriers enlèvent, avec des pelles
de bois, les matières qui surnagent; après avoir subi
cette grossière purification, l'huile est mise dans des
tonneaux pour être livrée au commerce. Ces tonneaux
sont rangés par milliers dans de vastes magasins. De
tous ces bâtiments s'exhalait une odeur si infecte, si
insupportable, que nous en sortîmes au plus tôt. Je ne
saurais mieux comparer cette odeur qu'à celle du crin
brûlé. Je crois qu'il n'y a pas dans toute la création
de bête aussi puante que la baleine.

Cela n'empêche pas que tout le personnel attaché à
la fabrique, y compris le directeur lui-même, font de
la chair de ce cétacé leur principale subsistance : ils
prétendent même que cette chair, quand elle est cuite
à point, ressemble beaucoup à la viande de bœuf. Nourriture saine et abondante s'il en fut; car, outre que les
ouvriers se trouvent fort bien de ce genre d'alimenta-
tion, il n'est guère probable qu'ils puissent jamais être
mis à la demi-ration, quand on considère qu'un filet
de baleine suffirait à nourrir cent hommes pendant
trois jours.

Le produit annuel de la ·fabrique de Vadso, seulement en huile guano, est de deux mille species-dollars
(11400 fr.). Une baleine ordinaire fournit, en moyenne,
cent-vingt tonneaux d'huile. La construction et l'aména-
gement de la fabrique ont coûté à M. Föien, le propriétaire
actuel, une somme de cent mille species (570.000 fr.).
Ce n'est que tout récemment qu'une machine à vapeur
y a été installée. A l'aide de cette machine on prépare
aujourd'hui une baleine en deux jours; autrefois le
même travail n'exigeait pas moins de dix jours. On ne

trouve pas un seul ouvrier à Vadso : M. Foien est obligé de faire venir des hommes de Tönsberg, sa ville natale, près de Christiania.

Il leur paie leur voyage. Ils travaillent à Vadsö pendant trois ou quatre mois; l'été fini, tout le monde s'en retourne à Tönsberg, et la fabrique chôme pendant tout l'hiver. Vadsö ressemble alors à une ville abandonnée.

M. Föien est le seul qui se livre à la pêche de la baleine en Norwége. Il envoie chaque année quatre baleiniers au Spitzberg, deux au Groënland, deux à Jean-Mayen, et deux aux environs de Vadsö.

Nous avons vu à Vadsö un de ces baleiniers : ce sont de petits bâtiments à vapeur jaugeant cinquante à soixante tonnes. Le lendemain de notre départ, une expédition devait partir de Vadso, et nous regrettâmes vivement de ne pouvoir y prendre part. On nous raconta que le roi de Suède, qui avait passé à Vadsö quelques jours avant nous, assista à une de ces expéditions, commandée par M. Föien en personne. Le temps était couvert, et il faisait froid : or on sait que les baleines aiment à se chauffer le dos et ne se montrent à la surface de l'eau que lorsque le soleil luit. Au départ, M. Föien témoigna au roi les craintes qu'il éprouvait quant au succès de l'expédition. Mais on n'eut pas sitôt quitté le port, que seize baleines vinrent lancer au-devant de Sa Majesté leurs gerbes étincelantes, ce qui était une façon à elles de lui rendre hommage. On harponna la plus grosse, et on rentra triomphalement à Vadsö.

On nous dit aussi que M. Föien avait pris trente-six baleines en 1873 et trente-neuf en 1872. La pêche dure quatre mois : elle a lieu en mai, juin, juillet et août. C'est vers la mi-juillet que les cétacés se montrent en plus

grand nombre sur les côtes septentrionales de la Norwége. En Norwége, les meilleurs parages sont ceux du
Porsangerfjord.

Il y a différentes sortes de baleines. Celles du cap Nord,
que les Norwégiens appellent *Nord-koper,* ont une valeur de cinq cents species-dollars (2.850 fr.). On estime
à 75.000 kilogrammes le poids de celles de moyenne
grandeur : elles mesurent quarante à cinquante mètres
de long. Celles du Groënland ont une valeur encore
beaucoup plus considérable : elles atteignent parfois cent
mètres de long; leur langue fournit vingt tonnes de lard,
ce qui équivaut à vingt-un quintaux ou deux cent dix
livres. Les baleines de Norwége sont très-difficiles à
prendre; celle du Groënland sont lourdes et peu agiles,
et se laissent aisément approcher du harponneur.

M. Föien a monopolisé la pêche de la baleine et rendu
toute concurrence impossible par les procédés dont il
a le secret. Il a inventé un harpon explosible qui tue la
baleine instantanément. C'est une sorte de dard en fer,
gros comme le bras, enchâssé dans un manche en bois
qui sert à le lancer : on le pose sur l'épaule, on vise,
et à peine l'arme terrible a-t-elle pénétré dans les chairs
de l'animal, qu'elle fait explosion. Les produits chimiques qui entrent dans la composition de cet engin doivent être combinés de telle sorte que l'explosion au moment où elle se produit, ne soit ni trop violente ni trop
faible : car il faut éviter que la baleine n'éclate en
morceaux, ou, ce qui est pis, que l'animal blessé ne se
mette à fuir, entraînant à sa suite la pirogue du harponneur. Dans le système de M. Foien, ce double écueil
n'est plus à craindre. La baleine meurt sans souffrances, et le harponneur ne court aucun danger.

Dès qu'on est parvenu à se rendre maître d'une baleine, au lieu de la dépouiller sur place de ses parties
les plus utiles, comme cela se pratique encore dans les
mers du Sud, on remorque le monstre jusqu'à Vadsö.
Là on l'amarre au moyen d'une forte chaîne sur une
rive en pente douce. L'endroit est choisi à marée haute,
à un niveau assez élevé pour qu'il soit mis à sec à
marée basse.

Il s'agit maintenant de dépecer, de délarder l'animal. Des hommes chaussés de longues bottes, souillés
de sang, armés de bâtons dont le bout est muni d'un
coutelas, grimpent sur l'énorme cadavre, et y font des
entailles parallèles à des intervalles d'un pied et demi
environ. Quand l'animal est ainsi déchiqueté, divisé en
longues tranches de chair, on attache successivement
à chaque bande un crochet fixé par une solide chaîne
à un cabestan qui se trouve sur le rivage.

Quatre hommes manœuvrent ce cabestan, pendant
que les travailleurs, debout sur la baleine, détachent
la partie inférieure des tranches qui s'écorcent lentement et peu à peu sont attirées sur la rive. En moins
d'une journée toute la baleine est délardée. Plus le
travail avance, plus horrible est l'aspect du monstre
marin. Bientôt ce n'est plus qu'une immense masse rouge
et informe, quelque chose de hideux qui n'a plus de
nom : le sang y coule à flots si abondants que l'eau
de la mer en devient rougeâtre et que les travailleurs nagent littéralement dans un fleuve de sang. Le
voilà, ce roi des mers polaires! En quel état est-il maintenant! L'homme l'a vaincu, le pygmée a triomphé du
géant.

En sortant du vaste laboratoire de M. Föien, nous

parcourûmes la campagne environnante. L'horrible odeur
de baleine nous y poursuivait partout.

Le sol que nous foulons est jonché d'innombrables
débris. Voyez ces entassements de membres, d'ossements, de mâchoires dont l'effroyable grandeur frappe
d'étonnement; voyez ces énormes monceaux de lard,
ces colossales masses de chair, ces immenses paquets
d'entrailles en putréfaction : tout cela est consumé par
le feu, et l'air est infecté de fumées pestilentielles. Voici
une montagne de chair qui n'est autre qu'un estomac de
baleine : dix hommes ne suffiraient pas à le soulever,
et trois hommes pourraient aisément s'y loger s'il prenait envie au cétacé d'en faire son dîner.

Nous errâmes jusqu'au soir au bord de la mer Glaciale, ramassant parmi les galets des coquillages, des
ossements, des plumes d'eiders, de mouettes, de cormorans. Nous y vîmes des oursins en nombre prodigieux. Des légions d'oiseaux de mer volaient au-dessus
de nos têtes. Nous rencontrâmes en route un renne ap-
privoisé qui se laissa caresser : son bois n'avait guère
moins d'un mètre de hauteur. Bientôt le ciel se couvrit
de nuages menaçants, orageux. Pendant une heure, nous
attendîmes, au pied de la carcasse d'une baleine, l'arrivée d'un rameur. Nous fîmes force signaux : deux matelots russes nous aperçurent enfin et nous ramenèrent
a bord du *Nordstjernen*.

Le 21 août, à minuit, le steamer lança son sifflet
d'adieu. Nous quittâmes Vadsö sans regrets, contents de
l'avoir vu, mais nous promettant bien de n'y retourner jamais et de n'engager personne à aller lui rendre
visite. C'est certainement la ville la plus infecte, la plus
laide et la plus triste de l'univers. Ses environs sont si

désolés, si affreux, que j'en ai encore le spleen rien que d'y songer.

D'ailleurs j'éprouvais un sentiment de joie intime à la pensée que nous allions enfin nous rapprocher de notre patrie, que nous avions laissée à plus de huit cents lieues derrière nous. Et je m'écriais avec le poëte anglais :

> Where' er I roam, whatever realms to see,
> My heart, untravell'd, still returns to thee [1]

---

[1] « J'ai parcouru le monde, j'ai visité maints royaumes, mais mon cœur n'a point voyagé, et revient toujours à toi, ô ma patrie ! »

CONCLUSION

En publiant ces pages, mon désir était de faire connaître les beautés d'un pays trop ignoré. Heureux si j'ai pu communiquer au lecteur une part de l'enthousiasme que j'ai éprouvé en face des grandes scènes de la nature du Nord, et lui inspirer l'idée d'aller voir à son tour les merveilles que je n'ai pu lui faire entrevoir que par de pâles descriptions !

De toutes les régions de notre vieille Europe, la Norwége est probablement la moins visitée. La raison en est peut-être qu'on s'exagère à tort les difficultés de ce voyage, comme s'il s'agissait d'une contrée lointaine.

Heureusement, nous ne sommes plus au temps du bon Regnard, où il suffisait d'avoir été en Laponie pour passer aux yeux du public pour un héros. Aujourd'hui il y aurait un certain ridicule à vouloir tirer vanité d'une pareille excursion.

La Norwége, bien que située à l'extrémité de l'Europe et séparée d'elle par la mer du Nord, est devenue aussi accessible que les autres contrées du continent. Grâce aux bateaux à vapeur et aux lignes de chemins de fer, le voyage peut se faire en un très-court espace de temps.

On peut donc s'étonner que ce pays curieux à tous égards soit relégué en quelque sorte dans le même oubli que les régions voisines du pôle. Les pays du Midi nous intéressent à différents points de vue. Pourquoi le Nord ne mériterait-il pas aussi notre attention ?

La vieille terre scandinave n'est-elle pas le berceau de nos ancêtres? Son histoire est pleine de grandeur, et son isolement a eu pour conséquence heureuse de lui conserver ses mœurs simples et ses vertus antiques.

La Norwége n'a pas encore subi le contact de cette civilisation matérialiste qui rend si fastidieux, si uniformes, les voyages en d'autres pays. Nulle autre contrée d'Europe n'a su, comme celle-ci, garder son caractère propre, ses vieux usages et jusqu'à ses anciens costumes [1].

Nulle part ailleurs je n'ai rencontré cette hospitalité naïve, ces prévenances sans affectation auxquelles l'étranger n'est guère habitué en ce siècle de raffinements. L'honnêteté des Norwégiens est proverbiale: le voyageur n'a jamais à se préoccuper du soin de fermer sa porte ou de dissimuler sa montre.

Qu'on ne se soucie pas non plus de la langue : avec

[1] Il va de soi qu'il n'est pas question ici des villes, où les modes modernes ont fait invasion comme partout.

un dictionnaire de poche et une carte du pays, on ne
sera jamais embarrassé de se faire comprendre ou de
trouver son chemin, car il n'est pas de si humble paysan qui ne sache lire et écrire et qui ne connaisse par
cœur la géographie de son pays. Quant au climat, c'est
un des plus sains de l'Europe, quoiqu'il ne convienne
pas aux poitrines faibles : l'air est vif et fortifiant.

Salubrité du pays, sécurité, sites grandioses, communications faciles, populations hospitalières, honnêtes et
instruites, que faut-il de plus pour appeler ici ceux
qui aiment à voir le monde, à retremper leur corps et
leur âme par cette agréable et salutaire diversion qu'on
appelle voyager !

Voyager ! Tout ce que ce mot renferme de jouissances
est exprimé dans ces charmants vers du poëte Béranger :

> Voir c'est avoir; allons courir.
>   Vie errante
> Est chose enivrante.

On aime les voyages aujourd'hui, et j'en suis fier pour
notre siècle. On comprend de nos jours que Dieu n'a pas
fait la terre si grande pour condamner les hommes qui
l'habitent à l'immobilité perpétuelle.

C'est un des mérites de la civilisation moderne d'avoir
si bien facilité les voyages, qu'il n'est plus permis d'invo-
quer comme excuses les dangers, les fatigues, les obstacles dont nos pères pouvaient se prévaloir. Si les voyages
sont devenus moins poétiques, moins riches en incidents
et aventures, ils sont encore une source de plaisirs nobles
et élevés, d'impressions saines et pures. J'ai connu des
personnes qui avouaient n'y avoir trouvé que des décep-

tions et des ennuis : ne pourrait-on pas leur répondre,
avec Topffer, qu'en voyage le plaisir n'appartient qu'à
ceux qui savent le conquérir, et point à ceux qui ne savent que le payer !

Je ne saurais mieux terminer ces réflexions qu'en citant
ici une page spirituelle due à la plume d'un illustre voyageur, membre de l'Académie française[1]. Voici son opinion sur les voyages.

« Certainement, l'amour des voyages n'a pas encore
été classé par les philosophes et les physiologistes comme
il doit l'être. En général, on ne le considère, dans
le monde, que comme une fantaisie plus ou moins vive
qui peut exciter quelque intérêt, qui, en tout cas, mérite
quelque indulgence. S'il arrive à un certain degré d'intensité, beaucoup de gens sensés l'envisagent comme
une maladie qui a ses périodes d'effervescence et de
calme, et qu'ils s'estiment fort heureux de ne pas éprouver. Fantaisie, soit ! C'est ainsi que l'amour des voyages
se manifeste le plus souvent. Maladie, soit ! C'est ainsi,
nous le concevons aisément, qu'il doit apparaître aux
bons et estimables esprits pour qui le monde entier est
dans l'enceinte des fortifications, la ligne équatoriale à
la Seine, le tropique du Cancer à la Bourse et le tropique du Capricorne au palais Bourbon. Mais l'amour
des voyages peut être une passion, une noble, ardente,
sublime passion. L'histoire est là pour le dire. On lui
doit les actes les plus admirables de courage, les épi-
sodes les plus dramatiques et les plus grandes décou-
vertes.

---

[1] M. Xavier Marmier, reçu à l'Académie le 7 décembre 1871

« On lui doit, depuis les Phéniciens jusqu'aux *Vikings*
scandinaves, depuis les découvertes des îles boréales
jusqu'à celles des Antilles, depuis Christophe Colomb
jusqu'aux explorations de nos derniers navigateurs, la
connaissance, la géographie du globe, des mers les plus
lointaines, et des steppes les plus sauvages. A présent
qu'elle ne peut plus être exaltée comme autrefois par une
fabuleuse perspective, glorifiée par la découverte d'un
nouveau monde; à présent, hélas! que, sur cette pauvre
petite boule de terre, tant de sillons ou de sillages ont
été tracés de tous côtés, qu'on ne peut guère aspirer à
l'honneur d'y marquer une trace nouvelle, la passion des
voyages est seulement plus désintéressée de toute idée
de gloire, de poésie, de fortune. Mais elle ne s'en éveille
pas moins au fond de bien des âmes inquiètes; comme
l'amour, comme l'ambition, comme toutes les passions
qui s'emparent fortement de l'esprit de l'homme, elle s'é-
lance avec impétuosité vers le but qu'elle s'est choisi,
et, pour l'atteindre, on la verra braver tous les périls,
mépriser toutes les difficultés, s'abstenir de toutes les
préoccupations ordinaires, fouler aux pieds les intérêts
positifs, et surmonter même les affections de famille.
« *Till sjön! Till sjön!* A la mer! à la mer! » s'écrie le jeune
Viking, dont le poëte suédois Geüer nous a dit le chant
enthousiaste : « A la mer! à la mer ! » s'écrient aussi les fils
de la civilisation moderne qu'un ardent désir d'exploration appelle dans les contrées lointaines. »

« C'est une des plus nobles jouissances de l'âme, » s'écrie
ailleurs notre enthousiaste voyageur, « que d'admirer dans
son immense ensemble, dans ses diverses beautés, cette
création providentielle : plaines et montagnes, mers et
torrents, forêts vierges et buissons de fleurs, tout, depuis

les riches plaines embaumées de l'Inde jusqu'aux steppes silencieuses de la Russie et aux sombres cimes désertes du Spitzberg. Heureux ceux qui peuvent, au gré de leur fantaisie, s'en aller d'une région à l'autre dérouler à la lueur d'un soleil perpétuel, ou aux clartés mobiles de l'aurore boréale, quelques pages de ce grand livre ! »

FIN

TABLE

PREMIÈRE PARTIE

VOYAGE EN NORWÉGE

1871

I

HAMBOURG

II

CHRISTIANSAND

III

LES FJORDS

IV

BERGEN

V

AALESUND

VI

MOLDE

VII

CHRISTIANSUND

TABLE   339

VIII

THRONDHJEM

IX

LE ROMSDAL

X

LE GUDBRANDSDAL

XI

CHRISTIANIA

TABLE   341

EXCURSION DANS LE SUD-OUEST DE LA NORWÉGE

1873

(SUITE DE LA PREMIÈRE PARTIE)

V

LE SOGNEFJORD

DEUXIÈME PARTIE

UNE PROMENADE DANS LA MER GLACIALE

1873

I

A BORD DU NORDSTJERNEN

II

TROIS JOURS DANS L'ANCIENNE CAPITALE DE LA NORWÉGE

TABLE 343

III

LE CERCLE POLAIRE

IV

LA ZONE GLACIALE

V

LES LOFFODEN

VI

HISTOIRE D'UN LAPON

VII

TROMSO

TABLE   345

XIII

VARDO

XIV

VADSO

BIBLIOTHÈQUE ILLUSTRÉE

3e SÉRIE

VOLUMES GRAND IN-8° JÉSUS, ORNES DE 4 BELLES GRAVURES SUR BOIS

www.ingramcontent.com/pod-product-compliance
Lightning Source LLC
Chambersburg PA
CBHW060938030726
47503CB00003B/640